ÉDITO

Ce vent frais venu des territoires

L'odeur de l'asphalte calciné tarde à se dissiper. On s'interroge sur des risques de décivilisation : ghettoïsation ou banlieusardisation ? Modèle social obsolète ? Dévastation par la drogue ? Tout ne s'expliquera pas par les faillites de l'État ou les séquelles de la colonisation. J'ai lu avec passion les nouvelles analyses de Jérôme Fourquet, me permettant au passage de lui emprunter quelques mots.

Dans ce paysage gris, les lueurs se font rares. Si depuis plusieurs numéros, nous vous parlons sans discontinuer de low-tech, de territoires, de sobriété innovante… c'est parce que nous constatons que si la déprime est nationale, du local peut renaître l'espoir. À grande échelle, nous avons voulu sentir ce vent frais venu des territoires. D'où l'idée de cette opération de financement participatif menée avec la plateforme Ulule. Objet : réunir des fonds pour mobiliser une équipe de sept journalistes qui partiraient en immersion dans cette France des régions. Gérard Leclerc, Armelle Oger, Vincent Rondreux, Florence Santrot, Éric Tariant, Emmanuelle Vibert et Jean-Marie Hosatte ont été nos envoyés spéciaux vers ces nouveaux territoires.

Au fur et à mesure que progressait leur enquête, il remontait de notre rédaction le sentiment partagé d'assister à un processus en cristallisation. Derrière des initiatives au départ isolées apparaissent les ingrédients d'une nouvelle pratique du vivre-ensemble dans une géographie permettant la mise en circuit d'une économie de proximité. Tiers-lieux, hameaux solidaires, monnaies locales, bibliothèques d'objets, médecins solidaires, énergie citoyenne partagée… Une économie durable au service du vivant adepte du « *small is beautiful* », « *une société à la mesure de l'homme* », comme prophétisée par l'économiste Ernst Friedrich Schumacher dans les années 1970. Quand l'État s'absente, parfois le collectif sait trouver la réponse.

En prélude à ce récit aux nombreuses adresses prenant la forme d'un guide déroulé région par région, Jean-Marie Hosatte a sillonné à vélo, Leica en main, les rives et chemins de la vallée de la Drôme pour raconter la Biovallée. Une expérience unique d'un territoire devenu modèle, ressourcé autour d'une rivière rendue à son état nature.

Plus de 1 000 d'entre vous ont précommandé ce numéro, contribuant à la réalisation de ce tour de France des régions. Merci. ◆

François Siegel

WE DEMAIN

WWW.WEDEMAIN.FR

ÉDITEURS
François Siegel
francois.siegel@wedemain.fr
Jean-Dominique Siegel
jeando.siegel@wedemain.fr

CONSEILLER DE LA DIRECTION
Gérard Leclerc
gerard.leclerc@wedemain.fr

COORDINATRICE ÉDITORIALE
Secrétaire générale de la rédaction
Sophie Bouillard
sophie.bouillard@wedemain.fr

DIRECTRICE ARTISTIQUE
Alicia André
alicia.andre@wedemain.fr

ICONOGRAPHE
Patricia Couturier
patricia.couturier@wedemain.fr

ILLUSTRATRICE
Anna Parraguette

CHEFFE D'ÉDITION
Christine Bois-Dumont

CONSEILLERS ÉDITORIAUX
Yves Heuillard
Frédéric Joignot
Jean-Louis Marzorati
Armelle Oger

ENQUÊTES, REPORTAGES, PHOTOS
Evgenia Arbugaeva
Frédéric Brillet
Pablo Corral Vega
Anne Deguy
Nigel Dickinson
Claire Gollot
Jean-Marie Hosatte
Frédéric Joignot
Gérard Leclerc
Jean-Louis Marzorati
Armelle Oger
Christoph Otto
Fabien Passard
Vincent Rondreux
Sarah Roubato
Florence Santrot
Frédéric Stucin
Eric Tariant
Emmanuelle Vibert

CHRONIQUES
Jean-Paul Curtay
Médecin nutritionniste
Patrice Franceschi
Ecrivain et aventurier
Emma Haziza
Hydrologue, fondatrice et présidente de Mayaner
Patrick Scheyder
Pianiste et écrivain

FABRICATION
Elodie Doré

DIGITALE STRATÉGIE
Florence Santrot
florence.santrot@wedemain.fr

COMMUNITY MANAGER
Gayané Adourian

CONTRIBUTIONS

Pablo Corral Vega

Pablo Corral Vega est avocat, artiste et penseur équatorien. Il a été photographe pour le prestigieux National Geographic, ainsi que pour les plus importantes revues internationales. Diplômé de Harvard et du MIT (Massachusetts Institute of Technology), il a étudié les neurosciences, les mythologies et les interfaces entre ordinateurs et humains au célèbre Media Lab. Il travaille aujourd'hui avec l'intelligence artificielle sur l'intersection entre mythes fondateurs, créativité, culture et technologie (couverture).

Evgenia Arbugaeva

C'est en Sibérie, dans la petite ville de Tiksi, au bord de la mer Laptev, qu'Evgenia Arbugaeva voit le jour en 1985. Elle y vit jusqu'à l'âge de 8 ans. Après avoir obtenu son diplôme en gestion d'art à l'Université internationale de Moscou, la jeune femme s'installe à New York, où elle suit des cours de photographie documentaire au International Center of Photography (2009). Dès 2010, ses projets photographiques, plusieurs fois récompensés (prix du Magnum Emergency Fund en 2012, prix Leica Oskar Barnack en 2013, ICP Infinity Award 2015), la portent en Sibérie. Petit aperçu, dans ce numéro, de sa série Weather Man (p. 100).

Fabien Passard

Journaliste pigiste, membre du collectif Extra Muros et ayant fait ses classes en Bretagne, il suit avec attention les nouvelles mobilités. Plutôt intéressé par l'esprit low-tech que la surenchère technophile. Décollant le nez le plus possible de l'actualité, il privilégie le long format et passe du temps sur le terrain pour s'imprégner d'un sujet. Pour *We Demain*, il signe un article sur le retour des navires de charge à voile (p. 92).

Sarah Roubato

Ecrivain, auteur-compositeur-interprète franco-canadienne, Sarah Roubato se spécialise en anthropologie de la littérature orale. Elle se rend treize fois au Maroc pour vivre avec les Berbères du Haut Atlas, dont elle apprend la langue et enregistre des milliers de trésors d'oralité. À 23 ans, elle est la plus jeune invitée par l'Unesco et le programme de Préservation du patrimoine culturel immatériel pour présenter ses recherches. Parallèlement, elle monte au Québec des spectacles mêlant chanson et théâtre… Avec toujours la volonté d'interroger les possibles de notre époque. Dans ces pages, elle nous raconte l'itinéraire de Sana, jeune femme réfugiée qui a dit non (p. 32).

Frédéric Stucin

Diplômé de l'École supérieure des arts décoratifs de Strasbourg et de l'École Louis Lumière, Frédéric Stucin collabore, depuis 2002, avec plusieurs médias, dont *Libération, Le Monde, Figaro Magazine, Madame Figaro, L'Équipe Magazine, L'Obs, Les Échos WE, Les Inrocks, Elle, Stern…* En parallèle de ses reportages et portraits, il mène un travail plus personnel à partir du réel. Pour exemple, sa série sur la renaissance des fêtes de village (p. 126, p. 142, p. 158, p. 168, p. 174, p. 186).

IMAGE DE COUVERTURE
Pablo Corral Vega
Synthographie

CONTACT

CONSEIL
Isabelle Jacques - Labelagence
isabelle@wedemain-larevue.fr

PUBLICITÉ
Guillaume Beauquesne
guillaume@wedemain-larevue.fr

DÉVELOPPEMENT COMMERCIAL
Amélie Fouache
amelie@wedemain-larevue.fr

ABONNEMENT
Abonn'escient
235, avenue Le-Jour-se-Lève,
92100 Boulogne-Billancourt
abonnement@wedemain.fr

Abonnement France 1 an : 44 €
Abonnement étranger 1 an : 62 €

CONSEIL ABONNEMENT
Annie Siteboun

RELATIONS PRESSE
Anne Hartenstein
ah@annehartenstein.com
Tél. : 06 85 57 64 19

WE DEMAIN
Le Shack
4, impasse Sandrié, 75009 Paris
Edité par We Demain Groupe GS
•
Gérant et directeur de la publication :
François Siegel
•
Comptabilité :
Christine Peltier
cpeltier@gspresse.fr
•
Photogravure : Key Graphic
Impression : ROTO FRANCE/RFI
25, rue de la Maison-Rouge, 77185 LOGNES
•
Commission paritaire : 0626 D 91382
ISSN : 2259-0242 – ISBN : 979-10-93022-54-3
Dépôt légal : septembre 2023

Origine du papier : France
Taux de fibres recyclées : 0 %
Eutrophisation : Ptot = 0,01 kg/tonne papier

IMPRIM'VERT

Certifié PEFC
Ce produit est issu de forêts gérées durablement, de sources recyclées et contrôlées
PEFC 10-31-1557
www.pefc-france.org

À Gérard

We Demain, 2020.

Yan Morvan, AFP, Bestimage, Gamma Rapho

Viticulteur, cinéphile et cinéphage mais en salle, pilote, motard, grand voyageur, marié, une fois, avec Julie, père trois fois – Antoine, Mathieu, Charlotte –, grand-père cinq fois, cultivé, consciencieux, rugbyman, parlementaire, *aficionado*, journaliste toujours.

Il aimait Gâtine en Poitou, le bar des Arcades à Loudun, QG rituel du samedi matin, le saumur, le sien brut et pétillant, rouge et blanc. Il achetait *Le Monde* mais toujours en kiosque, racontait des blagues comme on n'ose plus, croyait à la démocratie, à la science et au progrès, jouait aux boules, à Paris, une fois par semaine, usait du smartphone avec modération et n'était pas geek du tout.

J'ai connu le journaliste, l'intervieweur, le présentateur de journaux télévisés, le chef de service, le directeur de rédac, le président de chaîne. Mais toujours un mec simple – avant, on aurait dit un chic type –, jamais la grosse tête.

Avec ses 1 000 vies en bagage, Gérard est venu nous rejoindre quand les carrières les plus brillantes, un jour, font la pause. C'était le numéro 12 de *We Demain*, en septembre 2015. Avec une passion intacte, il s'est lancé dans son nouveau métier de journaliste environnemental, expert désigné en biomimétisme, monnaies complémentaires, revenu universel ou sauvegarde de la forêt française. Suis-je arrivé à le convaincre définitivement du rôle majeur de l'éolien terrestre dans le futur mix énergétique ? Pas si sûr !

Chaque matin après *C News*, il venait nous rejoindre et chaque journée commençait par la même question : « *Alors Gérard, quelles nouvelles de la Ville ?* »

Cette quotidienne heureuse a duré huit années, avant cet arrêt d'une brutalité inouïe. Les témoignages unanimes reçus par tous les anciens ou actuels collaborateurs de *We Demain* confirment combien il les avait séduits.
Ce fut un bonheur de partager l'une de tes 1 000 vies, cher Gérard. ◆

François Siegel

SOMMAIRE

DÉCHIFFRER

10–41

RESPIRER

42–73

Jean-Marie Hosatte, Rémi Masson/Bios Photo, Julien Daniel/Myop, Casa dei Pesci

60–
DES STATUES CONTRE LES CHALUTIERS

DÉCOUVRIR

74–194

davines
sustainable beauty

GROW BEAUTIFUL*

Nous nous engageons à agir en faveur du climat, en alliant étroitement beauté et agriculture.

Nous avons toujours considéré nos produits de soin capillaires comme une fenêtre ouverte sur un monde plus enrichissant dans lequel beauté et durabilité s'allient au service de l'Agriculture. En tant qu'entreprise familiale et certifiée B Corporation, notre responsabilité est d'aller toujours plus loin dans nos engagements, en faisant de notre mieux pour préserver la planète, avec inspiration et humilité.

*Cultivons la beauté

C'est dans cet esprit - et à l'occasion de notre 40e anniversaire - que naît Grow Beautiful, la seconde édition de We Sustain Beauty, notre campagne mondiale socio-environnementale visant à encourager l'action pour le climat à travers l'agriculture biologique régénératrice. Ce mouvement a pour objectif d'accompagner notre démarche environnementale par la régénération de l'environnement, en faisant évoluer notre quotidien et nos choix. C'est aussi l'accomplissement de nos valeurs et de nos espoirs, ceux de construire un monde régénéré et renouvelé, ainsi qu'un avenir meilleur, reposant sur un héritage de durabilité.

We Sustain Beauty - et le sac Grow Beautiful Regenerative Organic Lifestyle - ont été créés dans le but de protéger la planète à travers la beauté. Fabriqué en coton biologique issu de l'agriculture régénératrice, provenant d'Odisha, en Inde, le sac est un objet vertueux de la vie quotidienne, un accompagnateur de bons gestes. Les pratiques agricoles de culture du coton sont soigneusement alignées sur celles de l'European Regenerative Organic Center (EROC) à Parme, en Italie, fruit de notre collaboration inédite avec le Rodale Institute. EROC, le dernier projet du Davines Group Village, est quant à lui dédié aux recherches autour de la durabilité : la séquestration de carbone et la biodiversité, la formation des agriculteurs et la communication.

WE sustain beauty
Rejoignez-nous
wesustainbeauty.com

Certified B Corporation

FR.DAVINES.COM
@DAVINESFRANCE

40 DAVINES GROUP

D

DÉCHIFFRER

Ouverte le 3 juillet, la 54e édition des Rencontres d'Arles s'achèvera le 24 septembre 2023.
info@rencontres-arles.com
rencontres-arles.com

The Holy seriousness of play [La sainte gravité du jeu]
Image extraite du film Lourdes TV (bug), 2023. Photo Paulien Oltheten.
Avec l'aimable autorisation de l'artiste.

Grand entretien avec Francis Fukuyama

«Nos démocraties sont menacées, à l'intérieur comme à l'extérieur.»

Francis Fukuyama s'est fait connaître à travers un essai best-seller *La Fin de l'histoire et le dernier homme* (éd. Flammarion, 1992) où, prenant acte de l'effondrement du bloc soviétique en 1989, il avançait que le *«monde libre»* et la *«démocratie libérale»* l'avaient emporté sur tous les autres régimes politiques. Nous entrions dans la *«fin de l'histoire»* et un monde pacifié et plus libre. Vingt-deux ans plus tard, le politiste américain, professeur d'économie politique à l'université Johns-Hopkins (Maryland), déchante. Dans son dernier ouvrage, *Libéralisme, vents contraires* (éd. Saint-Simon, mars 2023), il constate la dérive vers un néolibéralisme inégalitaire et écologiquement dévastateur. Qui est miné en Europe et aux États-Unis par le national populisme. Et directement menacé par les dictatures russe et chinoise. Il n'en garde pas moins espoir que les peuples finiront par préférer la démocratie et la liberté.

Propos recueillis par Frédéric Joignot

Francis Fukuyama, dans la bibliothèque de l'université de Stanford, à Palo Alto (Californie), en avril 2022.

Jim McAuley/The New York Times/REA

Dans *Libertés, vents contraires,* vous mettez en garde contre les risques que courent de nos jours les démocraties libérales.

Francis Fukuyama : Je prends la défense du libéralisme classique, humaniste, que j'estime gravement menacé dans le monde entier, et dans les démocraties pour commencer. Depuis les années 2000, les institutions libérales ont été directement attaquées dans certains régimes libéraux bien établis. Des leaders populistes, comme Jarosław Kaczynski en Pologne, Viktor Orbán en Hongrie, Recep Tayyip Erdogan en Turquie, hier encore Jair Bolsonaro au Brésil ou Donald Trump aux États-Unis, tous légitimement élus, se sont évertués à remettre en cause les principes mêmes de la démocratie libérale, évoluant vers des régimes autoritaires. Par ailleurs, depuis les années 1980, le libéralisme économique a muté en ce que nous appelons le « néolibéralisme », un système qui a amplifié les inégalités économiques et généré des crises financières et environnementales dévastatrices, affectant beaucoup plus gravement la vie des classes pauvres et moyennes que les élites fortunées. Cette mutation a favorisé la montée de l'extrême droite et renforcé la critique de l'économie de marché débridée et du système capitaliste qui lui sont associés. En Europe comme aux États-Unis et ailleurs, de nombreux militants de la génération Z jugent désormais le capitalisme néolibéral dépassé, un système défendu par les boomers et incapable de se réformer.

> « De nombreux leaders d'extrême droite cherchent à utiliser leur mandat électoral pour aller au-delà et contourner l'État de droit, les règles du libéralisme et du pluralisme. »

Que défendez-vous dans le libéralisme ?

Le libéralisme, la doctrine politique alternative à la monarchie apparue pendant les Lumières européennes, plaide pour la limitation du pouvoir politique par la loi et une Constitution pérenne, et protège les droits individuels face à l'autorité de l'État. Le principe même du libéralisme est la reconnaissance de la dignité égale et universelle de tous les êtres humains, et la défense de leur autonomie par la primauté du droit sur l'arbitraire. Cette autonomie concerne les choix fondamentaux que les citoyens peuvent faire. Le droit de choisir quoi faire de leur existence, de vivre où bon leur semble, de croire et de s'exprimer comme ils l'entendent, et bien sûr le droit de participer au pouvoir politique grâce au droit de vote et à l'élection de ses représentants… Les démocraties permettent ainsi à des populations diverses de vivre en paix, en acceptant de ne pas être d'accord sur les fins finales (par exemple sur les traditions religieuses ou l'appartenance ethnique). Elles se réfèrent à la primauté de la loi sur la force, un système de règles formelles, de libertés (de la presse, de commercer…) et de contre-pouvoirs (justice, Cour suprême, parlement…) restreignant et encadrant le pouvoir de l'exécutif, y compris quand celui-ci est légitimé par une élection démocratique. Elles reposent sur un *« gouvernement du peuple, par le peuple »*, fondé sur le suffrage universel, dans le cadre de scrutins libres, périodiques, équitables et multipartites. Enfin, en protégeant les droits de propriété, la libre concurrence et le droit de s'engager dans des transactions économiques libres, les sociétés libérales se sont historiquement révélées plus riches et innovantes que les sociétés non libérales…

En Hongrie, Viktor Orbán a affirmé qu'il cherchait à bâtir une société *« illibérale ».* Les menaces viennent aussi de l'intérieur des démocraties ?

En effet, des hommes forts comme Viktor Orbán ou Donald Trump ont été légitimement élus, puis ils ont utilisé leur mandat pour tenter de saper les fondements mêmes de l'État de droit et l'égalité de traitement des citoyens.

Ce démantèlement des contraintes libérales sur le pouvoir – indépendance de la Justice, fonction publique non partisane, médias indépendants, Cour constitutionnelle… – leur a permis par la suite d'attaquer la démocratie en cherchant à manipuler les élections. En Hongrie, Viktor Orbán a nommé ses fidèles dans l'appareil judiciaire et fait passer la majorité des médias hongrois sous la coupe de ses alliés, ce qui l'a beaucoup aidé aux dernières législatives. Les tentatives de Donald Trump pour affaiblir des institutions comme le département de la Justice, les agences du renseignement, le pouvoir judiciaire, la Cour suprême, et invalider les résultats des élections, ont connu moins de succès. Il nourrissait cependant le même projet. Les institutions libérales jouent de nos jours le rôle du canari dans la mine de charbon, elles protègent la démocratie en limitant le pouvoir exécutif. Leur affaiblissement annonce toujours l'imminence d'un assaut autoritaire. Une fois démantelées, les résultats électoraux peuvent être manipulés de plusieurs manières : changement des conditions d'inscription sur les listes, redécoupage électoral, fausses accusations de fraude pour dénier des résultats défavorables, etc. Parmi les multiples attaques de Donald Trump contre les institutions américaines, la plus grave s'est manifestée lorsqu'il a refusé de concéder sa défaite et de transmettre pacifiquement le pouvoir à son successeur, comme cela se passe dans toutes les démocraties. Les ennemis de la démocratie cherchent toujours à garantir à leurs partisans, désignés comme étant le « vrai peuple », qu'ils resteront au pouvoir quels que soient les résultats électoraux.

Marine Le Pen est-elle de ceux-là ?

De nombreux leaders d'extrême droite cherchent à utiliser leur mandat électoral pour aller au-delà et contourner l'État de droit, les règles du libéralisme et du pluralisme. C'est le risque avec Marine Le Pen. Cela dit, une autre figure d'extrême droite, Giorgia Meloni, se montre jusqu'ici disposée à respecter la plupart des règles d'une démocratie libérale.

Comment le néolibéralisme encourage-t-il l'extrême droite ?

Les idées libérales se sont radicalisées dans les années 1980, ont dérivé en néolibéralisme, un concept péjoratif utilisé depuis pour définir le capitalisme, alors qu'il décrit une forme dévoyée du libéralisme initiée par un mouvement d'économistes rattaché à l'université de Chicago, à l'École autrichienne, et à des théoriciens tels que Milton Friedman, Ludwig von Mises ou Friedrich Hayek. Ces économistes ont diabolisé l'intervention étatique dans la sphère économique et dénoncé l'État-providence, jugé tentaculaire et favorisant l'assistanat par trop d'aides sociales. Ils ont appelé à démanteler les protections réglementaires nécessaires, notamment dans le secteur financier et à laisser faire la loi du marché – la main invisible – pour assurer la croissance et une meilleure distribution des ressources. Ces économistes, dont plusieurs ont reçu le prix Nobel, ont nourri les politiques promarché, antisyndicalistes et anti-étatiques menées par Ronald Reagan et Margaret Thatcher dans les années 1980, puis par Silvio Berlusconi en Italie. Des politiciens de centre gauche, comme Bill Clinton et Tony Blair, ont perpétué ces politiques et continué de promouvoir la déréglementation, la globalisation et la privatisation de leurs économies, si bien qu'elles ont préparé le terrain à la montée du populisme identitaire dès la fin des années 2010.

«Si la déréglementation s'avère utile dans certains secteurs de l'économie réelle, elle s'est avérée désastreuse pour le secteur financier et l'environnement.»

Mais quelle différence faites-vous entre le libéralisme et le néolibéralisme ?

L'obstination du néolibéralisme à laisser faire la seule loi du marché, son soutien inconditionnel au libre-échange et à l'efficacité économique au détriment de tous les autres biens sociaux et de l'environnement a créé un temps une grande richesse, mais aussi énormément d'inégalités, une grave régression sociale et favorisé le réchauffement climatique. Cette politique a fini par déstabiliser l'économie mondiale et scier sa propre branche. Si la déréglementation s'avère utile dans certains secteurs de l'économie réelle, elle s'est avérée désastreuse pour le secteur financier et l'environnement. Contrairement à une société manufacturière, une grande banque d'affaires présente des risques systémiques. S'ils sont excessifs, ils exposent toute l'économie à des coûts énormes. Le monde entier s'en est aperçu en 2008, au moment de la crise des *subprimes* après la faillite de Lehman Brothers. Le système de paiement international s'est retrouvé paralysé et n'a été sauvé que par l'injection massive de liquidités par la Réserve fédérale américaine et les autres banques centrales. S'il fallait un argument fort en faveur d'un libéralisme bien compris et de la nécessité d'une grande institution étatique centralisée, c'est bien celui-là.

Le libéralisme que vous défendez n'est donc pas contradictoire avec la réglementation et les aides étatiques ?

Le libéralisme est compatible avec une régulation de la finance et un vaste parapluie de protections sociales octroyées par l'État. Si, dans une optique libérale, les individus doivent assumer leurs responsabilités pour mener leur vie sans être assistés, trouver du travail, s'occuper d'eux-mêmes et de leur propre bonheur, ils doivent dans certaines circonstances affronter des menaces face auxquelles ils sont démunis. Pendant la pandémie de Covid, quand une personne perdait son emploi du fait de l'arrêt de son activité, la solidarité temporaire d'un gouvernement, comme en France celui d'Emmanuel Macron, n'encourageait pas sa dépendance. L'accès universel à la santé et à la protection sociale ne rendent ni paresseux ni inconséquents, comme l'affirment les néolibéraux. Prenons un autre exemple. De nombreux salariés ne parviennent pas à thésauriser en prévision de leur retraite ou à anticiper des événements imprévisibles les empêchant de travailler. En les incitant à se constituer une épargne tout au long de leur carrière professionnelle, l'État ne viole aucune liberté fondamentale. *A contrario*, cela conforte la liberté individuelle sur le long terme.

Parlez-nous de votre essai de 2019, *Identity* (éd. Profile Books). Vous réfléchissiez à la façon dont le libéralisme doit répondre à la demande d'identité des populations, des suites de la globalisation du marché et des mouvements migratoires, sans pour autant saper ses fondements démocratiques.

L'identité nationale, le sentiment d'appartenance à une société, un pays, une nation, est évidemment nécessaire à la cohésion sociale, mais cette identité doit être respectueuse des idées libérales, au sens où elle doit être accessible à tous les citoyens. Les identités nationales fondées sur la seule religion, un seul groupe ethnique, une sexualité, ne peuvent être libérales, elles reposent sur un passé largement fantasmé, des idées conservatrices, le déni de nos sociétés modernes beaucoup plus diverses, multiculturelles et attachées à leurs libertés que celles d'hier. De nombreux conservateurs religieux estiment que le libéralisme promeut un relâchement moral généralisé, où l'individu se vénère lui-même au lieu d'aimer Dieu ou un principe moral fédérant toute une population.

Pour les populistes, le libéralisme a dissous les liens de la communauté nationale originelle, remplacés par une immigration importante et un cosmopolitisme qui protège autant des populations venues d'ailleurs que ses propres concitoyens. D'autres conservateurs formulent de vives critiques contre le libre-échange et le marché globalisé qui éroderait les valeurs de la famille, de la communauté et de la tradition.

Que leur répondra un libéral ?

Lorsque l'identité nationale se fonde sur des caractéristiques telles que l'ethnicité ou l'héritage religieux, ou encore le strict respect des traditions, elle se transforme souvent en une doctrine discriminante violant la notion libérale d'égale dignité, et tourne à un nationalisme agressif et fermé, un phénomène dont l'Europe a beaucoup souffert au cours de la première moitié du XXᵉ siècle. L'Union européenne justement a été mise en œuvre en tant qu'antidote libéral au nationalisme qui a mené aux deux déflagrations mondiales du XXᵉ siècle. Elle a réussi au-delà de toutes les espérances, apportant la paix et la prospérité. De nos jours pourtant, des mouvements populistes nationalistes, antimigratoires et eurosceptiques s'y développent. Les libéraux tendent à garder leurs distances à l'égard des appels au patriotisme et aux traditions culturelles. Ils ne devraient pas. Cela laisse le champ libre à l'extrême droite. À mon sens, une vision positive et émotionnelle de l'identité nationale libérale devrait s'enorgueillir d'une identité en tant que société ouverte et pacifique, tout en favorisant de nombreux aspects de l'identité nationale susceptibles d'être adoptés et partagés. Cela va des traditions littéraires à la langue, de la gastronomie aux sports, des réussites économiques aux conquêtes des libertés, des nouvelles technologies au dynamisme culturel et artistique.

La grave crise environnementale, l'accélération du réchauffement climatique ne va-t-elle pas favoriser les régimes autoritaires ?

Je ne vois pas pourquoi un régime autoritaire ou illibéral accorderait la priorité à résoudre les questions climatiques. Il n'est pas clair qu'il existe un quelconque système politique qui pourrait mieux protéger l'humanité contre des dangers globaux, que ce soit des catastrophes climatiques, des pandémies ou des astéroïdes. Je pense, en revanche, qu'un bilan empirique des performances relatives à la lutte contre le réchauffement climatique de ces dernières années favoriserait certainement les démocraties libérales. Elles ont compris qu'il était temps d'abandonner les combustibles fossiles, même si cette sortie ne peut se faire aussi rapidement que beaucoup le souhaitent du fait de leur dépendance à cette énergie. Pendant ce temps, la performance écologique des régimes non démocratiques a été pire que celles des libéraux, y compris dans des pays comme la Chine.

On doit hélas se poser la question : l'avenir appartient-il aux démocraties libérales ou aux autocraties ?

La Chine de Xi Jinping, et son régime autoritaire, affirme que l'Occident libéral est en déclin et qu'elle est la nouvelle superpuissance. Mais il est trop tôt pour affirmer que son modèle politique et économique asservi au parti communiste se montrera demain capable de générer de l'innovation et de la croissance, comme de produire une culture mondialisée et une société attrayante. Depuis quatre décennies, les grands succès de la croissance chinoise proviennent de ses ouvertures libérales, notamment les réformes de Deng Xiaoping en 1978, facilitant la création d'un secteur privé dynamique…
Il y a de bonnes raisons de penser que les autocraties et les dictatures ne répondent pas aux besoins et aux désirs de leurs citoyens sur le long terme. Preuve en est, la démocratie libérale est toujours très attirante pour des personnes d'autres cultures ou vivant dans un régime tyrannique dès lors qu'elles découvrent les libertés qu'elle procure. Au cours des dernières années, des millions d'êtres humains ont cherché à gagner les pays libéraux, parce qu'ils promettent non seulement une plus grande liberté individuelle, un État moins policier, mais aussi de nouvelles opportunités économiques et créatives. ◆

À lire

LIBÉRALISME, VENTS CONTRAIRES,
par Francis Fukuyama, 2023,
éd. Saint-Simon, 168 pages.

CHRONIQUE
DU PROGRÈS HUMAIN

Patrice
Franceschi

écrivain et aventurier

Un exemple pour tous

Le 20 juillet 2022, au nord de la Syrie, un drone turc a pulvérisé dans leur voiture quatre figures de la résistance à l'islamisme. Deux étaient des militantes kurdes renommées, Yusra Darwish et Leman Shweish, les deux autres des chrétiens respectés, Firat Daniel Touma et Kabi Shamoun. Tous les quatre sont aujourd'hui des symboles de ce que peut coûter le progrès humain lorsqu'il vise à l'établissement de la démocratie dans une région du monde où ceux qui détiennent le pouvoir n'en veulent à aucun prix.

Yusra, Leman, Kabi, Daniel... Leurs noms méritent d'être retenus. Ils appartenaient à l'auto-administration du Kurdistan syrien, cet «Etat de fait» grand comme quatre fois le Liban, dont le principal défaut, aux yeux d'Erdogan, est de mener une expérience de société nouvelle jamais vue au Moyen-Orient, basée sur l'égalité homme-femme, la laïcité, la liberté individuelle et le respect des minorités. Ce condensé de progrès humain véritable, à la fois concret et visible, quasi charnel, est farouchement défendu par les FDS, les Forces démocratiques syriennes, alliance de Kurdes, de chrétiens et d'Arabes du nord de la Syrie, luttant ensemble pour une société qui vaille enfin la peine d'être vécue.

Un contre-progrès tragique

Par l'une de ces injustices dont l'histoire a le secret, leur combat est tombé dans l'oubli. Alors, rappelons que ce sont ces FDS qui, avec notre soutien et celui de la coalition internationale, ont vaincu Daech en 2019, après sept années d'une guerre implacable qui leur a coûté 36000 tués et blessés, dont d'innombrables femmes combattantes.

Nous avions alors besoin des Kurdes et de leurs alliés pour mettre un terme au terrorisme islamiste responsable des attentats en France. Le danger écarté, nous avons abandonné nos amis, jugeant, un peu vite, ne plus en avoir besoin. Les Turcs les ont aussitôt attaqués et les islamistes ont entamé leur renaissance. L'expérience d'une société nouvelle en Syrie est désormais menacée de disparition, tel un contre-progrès tragique.

Le 20 juillet, je me trouvais non loin du véhicule « droné », comme on dit là-bas, avec d'autres camarades kurdes, ayant passé l'été à effectuer d'incessants allers-retours entre la France et le Nord syrien, comme depuis dix ans. J'ai été peiné mais pas étonné. Depuis 2020, les drones turcs frappent chaque jour ou presque, visant indistinctement civils et militaires dans l'objectif d'éliminer graduellement toute l'élite des FDS. Peu à peu émerge l'idée qu'Erdogan finira par rayer de la carte cette expérience de société pour éviter tout risque de contagion chez lui et dans les pays limitrophes. Le silence de la communauté internationale l'encourage chaque jour un peu plus. Au Moyen-Orient, il ne fait pas bon être l'allié des Occidentaux et de prôner une démocratie véritable.

Avant de retourner à l'oubli

J'écris ces lignes moins pour rendre hommage à ceux de mes camarades déjà disparus qu'à ceux qui résistent encore et refusent de baisser les bras, ou d'émigrer en Europe comme il leur serait aisé de le faire. Il y a du sublime dans cette résistance nourrie d'une foi irréductible, oubliée chez nous, dans les bienfaits de la démocratie. Pour elle, on consent à payer un prix chaque jour plus élevé, et à tout supporter: les tirs de l'artillerie turque à longue portée sur les villages, les écoles ou les hôpitaux, les attentats de plus en plus nombreux des cellules dormantes de Daech, le retour des séides du régime de Damas qui veulent mettre fin à l'autonomie kurde, le nettoyage ethnique des régions conquises par les Turcs, le blocus économique de l'Irak dont le gouvernement régional ne laisse ouvert qu'un mince corridor sur le fleuve Tigre, la guerre de l'eau menée par Erdogan qui réduit le débit des barrages sur l'Euphrate afin d'affamer les populations par la destruction de leur agriculture – et bien sûr, le « dronage » constant des dirigeants.

Alors, j'admire des hommes et des femmes dont les noms ne disent rien à personne en France. Ils s'appellent Muhamed, Khaled, Mazlum ou Karwan, elles se nomment Ilham, Asya ou Berevan. Refusant le statut de victimes, ces Kurdes, chrétiens et Arabes, mènent bataille sans désespoir, et s'ils tombent, combattent encore à genoux. Ce sont des héros modernes forgés à l'ancienne, des héroïnes discrètes et attachantes qui, au milieu de l'indifférence générale, méritaient bien ces quelques lignes dans un magazine acceptant de leur offrir un peu de place – avant de retourner à l'oubli. ◆

La Biovallée

Entre le Vercors et les Baronnies provençales, champ de lavande en fleur à Saoû, avec les Aiguilles et la Tour en arrière-plan.

« Une nouvelle manière d'être au monde »

Du pays Diois aux sources de la Drôme, entre Vercors et Rhône, c'est à vélo que notre reporter Jean-Marie Hosatte est parti à la rencontre d'un territoire unique. Une terre rebelle par son histoire, devenue expérience en grand de reconnexion avec le vivant. Un modèle en réponse aux enjeux climatiques nouveaux.

Texte et photos Jean-Marie Hosatte pour WE DEMAIN

Un maquis de sourcils porte une ombre sur l'éclat des yeux. Des bretelles fatiguées soutiennent un pantalon usé qui vient de se déchirer au-dessus d'un genou. Le sourire vif, une voix qui ne tremble pas, contredisent l'âge qu'annonce ***Sjoerd Wartena.*** Quatre-vingt-quatre ans. Et toujours cette envie de faire qui le porte. Chaque jour, l'homme que personne ne s'aventurerait à regarder comme un vieux va relever un mur de pierres sèches au fond de son jardin. Pour rien. Pour faire. Pour jamais ne rien avoir à faire.
Sjoerd Wartena n'écoute que ceux qui font et ne se laisse influencer que par ceux qui ont fait autant que lui. Il y en a peu. Wartena calcule à haute voix. Il est arrivé dans la vallée de Quint, un affluent de la Drôme, au milieu des années 1970, et s'est installé dans sa maison au-dessus du capricieux torrent. Lui et sa femme ont déplacé des tonnes de pierres pour relever les murs en ruines. Aux tonnes de pierres succèdent les quintaux de foin. Une chèvre en mange dix chaque année. Le troupeau de la famille Wartena comptait 60 bêtes. Pendant trente ans, Sjoerd Wartena a donc déplacé une montagne de fourrage. Une fois pour le récolter dans les champs en pente de Vachères-en-Quint, une fois pour le stocker, une fois pour le distribuer aux bêtes. Soixante tonnes manipulées trois fois font 180 tonnes. Au bout de trente années, cela fait 5 400 tonnes portées à bout de fourche.

Pour Sjoerd Wartena, tout est là.

La floraison de la lavande débute mi-juin autour de Crest et dure jusqu'à début août en altitude, dans la vallée du Diois.

Pourquoi tant d'efforts alors qu'une paisible carrière de philologue à l'Université d'Amsterdam s'offrait à lui ? Il reconnaît qu'il aurait pu être heureux en se consacrant à l'étude des traces écrites laissées par les anciennes civilisations. Mais il y a eu la rencontre avec cette vallée abandonnée, entre Sainte-Croix et Saint-Julien-en-Quint, au moment même où le jeune universitaire découvre le livre *Small is Beautiful* d'Ernst Friedrich Schumacher[2]. Cinquante ans exactement après sa publication, l'ouvrage continue d'inspirer Sjoerd Wartena. *« Du point de vue économique,* écrit Schumacher, *le noyau central de la sagesse est la pérennité. Nous devons étudier l'économie du durable. Rien ne peut avoir de signification économique, à moins que sa poursuite à longue échéance ne puisse se concevoir sans sombrer dans l'absurde… La pérennité est incompatible avec une attitude de rapace qui juge favorablement que ce qui était luxe pour nos pères est devenu nécessité pour nous. »* Pour Sjoerd Wartena, tout est là. L'espoir de la pérennité, le refus de l'absurde, et la discipline de la sobriété.

La Drôme, au milieu des années 1970, s'est détournée de ces valeurs. La rivière qui a donné son nom au département a été absurdement polluée par les égouts et les pesticides que l'on y rejette. On pompe d'énormes quantités d'eau pour irriguer des cultures intensives mal adaptées à ce pays. Les terres agricoles se concentrent. Les paysans quittent leurs exploitations.

L'espoir de la pérennité, le refus de l'absurde, et la discipline de la sobriété.

Sjoerd Wartena, 84 ans, est arrivé dans la vallée de Quint au milieu des années 1970.

La qualité de l'eau de la Drôme s'est fortement améliorée ces dernières années.

La Drôme, à Saillans.

Mais un territoire qui commençait à se rêver écologiquement vertueux ne pouvait continuer à être

Mais le saccage a fait du département un terrain d'expérimentation idéal pour Wartena, qui se met à calculer ce qu'il faudrait d'efforts et de moyens pour ramener les cultures traditionnelles de plantes médicinales et aromatiques dans la vallée de la Drôme. Tout s'enchaîne logiquement dans sa tête. Une agriculture adaptée demandera moins de pesticides et d'engrais chimiques. La rivière sera donc moins polluée et le pays disposant d'assez d'eau pure pourra se développer sobrement mais durablement. Les calculs faits et vérifiés, Wartena s'attelle à la tâche. Le travail dans les champs l'a rendu si dur à la peine qu'il ne craint pas la montagne de difficultés qu'il va lui falloir affronter. Les ***Wink,*** une famille hollandaise, voisine des Wartena, décide de participer. Ils vont être rejoints par ***Rodolphe Balz,*** un géographe et psychanalyste suisse qui s'est installé au plus haut de la vallée de la Gervanne, dans le hameau d'Eygluy. Balz est venu vivre là, attiré par la biodiversité de la Drôme, qu'il estime être l'une des plus riches de la planète, juste après celle de la Tasmanie. Les Wartena et les Wink se chargeront de développer la culture bio des plantes médicinales et aromatiques. Rodolphe Balz se consacrera au développement d'une industrie locale et bio d'huiles essentielles et de produits d'aromathérapie.

Toutes les conditions étaient réunies, reconnaît Balz, pour que son projet réussisse. Le scientifique et entrepreneur ne pense pas uniquement à la richesse de la flore drômoise quand il évoque les différents facteurs qui ont contribué à son succès. Il est venu dans la Drôme au milieu des années 1970, attiré par la réputation tout à la fois rebelle et accueillante du département. Par sa tradition de méfiance à l'égard de toutes les autorités politiques ou religieuses, la Drôme est un pays où ceux que l'on appelle encore parfois les « hippies » ont été laissés libres de tenter leur chance de construire leur petite enclave bio, inspirée par les auteurs qui, juste

Rodolphe Balz, fondateur de Sanoflore, a commencé en 1977 par extraire des plantes du Vercors grâce à la distillation à vapeur d'eau pure à basse pression. Un savoir-faire ancestral qui respecte l'environnement et les principes actifs botaniques.

traversé par une rivière que l'on avait destinée à ne plus être autre chose qu'un long égout à ciel ouvert.

après les événements de 1968, ont essayé de remettre la question écologique au centre des préoccupations de leurs contemporains. René Dumont, le père de l'écologie politique en France, dont tout le pays se moquait après sa prestation à la télévision pendant la campagne présidentielle de 1974, était très écouté dans les communautés qui se créaient alors entre Vercheny et Luc-en-Diois.

Thierry Geffray, un ingénieur agronome français, se rappelle que lorsqu'il est arrivé à Montlahuc-en-Diois, en 1976, les gens qu'il fréquentait, même s'ils n'avaient pas fait comme lui le tour du monde, connaissaient Rachel Carson [2], Ivan Illich [3] ou André Gorz [4]. Pour Geffray, la stupéfiante sensibilité aux questions environnementales, que l'on ne pouvait éviter de constater dans la Drôme alors que la France s'angoissait de voir se terminer les Trente Glorieuses, s'explique par l'influence des protestants dans le département. Leur lecture plus littérale de la Bible les rendrait plus sensibles au fait que la nature serait une création divine qu'il faut respecter et protéger en tant que telle. Les protestants drômois seraient également plus ouverts à la science et aux expérimentations politiques et sociales. Leur influence aurait ainsi créé un environnement tout à fait favorable au projet de sortie de l'agriculture productiviste, tenté par des Suisses, des Hollandais et quelques globe-trotters français qui se sont installés dans la Drôme entre le milieu des années 1970 et le début des années 1980. Les premières réussites de ces pionniers ont ensuite convaincu quelques personnalités politiques locales que le développement bio, raisonnable et durable, était peut-être la voie à suivre.

Rivière maltraitée

Un territoire qui commençait à se rêver écologiquement vertueux ne pouvait continuer à être traversé par une rivière que l'on avait destinée à ne plus être autre chose qu'un long égout à ciel ouvert. Dans les années 1990, la Drôme est un cloaque. Ses eaux charrient d'effrayantes quantités de polluants de toutes sortes. Ses rives sont encombrées de déchets. Les entreprises de travaux publics viennent y prélever des galets, sans se soucier de bouleverser le cours de la rivière, et abandonnent des milliers de tonnes de gravats sur les rives. L'agriculture intensive ayant besoin d'eau pour irriguer ses vergers et ses champs, l'État envisage, en 1986, de construire un barrage d'une capacité de 12 millions de mètres cubes sur sa partie haute, vers Luc-en-Diois. Le projet divise ceux qui parient sur l'agriculture intensive et les partisans d'un développement plus raisonnable. Le camp des « bio » se sent d'autant plus légitime à imposer ses vues que la réussite des pionniers apporte la preuve que la production agricole de masse chimiquement assistée n'est pas la seule possible. En 1986, Rodolphe Balz crée la distillerie Sanoflore, qui s'oblige à respecter les normes environnementales les plus rigoureuses afin d'éviter tout impact négatif. L'entreprise va connaître un réel succès économique, et Rodolphe Balz sera désormais considéré comme l'un des grands noms de la défense de l'environnement, au Japon en particulier. Thierry Geffray a choisi de s'investir dans l'action politique. Pour se faire accepter des locaux, il transforme la ferme acquise en 1976, en un élevage de brebis géré selon les principes les plus intransigeants de respect du vivant. Le modèle s'avère économiquement

La Biovallée commence à être vue

viable, et Thierry Geffray va acquérir un poids politique suffisant pour jouer un rôle essentiel dans la réalisation future du projet Biovallée. De leur côté, les Wink ont fondé l'Herbier du Diois, une entreprise de récolte et de conditionnement d'herbes aromatiques et médicinales, absolument bio, qui prend rapidement une dimension internationale. Les affaires de Sjoerd Wartena marchent bien elles aussi. Mais l'universitaire hollandais, devenu un rude paysan drômois, ne se satisfait pas d'une réussite qu'il ne partagerait pas avec d'autres agriculteurs. Il imagine les principes d'un mouvement qui permettrait de *« transformer* [sa] *réussite locale en projet global »*. De cette réflexion va naître Terre de liens, un mouvement citoyen qui va collecter des fonds auprès des entreprises et de simples citoyens pour acheter des fermes qui seront ensuite louées à des paysans réfractaires à l'agrandissement et à la spécialisation de leurs exploitations. *Small is beautiful !*

Jean Serret va organiser l'opposition au projet de barrage sur la Drôme, défendu par l'État. Il le fait, dit-il, pour payer sa dette à la Drôme qui l'a accueilli après son départ d'Algérie. Scientifique de formation, Jean Serret a calculé que le barrage ne résoudra les problèmes de l'agriculture intensive seulement le temps que la rivière finisse d'agoniser. Avec Didier Jouve, un représentant des Verts, ils expliquent aux élus de toute la vallée qu'un autre avenir est possible, à condition que la rivière soit sauvée. En 1987, les premiers convaincus se réunissent dans le minuscule cinéma de Saillans, pour définir un plan d'action. On décide d'assainir le lit et les rives de la rivière, infestés de rats qui se nourrissent des tonnes de poissons morts que le courant emporte vers le Rhône. Plus de 200 initiatives locales sont lancées. Les premières entreprises, les communes et les agriculteurs sont convaincus d'adopter une attitude plus responsable à l'égard de la Drôme. Il faudra vingt ans d'efforts pour que la rivière, d'égout à ciel ouvert, interdite à la baignade sur 95 % de son cours, devienne l'une des plus propres de France. En 2005, la Drôme reçoit le prestigieux Riverprize International, seule récompense mondiale pour la gestion des rivières sur le long terme.

Au début des années 2000, l'eau de cet affluent du Rhône est suffisamment abondante et pure pour faire vivre la Biovallée. Le mot est inventé par Jean Serret, Thierry Geffray et Didier Jouve, pour désigner et unifier le bassin de la Drôme ressuscitée. Pour que le mot soit accepté, il faut d'abord dissiper une ambiguïté. Biovallée ne désigne pas un territoire où l'on produirait et consommerait exclusivement des produits bio. Cela reviendrait à mettre de côté les agriculteurs qui ne souhaitent ou parfois ne peuvent pas passer à une forme de production moins chimiquement assistée. Thierry Geffray souligne que le préfixe bio dans le mot

comme l'exemple à suivre.

Des membres du réseau « Paysans de nature » en balade avant la conférence de Baptiste Morizot.

« Biovallée » désigne le foisonnement du vivant, humain, animal, végétal, rendu possible par l'assainissement de la Drôme au début des années 2000. Le projet est de rendre tout le bassin-versant de la Drôme à la vie, sous toutes ses formes. Pour que le rêve se réalise, les « sages » de la Biovallée fixent des objectifs aussi ambitieux que celui de consacrer la moitié des terres agricoles à l'agriculture biologique. On envisage aussi d'interdire l'artificialisation de toutes les terres qui peuvent être cultivées ou de proposer 80 % de produits bio locaux dans les restaurants collectifs. Les « sages » s'intéressent aussi à l'énergie. On imagine toutes les solutions pour diminuer sa consommation d'au moins 20 % en quelques années et de couvrir le reste par 25 % d'énergie renouvelable. Au bout du cycle de production et de consommation se pose le problème des déchets. On espère diviser par deux, au moins, le volume de ceux qu'il faudra enfouir.

Au début des années 2000, la catastrophe climatique n'a pas encore été annoncée au grand public, et les projets menés dans la Biovallée semblent relever d'une aimable utopie. La région Auvergne-Rhône-Alpes décide pourtant de soutenir l'écoactivité de la Drôme en la finançant à hauteur de 10 millions d'euros.

L'expérience d'une vie sobre et raisonnable

Le projet prend alors une tout autre dimension. La Biovallée commence à être vue comme l'exemple à suivre. Le territoire attire de plus en plus de familles de néoruraux qui veulent tenter l'expérience d'une vie sobre et raisonnable. Nombreux sont les néoruraux qui veulent participer activement à l'aventure en y apportant tout ce qu'ils ont appris dans les meilleures écoles d'ingénieurs et les grands groupes industriels

Distillation de la mélisse sur le site d'Elixens, à Eygluy-Escoulin, aux abords du Parc naturel régional du Vercors. Son fonctionnement limite l'utilisation des ressources naturelles.

Crest : Brice Guyot, fondateur de la bricothèque La Chignole, a renoncé à une carrière dans l'informatique.

qui les ont employés. Mais pour ***Sabine Girard,*** il serait injuste et faux de voir la Biovallée comme l'éden *« des bobos bifurqueurs »*. Selon cette ingénieure agronome, chercheuse en géographie, ancienne élue municipale à Saillans et fille de la Drôme, il faut se libérer des clichés. Tout d'abord parce que le futur de la Biovallée est pris en charge par de nombreux ingénieurs ou scientifiques qui sont originaires du territoire. Ceux qui arrivent sont incités à l'humilité par la réussite de ceux qui s'étaient installés là bien avant eux.

Une aura internationale

Pour la plupart, les « Néo » viennent pour apprendre, comprendre et participer, et non pour éduquer des populations écologiquement sous-développées. ***Pierre-Antoine Landel,*** chercheur à l'Institut de géographie alpine de Grenoble insiste, lui aussi, sur le fait que la Biovallée est née grâce à ces néoruraux arrivés là, il y a cinquante ans, en quête d'un mode de vie alternatif, mais qui ont su fusionner leurs talents d'entrepreneurs, leurs convictions politiques et militantes avec les savoir-faire locaux. Les Drômois qui étaient installés dans ce qui allait devenir la Biovallée n'auraient pas supporté d'être traités comme des arriérés, confirme Thierry Geffray. Les hippies ont eu l'intelligence de ne pas se comporter comme des missionnaires en terre sauvage. C'est en grande partie l'explication de leur succès. La leçon semble avoir été retenue par ceux qui sont arrivés au début des années 2000. Leur installation ne s'est pas toujours faite dans la bonne humeur. On leur reproche en particulier de participer à une sorte de « Luberonisation » de la Drôme, qui empêche les jeunes locaux et les « Néo » ne disposant pas de ressources financières importantes

Il serait injuste et faux
de voir la Biovallée

Crest : l'association « La Chignole » œuvre collectivement pour le réemploi, le faire soi-même et le faire ensemble.

Ingénieure chimiste de formation, Flore Bazin travaille au sein de Collembole, à Crest. Elle gère la collecte des déchets alimentaires dans les restaurants et leur compostage.

de s'y installer. L'accusation n'est pas sans fondement. Le village de Saoû se transforme ainsi à toute vitesse en ce que certains qualifient de *« Saint-Trop' bio »*, où la moindre maison ou le moindre plat dans le restaurant sur la place centrale atteignent des prix incompatibles avec le goût des locaux pour la sobriété et la mesure en toute chose. Mais les zones en voie de gentrification sont moins nombreuses que ne pourrait le faire craindre l'aura internationale de la Biovallée. Ceci s'explique par le fait que les « Néo » acceptent souvent de renoncer à une partie des salaires et des avantages qu'ils ont acquis au cours de leurs précédentes carrières pour venir participer à l'aventure.

Flore Bazin est une ingénieure chimiste. À la fin de ses études, elle a décroché un poste à responsabilités dans un grand groupe industriel qui produit des engrais chimiques et des pesticides. Ce qu'elle dit avoir découvert pendant ce bref passage dans l'industrie l'a poussée à se passionner pour la valorisation des déchets organiques. La jeune femme a ensuite dirigé un site d'enfouissement d'ordures ménagères. Organiser le gaspillage de centaines de tonnes de produits valorisables lui apparaît d'une stupidité telle, que la jeune ingénieure quitte son emploi et vient s'installer à Crest pour s'occuper de la collecte des déchets alimentaires dans les restaurants et de leur compostage. Les engrais qu'elle produit sont ensuite revendus aux maraîchers. Flore Bazin ne risque pas de participer à l'embourgeoisement de la Biovallée. Ses revenus ne représentent plus qu'une fraction dérisoire de ce qu'elle gagnait hier. Collecter les ordures, les organiser en tas, contrôler le processus de putréfaction, guetter le comportement des mouches et des asticots, c'est un travail accablant. Et pourtant, elle ne renoncera pas. Ce qui la porte, c'est son sentiment d'utilité.

Les motivations de ***Brice Guyot*** sont les mêmes que celles de Flore Bazin. Lui aussi s'est installé dans le village de Crest et y a créé une bibliothèque d'outils. Il a renoncé à une carrière très rémunératrice dans l'informatique pour s'impliquer dans l'économie circulaire. Il trouvait aberrant que des milliers d'objets soient fabriqués pour que chaque foyer puisse en disposer, mais qu'il ne les utilise, en définitive, que quelques heures par an. À « La Chignole », on collecte les outils auprès des entreprises et des particuliers, et on les met

comme l'éden

« des bobos bifurqueurs ».

ensuite à disposition de ceux qui en ont besoin pour une heure ou un jour. La fortune ne sera probablement pas au rendez-vous avant longtemps pour Brice Guyot. Il le sait et s'en accommode. Mais sa vie est plus belle, plus intéressante, depuis qu'il récupère un tournevis chez M. Dupont pour le prêter à Mme Martin.

Espoir d'adaptation positive

Être utile sans saccager la vallée, cela valait bien la peine de renoncer à quelques milliers d'euros chaque mois. D'autant qu'il n'est pas certain que le jeune père de famille soit condamné à la frugalité à perpétuité. Le modèle en économie circulaire de Brice Guyot, c'est GPA, une casse automobile qui est devenue le premier recycleur de véhicules hors d'usage en Europe. Située à l'extrémité ouest de la Biovallée, GPA démonte entre 20 000 et 30 000 véhicules chaque année, sur lesquels sont récupérées des pièces en parfait état de fonctionnement. Ces éléments sont vérifiés puis vendus à un prix dérisoire, comparé à celui d'une pièce neuve. Dans la vallée du Rhône où l'habitat pavillonnaire est dominant, les familles à faibles revenus sont obligées de disposer d'une ou de deux voitures pour leurs déplacements quotidiens. GPA leur permet de réparer leurs véhicules à moindre coût et sans négliger leur sécurité. Le site de GPA accueille des dizaines de visiteurs chaque année. L'entreprise est devenue une des meilleures références européennes dans le domaine de la production industrielle vertueuse.

Il nous faut reprendre notre place, mais

Baptiste Morizot, fondateur de la ferme du Grand Laval, laboratoire d'invention et d'expérimentation, en pleine conférence.

Mais il faut bien considérer que c'est désormais toute la Biovallée qui est devenue une source d'inspiration. Des dizaines d'études scientifiques dans le monde lui ont été consacrées. ***Samuel Bonvoisin,*** un ingénieur agronome qui pratique la permaculture dans le village de Cobonne, explique cela par le fait que la Drôme représente un espoir d'adaptation positive aux bouleversements climatiques qui vont nous contraindre à vivre autrement. Ce jour-là, une délégation d'universitaires et de scientifiques belges se fait expliquer comment retenir l'eau de pluie sur des parcelles menacées par la sécheresse.

Le Drômois répond avec enthousiasme aux questions posées, mais il est surtout heureux de pouvoir expliquer à ses visiteurs que s'adapter aux changements climatiques ne signifie pas apprendre à ses enfants à se nouer un turban sur la tête et à boire du thé à la menthe très chaud. On peut préserver l'essentiel de ce qui rajoute du plaisir à nos vies en s'adaptant à un rythme des pluies déroutant, à des températures auxquelles nous ne sommes pas encore habitués. Nous n'avons plus les moyens de contraindre la nature. Il faut la regarder, la respecter et s'adapter à elle.

Cette attention, le philosophe ***Baptiste Morizot***[5] l'appelle un *« ancrage »*. Il faut, selon lui, regarder, donner de l'importance à la plus infime manifestation du vivant qui nous entoure et dont nous ne sommes ni les maîtres ni les propriétaires de plein droit. Il nous faut reprendre notre place, mais uniquement notre place, dans la grande fresque du vivant. Baptiste Morizot s'est installé dans la Drôme, à Chabeuil. Entre les vallées les plus reculées du Vercors et la plaine de la vallée du Rhône, il élabore les traités diplomatiques qui vont nous relier aux autres espèces dont nous nous sommes coupés. Nous avons tout à gagner à reprendre notre place. Mais d'abord il nous faut tout réapprendre. Quand il ne piste pas les loups dans le Vercors, Morizot passe une partie de son temps à la ferme du Grand Laval, à Montélier, dont il a fait

uniquement notre place, dans la grande fresque du vivant.

Une jeune femme dans l'atelier GPA, à Livron-sur-Drôme, qui recycle les pièces des véhicules hors d'usage.

une porte vers un « *inexploré* » qu'il définit ainsi : « *L'inexploré en question, ce ne sont plus les Terres lointaines, désertes. Ce sont les tissages éco-étho-évolutionnaires intelligents des vivants non-humains entre eux et avec nous, sous nos pieds. L'inexploré, ce sont les relations. Dans et avec le vivant. Ces relations invisibles qui régissent le visible : celles qu'entretiennent le réchauffement climatique planétaire et le méthane des élevages bovins ; celles de la microfaune des sols en tant qu'alliances vertigineuses d'interdépendants avec tout usage vivrier de la terre… Chaque agroécologie est le découvreur des assemblages vivants uniques de son terrain, avec leurs comportements et tempéraments propres.* »

Un lien sincère et unique

Comme Baptiste Morizot, d'autres intellectuels sont venus s'ancrer dans ou à proximité de la Biovallée. La Drôme est ainsi devenue un « *cluster de la pensée écopolitique* » d'une variété et d'une richesse uniques en Europe, peut-être dans le monde.

À Crest, locaux et néoruraux se donnent rendez-vous à la terrasse des cafés.

Christophe Bonneuil écrit l'histoire de l'anthropocène dans le Vercors. ***Émilie Hache*** étudie les liens du féminisme et de l'écologie, à Die. Ces penseurs diffusent la pensée de Philippe Descola et de Bruno Latour, jusque dans les coins les plus reculés du département. Cette ébullition spectaculaire commence à produire des jaillissements spectaculaires. En 2014, Saillans a élu une liste municipale participative. L'expérience a fait long feu, mais pendant cinq ans, elle a passionné tous les médias de la planète parce que, dans ce petit village du bord de la Drôme, on voyait une communauté humaine, imaginer, expérimenter une forme d'organisation politique adaptée aux bouleversements de toutes sortes, bouleversements qui nous entraînent vers un futur que nous redoutons.

Pablo Servigne, que l'on loue ou que l'on maudit pour nous avoir confrontés à travers ses livres à l'inéluctabilité de l'effondrement (*Comment tout peut s'effondrer*, éd. Anthropocène), a trouvé dans l'épisode de la République de Saillans des raisons d'espérer. Quand le monde basculera, explique-t-il, ceux qui auront les plus de chances de faire l'expérience d'une autre vie seront ceux qui auront su s'intégrer à une communauté, un groupe, un clan, une tribu dont chaque membre sera lié à tous les autres par un lien sincère et bienveillant. On ne sait pas encore quelles seront ces *« formes nouvelles de représentations politiques »* qu'appelle de ses vœux l'anthropologue Philippe Descola, qui a une influence évidente sur les *« écosophes de la Drôme »*. Ces derniers seront-ils les découvreurs *« d'une manière d'être au monde »* compatible avec le *« nouveau régime climatique »* sous lequel nous allons vivre désormais ? Il serait vraiment hasardeux de l'affirmer. Mais un peu partout dans le monde, on est prêt à jurer que c'est dans la vallée du Vivant, entre Vercors et Rhône, que la solution sera trouvée. ◆

(1) *Small Is Beautiful. Une société à la mesure de l'homme,* par Ernst Friedrich Schumacher, Seuil, 1979.

(2) Rachel Carson (1907-1964), militante écologiste américaine, auteure du *Printemps silencieux* (1962).

(3) Ivan Illich (1926-2002), autrichien, a joué un rôle majeur dans l'élaboration de la pensée écologiste.

(4) André Gorz (1923-2007), pionnier de l'écologie politique.

(5) Vient de publier *L'Inexploré* aux éditions Wildproject. Voir notre article page 44.

Pablo Servigne, théoricien de la collapsologie, parie sur le vivre-ensemble pour s'en sortir.

Les façades serrées du village de Saillans.

L'expérience d'une autre vie...

Biovallée est une expérience unique de territoire, devenue un modèle et une source d'inspiration pour toutes nos régions. Retrouvez leurs initiatives, expérimentations et innovations dans notre dossier, pages 116 à 187.

Sana
RÉFUGIÉE

Pour que les gens comprennent d’où on vient. »

Texte Sarah Roubato
Photos Nigel Dickinson/Hans Lucas pour WE DEMAIN

Le corps des femmes est le terrain d'une guerre menée depuis des siècles, au-delà des distinctions ethniques ou religieuses. Sana revient de cette guerre, comme toutes ces autres, toujours plus nombreuses, qui arrivent seules et demandent l'asile pour être protégées du mariage forcé, des violences ou encore soustraire leurs filles à l'excision.

Sana et elles sont bien loin de la femme rurale analphabète des années 1960 et confinée à la sphère domestique. Ces femmes seules sont pour la plupart éduquées et en rupture avec leur société d'origine. Enfants illégitimes ou rejetées, aînées orphelines qui partent pour faire vivre leurs fratries, ou encore privilégiées confiées, à la mort de leurs parents, à des oncles qui les enferment dans un modèle oppressif dont elles ne veulent pas.

D'autres, comme Sana, sont simplement des filles qui ont dit non. La route de Sana s'étend sur sept pays et plus de sept mille kilomètres. Son histoire est aussi terrifiante que lumineuse. Elle nous chuchote que les demandeurs d'asile qui arrivent jusqu'à nous sont peut-être les meilleurs défenseurs de nos valeurs.

UNE FUTURE AIDE-SOIGNANTE

Robe fuchsia au milieu des tons gris, le dos bien droit, elle monte les dernières marches du métro à toute vitesse. Sana s'excuse pour le retard. Depuis le matin, elle court Paris pour déposer son dossier dans quatre écoles de formation d'aide-soignante. Elle n'a pas beaucoup dormi. Elle me prend le bras et nous remontons le boulevard vers la crèche.

Sur le chemin, elle me raconte comment, à l'âge de 7 ans, elle se cachait pour regarder les femmes du bled accoucher. Une vieille guérisseuse, voyant son intérêt, lui montre les plantes qui soignent. « *Je voulais apprendre. Je n'ai pas eu la chance de continuer les études au collège. Mais quand j'ai eu 17 ans, j'ai pris mon courage et je suis allée dans une clinique de la ville. Je leur ai demandé de me prendre comme bénévole.* »

En dix-huit mois, la stagiaire devient précieuse, car elle parle quatre langues – le bambara, le baoulé, le bété et le français – et peut donc communiquer avec tous les patients. Sana est la seule de sa famille à les parler, elle les a apprises elle-même, en se mêlant aux enfants d'autres ethnies qui allaient à l'école primaire avec elle. Sana est comme ça, quand elle veut quelque chose, elle va jusqu'au bout.

Autour de nous déjà, d'autres mamans poussent des petits vélos ou des poussettes, ouvrent des barquettes de jus d'orange et rappellent les enfants qui courent trop vite sur le trottoir. Pour Sana, ce rituel quotidien est à chaque fois miraculeux. Car ce petit garçon de 2 ans et demi qui joue aujourd'hui avec des enfants d'horizons différents n'avait pas beaucoup de chance d'arriver ici. À vrai dire, il avait même peu de chance de naître.

Dès son arrivée au foyer, Sana organise les opérations du dîner avec une femme dont la voix tonitruante résonne dans la cuisine. Un grand tatouage recouvre l'ensemble de son avant-bras. Je lui demande ce qui est dessiné. Un prénom : « *Christine. C'est le prénom de ma sœur. Elle est décédée. Comme ça, elle est toujours avec moi.* » La voix est maintenant à peine audible. Je reconnais le silence qui suit, car il ponctue le récit de Sana.

UNE PETITE FILLE QUI DIT NON

Sana est née au Burkina Faso, dans une famille musulmane de l'ethnie Mossi. Comme toutes les aînées, elle s'occupe de ses cinq frères et de sa petite sœur. Quand sa mère revient des champs, elle trouve l'eau bouillant sur le feu, la cour nettoyée et les enfants propres. Quand elle doit allaiter, elle met dans les mains de Sana la *daba*, un outil pour labourer, presque aussi lourd qu'elle, que la fillette traîne jusqu'aux champs pour finir le travail. Comme toutes les filles Mossi, Sana est sous l'autorité de sa famille paternelle, en particulier de ses oncles, frères aînés de son père.

Un jour, à l'âge de 9 ans, il y a fête au village. Toute la matinée, sa mère lui tresse une magnifique coiffure. Mais quand la petite fille court au-devant de sa maison pour se montrer, son oncle l'arrête net. « *Tressée comme ça, tu n'es bonne qu'à dormir dehors. Ne reviens pas tant que tu n'as pas retiré cette coiffure.* » Sana recule de peur, mais les tambours battent trop fort. Elle va à la fête, chante, joue et regarde les danses. Le soir, au moment de rentrer, l'interdit de son oncle la fait hésiter. Mais après tout, elle n'a rien fait de mal. Et de ce pas déterminé qui la portera jusqu'en France, elle rentre à la maison et pose sa tête tressée sur le matelas qu'elle partage avec sa petite sœur. Le lendemain, une douleur aiguë au crâne la réveille. La main immense de son oncle la soulève de terre par les cheveux : « *Tu crois que je n'ai pas vu ? Hein ? Tu crois ça ?* » Quand Sana répète ces mots, elle est encore ébranlée. Comme si cette voix l'avait poursuivie tout au long de son chemin de fuite.

LA PREMIÈRE TRAHISON

Christine Davoudian est médecin de protection maternelle et infantile, et psychothérapeute à Médecins du monde. Pour elle, les femmes comme Sana sont « *de nouvelles figures du féminin* » (Douville 1999) *qui revendiquent à leur tour que l'on ne "marchandise" pas leur corps pour fonder des alliances, que l'on n'ampute pas leur corps et qui exigent une autre place comme sujet social dans la structure familiale* ». (Davoudian, 2017) Mais les mentalités et les pratiques culturelles ne changent pas

« Là-bas, si une fille fuit sa famille
et que quelqu'un la reconnaît, son sang doit couler. »

rapidement, et *« il n'est pas rare qu'elles doivent payer le prix fort pour ce qui apparaît comme transgressif. Le prix, c'est souvent l'exclusion, le reniement, et même pire »*.

Ce prix, Sana l'a payé plus d'une fois. Sous sa frange et du maquillage, elle cache une scarification qui n'a rien à voir avec le signe d'une appartenance ethnique. C'est la marque de la deuxième fois qu'elle a dit non. *« J'avais 17 ans… Ils m'ont piégée. Je me suis débattue, alors la lame de la femme qui tenait le couteau a glissé sur mon visage. »* Sana chuchote presque. Elle ne peut en dire plus. L'excision, c'est non seulement la blessure la plus profonde, la plus intime, mais c'est aussi la première trahison de sa famille. Il y en aura d'autres.

CELLE QUI FUIT

Quand le camion démarre enfin, Sana respire un peu mieux. Sur la route poussiéreuse, elle se souvient des sanglots de sa mère et du silence de son père, tête baissée, pendant que ses oncles lui disaient qu'elle allait se marier avec un homme qui avait déjà deux femmes. Elle a 18 ans.

Alors, un jour où tout le monde était parti aux champs, Sana rejoint la route et monte dans un camion. Elle veut rejoindre l'un de ses oncles maternels qui vit en Côte d'Ivoire. Elle sait qu'elle risque gros. *« Là-bas, si une fille fuit sa famille et que quelqu'un la reconnaît, son sang doit couler. »* Elle trouve un homme qui peut lui faire traverser discrètement la frontière. Ils doivent passer la nuit dans une maison isolée. Là, l'homme se colle à elle. Elle dit non. Il recommence. Et encore. À bout, elle cède. De ce viol naîtra une fille qu'elle élèvera chez son oncle maternel. Mais au bout de presque trois ans, deux de ses oncles paternels débarquent. Le message est clair : malgré sa faute, son mari l'attend. La fuite de Sana a attiré la honte sur cet homme et sur ses oncles qui ont donné leur parole. Si elle refuse encore, ce ne sera pas seulement elle qui sera expulsée de la famille, mais sa mère aussi, qui sera alors séparée de tous ses enfants. Rongée par la culpabilité, Sana cède là encore. Mais elle n'est plus la jeune fille seule au monde qui a fui il y a deux ans. Dans une main, elle serre la main de sa petite fille ; dans l'autre, un vieux téléphone à carte.

À l'épicerie où sa tante maternelle l'envoyait faire des courses, Sana rencontre un homme qui fournit le magasin voisin en cacao. Il s'appelle Jacques, et il lui plaît beaucoup. Ils commencent à se fréquenter. Un jour, Jacques lui fait un cadeau : un vieux téléphone à carte pour qu'ils puissent communiquer quand elle partira. Car ils le savent, jamais Jacques ne sera accepté dans la famille de Sana. Jacques est chrétien. Au Burkina Faso et en Côte d'Ivoire, chrétiens et musulmans cohabitent en paix : *« On s'invite pour les fêtes, les chrétiens cuisinent sans porc pour nous. Mais pour le mariage… Une femme chrétienne qui épouse un musulman, ça va. Mais si une femme musulmane épouse un chrétien, il faut qu'il se convertisse. »* Jacques aussi est un Mossi. Il comprend pourquoi Sana a cédé au mariage et ne lui en veut pas.

Sana devient la troisième femme d'un homme qui la bat et la viole. Elle accouche d'un petit garçon. Et en elle, toujours cette voix qui continue à dire non. *« Je savais que je ne passerais pas ma vie comme ça. »* Elle a gardé le vieux téléphone de Jacques, mais là où elle vit, le réseau est mauvais. Machinalement, quand elle est seule, elle l'allume et imagine lui parler. Un jour pourtant, des barres apparaissent. Elle compose son numéro. Au bout du fil, enfin, la seule voix d'homme qui ne la menace pas. Jacques a eu un enfant avec une femme qui est morte en couches. C'est décidé, dans quelques jours, elle prend ses deux enfants et le rejoint.

« Je savais que je ne passerais pas ma vie comme ça. »

FUIR, ENCORE

Sana retrouve Jacques dans le sud du pays, dans un appartement qu'un ami lui prête. Les enfants de Sana apprivoisent vite la petite fille de Jacques. Mais les nuits de Sana ne sont pas tranquilles. Chaque bruit de mobylette, chaque claquement de porte la fait sursauter. Jacques essaie de la rassurer. Avec le temps, il lui dit, elle n'aura plus peur.

Un soir, alors qu'elle est dans la cuisine, Sana entend la voix de Jacques, et d'autres voix qui la glacent. Ses oncles. Pas le temps de penser : *« Je voulais seulement sauver ma peau. »* Elle part sans rien, sans même le souvenir des cris de ses enfants qu'elle n'a pas entendus, mais qu'elle a imaginés des nuits entières par la suite.

Sana ne sait plus si à ce moment-là, elle pensait déjà partir en France. Elle ne savait qu'une chose : qu'elle devait aller le plus loin possible. Elle dort à la gare. Au petit matin, elle demande à un marchand de l'emmener dans son camion. Il hésite, il sait qu'une femme qui voyage seule doit être une femme en fuite, et ne veut pas de problème. Finalement, il accepte. Sana s'installe au milieu des caisses. Direction le Mali.

TRAVERSER L'ENFER

Au Mali, Sana rencontre un groupe de femmes qui cherchent à partir en France. Elle travaille avec elles dans une gare à vendre de la nourriture. *« Elles sont devenues une nouvelle famille. »* Et ça, Sana en a besoin. Car son chemin est aussi la quête d'une nouvelle appartenance. Ces femmes sont les premières sœurs de combat et de défaite qui la porteront sur sa longue route.

C'est pour elle seule que Sana trouve une place dans un camion qui l'emmène en Algérie, puis en Libye. À la gare routière, dans la poussière des camions qui partent et qui arrivent, Sana voit une grande femme africaine voilée qui semble attendre. Elle reste une bonne heure à l'observer, mais elle a trop faim, trop soif. Elle ne parle pas arabe et ne sait pas où aller. Il faut qu'elle fasse confiance à quelqu'un. La femme lui sourit et se met à parler baoulé. Là où elle vit, elle peut lui trouver un travail. Sana vivra et travaillera sept mois dans une maison de prostitution où des *« monsieurs »* viennent tous les jours voir les nouvelles filles. Elle parvient à exiger l'usage des préservatifs. Dès qu'elle a assez d'argent, elle achète un téléphone et appelle Jacques. *« Il me demande de revenir, mais je ne veux pas. Si j'avais su qu'il allait me rejoindre, je l'aurais convaincu de rester… Je ne voulais pas ça pour lui. »* Jacques laisse leurs trois enfants à une amie et la rejoint. Ils vivent deux mois dans la maison close. Lui prépare à manger et nettoie pour se faire un peu d'argent. *« Il ne m'a jamais rien reproché. Il me connaissait depuis longtemps et comprenait que je n'avais pas le choix. »*

Un soir, une descente est faite et tout le monde est embarqué. Jacques et Sana sont séparés. Sana n'a jamais su ce qui était arrivé à Jacques. La prison, elle ne veut pas s'en souvenir. *« Tu sais, il y a des choses que j'oublie. C'est mieux. »* Comme l'explique Christine Davoudian : *« Tout raconter n'est pas nécessairement ce qui aide à guérir. Dans le travail thérapeutique que nous faisons avec ces femmes, il faut parfois les laisser remettre un voile sur ce qui leur est arrivé. »*

Au bout d'un mois, Sana se rend compte qu'elle est enceinte de l'enfant de Jacques. Son premier enfant qui n'est pas issu d'un viol. Elle comprend que s'il arrive à terme, il naîtra en prison et ne connaîtra jamais son père. Sans contact avec sa famille, elle ne peut pas payer de rançon pour être libérée. Au huitième mois, son état commence à faire peur aux autorités pénitentiaires. *« J'avais mal au ventre. Je croyais que j'allais mourir ici. Un jour, ils m'ont prise et jetée dehors. »*

LES LUMIÈRES SUR LE CHEMIN

Un après-midi, Sana me demande de la retrouver à la sortie d'un rendez-vous avec son infirmière. Elle a ce sourire orageux des jours où elle ne veut pas dire que quelque chose ne va pas. Elle finit par me confier que l'infirmière qui jusqu'ici la suivait vient d'être remplacée par une autre. *« Cette dame, elle était vraiment, vraiment bien. J'avais confiance. À chaque fois que je m'attache à quelqu'un, je le perds. C'est dur. »* Pour des personnes qui ont été exploitées, vendues, troquées, ce jeu de pions humains réveille de douloureuses mémoires.

Mais l'histoire de Sana est aussi celle d'une chaîne de solidarité qui traversent les frontières, les ethnies et les confessions. Des personnes qui l'éclairent un instant, puis disparaissent. Le plus souvent, Sana ignore leur nom, et parfois elle ne voit pas même leur visage. Comme cette femme qui l'a ramassée sur le trottoir à sa sortie de prison en Libye : *« Je marchais pliée en deux tellement j'avais mal au ventre. »* Cette femme l'emmène dans une maison de passeurs rejoindre un groupe en partance pour Lampedusa, en Italie. Quand Sana dit qu'elle n'a pas d'argent pour payer la traversée, la femme lui répond qu'elle ne s'inquiète pas. Là-bas, quelqu'un la prendra en charge et la fera travailler pour rembourser sa dette.

NE PAS ACCOUCHER EN ITALIE

Une nuit de novembre, le groupe embarque sur un Zodiac. *« Je reste dans le fond du bateau, j'ai mal au ventre mais je regarde la mer, et je prie pour qu'aucun bateau ne vienne nous reprendre. Je dis à mon bébé qu'il va voir l'Europe. »* Au bout de quinze heures, le Zodiac parvient à Lampedusa. Au centre de premiers secours et d'accueil, on lui donne un masque et elle rejoint une file d'attente devant un baraquement. On est en pleine crise de Covid, c'est ce qui sauvera Sana de la traite qui l'attendait. On la fait passer en priorité et elle se retrouve devant une femme d'une quarantaine d'années, portant le gilet blanc de Médecins sans frontières. La femme parle français. Pour Sana, ce détail est miraculeux. Depuis son arrivée, elle n'entend que *« No capito ! No capito ! »* (*« Je ne comprends pas », NDLR*) et ne voit que des visages fermés. La femme a un accent, mais Sana la comprend.

Mais la jeune femme n'a pas confiance. Elle a entendu dire que les médecins italiens déclenchent les accouchements pour toucher de l'argent. Une rumeur venant sans doute de l'interprétation déformée de l'aide perçue par l'Italie de l'Union européenne pour contenir l'immigration clandestine, qui se chiffre par nombre de migrants estimés. Mais, encore une fois, pour ces personnes piégées, vendues et troquées des années durant, la méfiance est gage de survie. La femme la rassure : elle viendra la voir. Mais Sana ne la reverra pas.

Sur son lit d'hôpital, Sana sent enfin les médicaments faire effet. Les douleurs se calment. Elle ferme les yeux. Mais des voix hurlant des mots incompréhensibles la font sursauter. Tous les nouveaux arrivants doivent sortir. Ils seront mis en quarantaine, une protection contre le Covid. Sana se retrouve dans un centre pour femmes et mineurs. Au bout de quatorze jours, on annonce que la quarantaine est prolongée d'une semaine. Les jeunes garçons se mettent alors à taper sur des casseroles, les armatures en métal des lits superposés, sur tout ce qu'ils trouvent. Certains

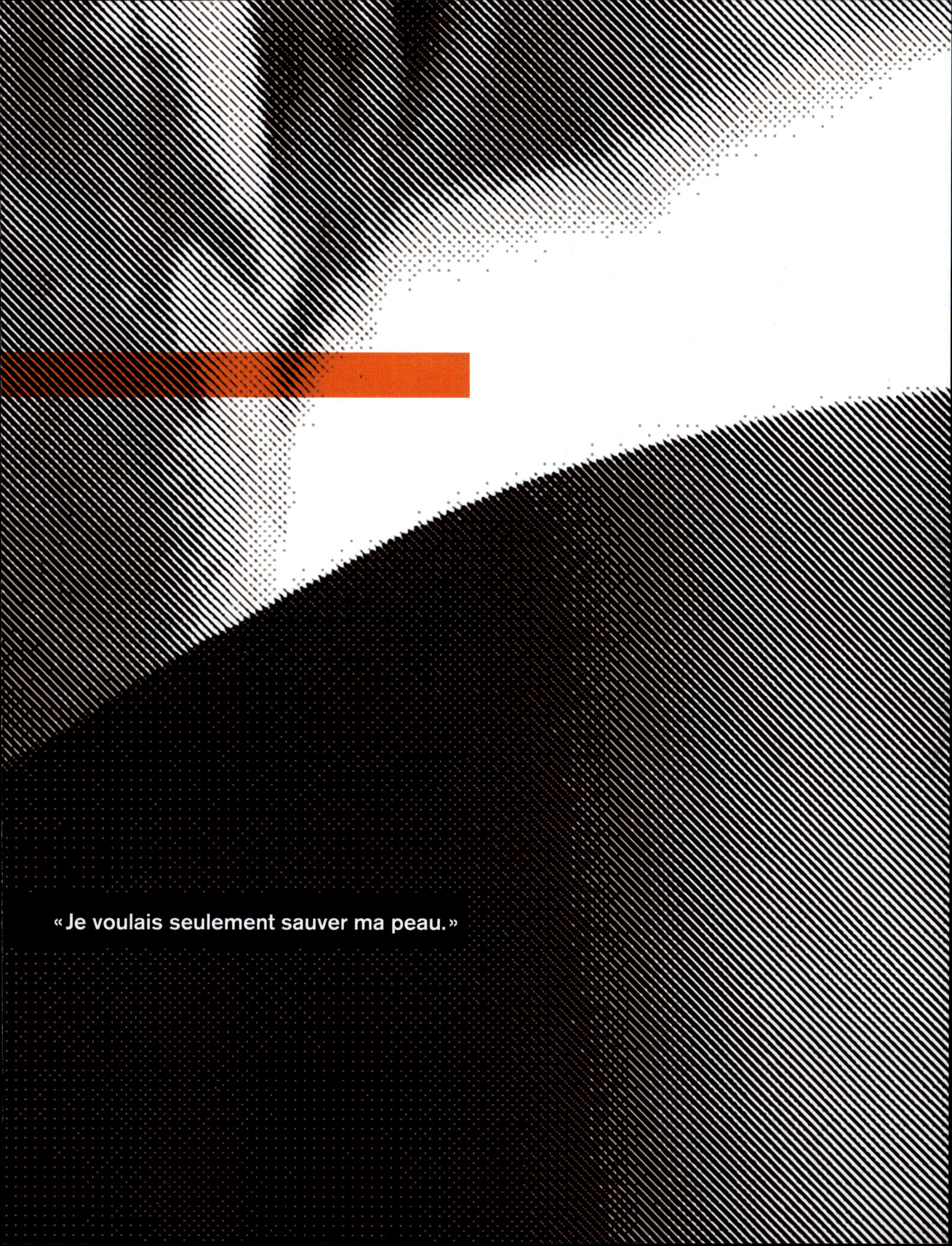
« Je voulais seulement sauver ma peau. »

tentent de s'échapper par les fenêtres. Quelques femmes se mettent à hurler avec eux. Au bout de trois jours d'un bruit incessant, la quarantaine est levée. À sa sortie, Sana rencontre Justine, une Camerounaise enceinte elle aussi et presque à terme. *« On est devenues inséparables. Et nos ventres, c'était comme si quelque chose les liait. Quand l'une avait mal, les douleurs de l'autre s'arrêtaient. »*

Un jour pourtant, les douleurs de Sana sont telles qu'elle est transportée à l'hôpital, où elle reste quelques jours. Un matin, un médecin lui apporte un téléphone. Au bout du fil, une dame lui demande en français si elle veut bien partager son lit avec une femme enceinte, car ils n'ont plus de place. Elle accepte, car depuis quelques heures, elle ne souffre plus. Deux heures plus tard, elle voit débarquer Justine, prise de douleurs. Les deux femmes rient et pleurent en même temps.

« EXCUSEZ-MOI, C'EST OÙ PARIS ? »

Aidées d'une assistante d'hôpital qui leur donne dix euros à chacune, les deux femmes s'enfuient et prennent le bateau et plusieurs bus. Direction, la frontière. À la gare de Vintimille, Sana et Justine respirent mieux. Partout, elles entendent parler français. La petite ville frontalière est à six kilomètres de la France ! Dans leur état, la traversée des Alpes par les cols n'est pas envisageable. Elles vont donc tenter de monter dans un train sans se faire voir. Première tentative. Les contrôleurs les font redescendre. Ce jour-là, c'est Sana qui a mal, mais elle refuse d'aller à l'hôpital. Elle s'assoit sur le quai et dit qu'elle n'en bougera pas. Las, les contrôleurs finissent par s'éloigner. Deuxième tentative, même scénario. La troisième est la bonne… À leur descente du train à Nice, la police les intercepte et les envoie à l'hôpital. De nombreux migrants sont renvoyés dans un train pour l'Italie. *« On a envoyé Justine à Cannes, depuis je ne l'ai pas revue. »*

Une infirmière de l'hôpital lui donne l'adresse d'un centre d'hébergement d'urgence. *« Dans la rue, je marchais comme une voleuse, en regardant partout. Je ne comprenais pas les directions. »* Dans un bus, elle montre le papier à une dame âgée. *« Tu sais ce qu'elle a fait ? Elle est descendue du bus avec moi et m'a accompagnée jusqu'au bout ! Pendant plus d'une heure. Elle… »* Sana est submergée par l'émotion. *« Tu sais, toutes ces bonnes personnes mises sur ma route, ce sont elles qui ont fait que je suis assise là maintenant sur cette chaise à te raconter mon histoire. Quand je serai aide-soignante, même si j'ai beaucoup de travail, je veux donner mon temps à une association pour aider comme ça. »*

Sana veut rejoindre Paris au plus vite. *« Je pensais que je pouvais aller à Paris à pied. Dans les rues, je demandais aux gens :* "Excusez-moi, c'est où Paris ?" » Un homme éclate de rire et lui explique que Paris est à plus de neuf cents kilomètres. Il lui paie un repas, lui achète des barres de céréales, des biscuits, une bouteille d'eau et les lui met dans la poche avec un pass de transport. Pour Sana, la France a le visage de cet homme. *« Les Français, ce sont de vrais humains. »* Sana prend le chemin de la gare. Dans le bus, elle voit un homme noir. *« Je lui parle en bambara et dans d'autres langues, mais il ne comprend pas. Il me dit qu'il est français. Je ne le crois pas. Je n'ai jamais pensé qu'il existait des Noirs français. »* L'homme rit et ils cheminent ensemble. Il est guadeloupéen. Il revient de Côte d'Ivoire où il vient de se marier. Ce chemin que Sana a mis cinq ans à faire, il l'a effectué en quelques heures. Sur son téléphone, l'homme lui montre des photos du mariage. Sana se sent comme avec un grand frère. À la gare, il l'amène sur le quai en direction de Paris. Avant de se quitter, il sort de sa poche une enveloppe et la lui tend. *« J'ai pensé que c'était des papiers avec des directions. C'était des billets. Deux cents euros. Je suis tombée à genoux, j'ai attrapé ses pieds et j'ai prié pour qu'il ne trouve que des bonnes personnes sur sa route. »* L'homme repart et Sana le regarde s'éloigner en serrant l'enveloppe. Elle regarde l'écran. Son train arrive dans dix minutes. Elle se précipite vers la sortie de la gare et retrouve les deux Africains qu'elle a vus en rentrant, et qui visiblement dorment là. Elle sort de sa poche les barres de céréales et les biscuits. Les deux hommes assis par terre refusent. *« Non, Madame, on ne prend rien à une femme enceinte. »* Sana leur dit qu'on lui a donné à elle aussi, et que maintenant c'est à elle de rendre. Elle ne s'attarde pas, elle a un train à prendre pour Paris.

LE MIRACLE

Au milieu de la foule qui sort des escaliers du métro, la tête d'un petit garçon glisse, comme porté par un ascenseur. À côté de lui, la tête penchée d'une femme africaine. Assis dans sa poussette, l'enfant ouvre la bouche en voyant les immeubles. Sa mère le dépose et reprend son souffle. Elle regarde autour d'elle, me voit et hésite. Elle finit par me montrer une adresse écrite sur un bout de papier. C'est à deux numéros de là où nous sommes. Je lui indique, elle me remercie comme si je venais de la sauver. En la regardant s'éloigner, je me demande si ça n'est pas une autre Sana, tout juste débarquée à Paris, scrutant les passants à la recherche d'un visage ouvert et froissant dans ses mains moites le précieux bout de papier.

Sana a accouché à Paris d'un petit garçon, Tino. Un prénom italien pour cet enfant qui aurait pu naître de l'autre côté de la frontière. Il fait dire à l'éducatrice de la crèche : *« Avec Tino, les journées se passent toujours avec beaucoup, beaucoup d'énergie ! »* À chaque papier qu'il a fallu remplir dans son parcours administratif, le nom du père de son enfant était douloureusement absent. Plusieurs fois, des assistants évoquent à Sana l'existence d'un programme de la Croix-Rouge pour retrouver les proches séparés. Alors, quand Tino a eu 1 an, Sana est une nouvelle fois allée raconter son histoire.

« Deux ou trois fois pendant son récit, on est allées dehors respirer un peu. J'en ai entendu des récits difficiles, mais là je me disais qu'il lui est tout arrivé. » Delphine est bénévole à la Croix-Rouge. Elle recueille les éléments qui permettront de lancer des recherches pour retrouver des personnes séparées par la violence et le conflit. Elle est la seule personne qui a parlé à Sana, pour lui éviter d'avoir à répéter son récit douloureux.

Il faut avant tout reconstituer le parcours migratoire de Jacques: où il était, à quelle date, quand il en est parti? Elle transmet alors la demande à un agent de recherche qui contacte les différentes antennes de la Croix-Rouge dans les pays que Jacques a traversés. Évidemment, la Libye est l'un des plus difficiles pour effectuer ces recherches. Auparavant, l'agent fait une recherche sur les demandes déjà reçues, juste au cas où. Et là, un parcours attire son attention: il y a deux mois, un homme s'est présenté dans le même bureau à Paris, à la recherche de sa compagne. Il revient de Libye où il a passé plusieurs mois, torturé en prison. Les récits concordent de manière troublante.

Deux jours plus tard, Sana est dans la cuisine du foyer. Son téléphone sonne. C'est le numéro de sa référente à la Croix-Rouge. Ce n'est pas une heure habituelle pour l'appeler. Inquiète, elle décroche. Delphine lui demande ce qu'elle est en train de

« Je suis restée là sans rien dire, et puis j'ai demandé si c'était vraiment vrai. »

faire et l'invite à s'asseoir. *« Je me suis dit:* "Ça y est, elle va me dire qu'il est mort." » Et puis la nouvelle, miraculeuse, presque inaudible: Jacques est à Paris, il est venu à la Croix-Rouge il y a deux mois déposer une demande de recherche de Sana. *« Je suis restée là sans rien dire, et puis j'ai demandé si c'était vraiment vrai. »*

Ils se retrouvent quelques jours plus tard dans les locaux de la Croix-Rouge. Delphine raconte: *« Elle m'agrippait le bras très fort. On les a laissés. On était tous très émus. Des retrouvailles comme ça, aussi rapide et dans la même ville, c'est rarissime. »* Survivant chacun à son calvaire, Sana et Jacques ont suivi un point à l'horizon de leur espérance. Ce point s'appelait Paris. *« Quand je l'ai vu, je me suis arrêtée. Il avait tellement, tellement maigri. Il est venu vers moi, et il a compris. Il m'a dit:* "C'est moi." J'ai dit: "C'est toi?" *Et on n'a plus rien dit. »*

CELLE QUI DIT NON

Aujourd'hui, Sana a obtenu le statut de réfugiée. Tous les jours, elle parle à Jacques, qui travaille et va chercher leur enfant à l'école et passe le week-end avec eux. Dans sa chambre, des dizaines de Post-it sont collées au mur. Chaque soir, elle en jette certains, en accroche de nouveaux. Les rendez-vous s'enchaînent pour trouver un nouveau logement, suivre la formation d'aide-soignante et passer des examens médicaux. Un jour, une femme médecin lui a dit: *« Vous savez, Madame, l'excision... ils l'ont mal faite. Si vous voulez, on peut vous réparer. »* En évoquant cette proposition, Sana enroule ses mains et regarde par terre. Quand elle aborde l'excision ou le mariage forcé, sa voix baisse de 10 décibels. Au foyer, les femmes se moquent souvent d'elle en lui disant qu'elle n'a jamais connu le plaisir. Cette blessure, c'est l'indicible de l'histoire de Sana. La prostitution, la prison, les violences, elle en parle. Et même si parfois c'est encore difficile, elle tire toujours de ces récits une force et une assurance nouvelle. Mais quand elle aborde l'excision et le viol, elle se fane. Car au-delà des violences physiques, c'est là une violence spirituelle et familiale profonde. Ceux qui devaient la protéger l'ont piégée, livrée et punie de sa rébellion. Sa cicatrice le lui rappelle chaque jour. *« L'effondrement traumatique peut se situer à un autre endroit que celui de l'acte commis sur le corps: dans les trahisons familiales (dénonciations, répudiations, vengeances) ou les actes destinés à humilier la personne »*, explique Christine Davoudian. Du café où nous nous retrouvons, Sana voit passer une vieille femme courbée sur sa canne qui remonte le boulevard. *« C'est Madame Mimoun, elle est algérienne. Elle m'aide au foyer contre les autres femmes. Elle me dit que je ne suis pas comme les autres. J'espère pouvoir vite trouver un logement et partir d'ici. »*

La route de Sana de la Côte d'Ivoire à la France a duré près de six ans. Quelques jours avant notre dernière rencontre, elle a appris que sa fille maintenant âgée de 13 ans a fui la maison de son amie à qui Jacques l'avait confiée. Veut-elle retrouver son père qui a abusé de sa mère, a-t-elle eu des menaces de la famille paternelle de Sana? On ne sait pas. Mais quelque part, une fille dit encore non et trace sa route. ◆

(1) Rapport de l'Office français de protection des réfugiés et apatrides « L'Ofpra et la protection contre les violences faites aux femmes », 25 novembre 2022. En 2022, 55 600 femmes ont demandé l'asile en France, soit 40 % des demandes totales. En 2021, la Côte d'Ivoire était leur deuxième pays de provenance, derrière l'Afghanistan. Le risque d'excision et les violences sexuelles concernent principalement le continent africain.

(2) « La grossesse à l'épreuve des ruptures et exclusions », *groupe de paroles de femmes enceintes migrantes en PMI,* Rhizome 2017/1 *(n° 63).*

(3) En Côte d'Ivoire, 4 535 femmes meurent chaque année en accouchant, Organisation mondiale de la santé (OMS), « SMNI en Côte d'Ivoire: pour que les femmes ne meurent plus en donnant la vie à Korhogo », 20 février 2022.

(4) En 2021, 991 personnes se sont présentées pour retrouver leurs proches. Un peu plus d'un quart sont retrouvées, décédées ou vivantes. Un dossier prend en moyenne deux ans de recherche, et n'est jamais fermé tant qu'il n'y a pas confirmation de décès.

(5) Elle a été dublinée (accord de Dublin), c'est-à-dire que ses empreintes digitales sont retrouvées en Italie. Elle doit ensuite attendre dix-huit mois une réponse de l'Italie. Si l'Italie répond, elle est considérée en fuite et doit retourner dans ce pays pour y faire ses demandes d'asile. L'Italie, débordée, souvent ne répond pas. Dans ce cas, elle peut faire sa demande en France.

R

RESPIRER

42–73

Sur le « Napoléon Bonaparte »,
entre Marseille et Bastia, 2000. Photo Dolorès Marat.
Avec l'aimable autorisation de l'artiste.

Un castor photographié dans son milieu de vie, un lac en Savoie. Un travail long de plusieurs années qui a valu à son auteur, Rémi Masson, un prix au Golden Turtle 2013 dans la catégorie « The Underwater World ».

Rémi Masson/Bios Photo

SUPER CASTOR

Comment régler en partie les sécheresses, mégafeux et inondations ? En pactisant tout simplement avec le castor qui s'emploie, depuis sept millions d'années, à construire de fabuleux écosystèmes… Pour peu qu'on le laisse vivre, pointe le philosophe Baptiste Morizot dans son livre *L'Inexploré,* paru récemment chez Wildproject.

Texte Eric Tariant

Cela ne vous a probablement pas échappé : le climat est de plus en plus déglingué. La terre se réchauffe et, partout dans le monde, le mercure s'affole : le 20 juin, 40 °C dans l'Hérault, en France, 39,4 °C à Pékin en Chine, 49,8 °C à Zâbol en Iran, et, 40 °C en Sibérie. Du jamais vu, début juin, les incendies de forêts (feux et mégafeux) se multiplient, tout comme les crues et inondations violentes, tandis que la biodiversité s'effiloche. Rien de nouveau. Cela était écrit depuis cent vingt-cinq ans. Le chimiste suédois Svante Arrhenius (1859-1927) l'avait annoncé dès la fin du XIXe siècle. Dans un article publié en 1896, il calculait qu'un doublement de la quantité de CO_2 dans l'air provoquerait un réchauffement planétaire de 5 °C environ. Son article n'avait rencontré alors qu'incompréhension et dédain.

Un castor en train de transporter une branche.

Olivier Gutfreund/Naturimages

Bonne nouvelle. Nous apprenons, comme l'écrit Baptiste Morizot dans son dernier livre *L'Inexploré*[1], qu'*« une puissance sur terre travaille spontanément contre les fragilisations des systèmes vivants »*. Espérons que cette nouvelle réjouissante ne soit pas accueillie avec incompréhension et dédain. Cette *« puissance »* serait capable à elle seule, selon les mots du philosophe et écrivain, de dépolluer les eaux, remplir les nappes phréatiques, lutter contre les sécheresses agricoles, réduire les inondations, maintenir les incendies à distance, et accueillir une diversité vivante riche et active. Cette *« puissance »* n'a pourtant au premier abord rien de spectaculaire, avec son corps trapu, sa tête enfoncée dans les épaules, son pelage variant du brun clair au brun foncé, ses petits yeux foncés, sa queue large et aplatie, recouverte de motifs d'écailles, et sa démarche, plutôt maladroite et pataude, sur la terre ferme.

UNE ESPÈCE CLÉ DANS LES ÉCOSYSTÈMES NORD-AMÉRICAINS

Cette puissance, c'est le castor, qui n'a pas fini de faire parler de lui. En 2022, il a même eu les honneurs du rapport du GIEC, qui se propose de le réintroduire pour lutter contre le réchauffement climatique. Cette information figure en page 1990 de la 14.7ᵉ boîte à outils du rapport dudit GIEC. Page 592, il est écrit que ce rongeur est une espèce clé dans les écosystèmes nord-américains.
Autre bonne nouvelle, leur réintroduction sera financièrement parlant – argument de poids dans nos sociétés néolibérales – quasiment indolore. *« Il s'agit simplement de s'allier au peuple des castors, de les laisser œuvrer, de créer leurs prodigieux écosystèmes »*, écrivent l'ingénieur agronome franciscain Hervé Covès et la plasticienne Suzanne Husky, dans l'introduction d'un texte, qu'ils ont traduit : « Castor : un plan d'action nord-américain pour le climat en eau douce ». Un texte qui concerne aussi l'Europe, et la France, où les arbres meurent, les forêts brûlent, les paysages se dessèchent et la température devient parfois insupportable.

CAPABLE DE COUPER DES ARBRES

Un exemple ? En route pour le Haut-Diois, au sud-ouest de Valence, dans la vallée de la Gervanne, du nom de cet affluent de la Drôme qui prend sa source sur les hauteurs du massif du Vercors. Marco Forconi, sympathique et chaleureux paysan trentenaire, qui est un des six associés du GAEC de Montlahuc, sera notre guide pour mieux comprendre les pouvoirs fabuleux des castors. Sa ferme se situe en moyenne montagne sèche, à la frontière entre le Vercors et les Baronnies, dans un hameau d'une petite commune de 80 habitants, appelée Bellegarde-en-Diois. Sur cette ferme, répartie sur un peu plus de 1 000 ha, allant de 900 à 1 400 m d'altitude, il élève vaches, brebis, chèvres et chevaux. Nous cheminons dans ces paysages à couper le souffle, à la croisée des climats montagnard et méditerranéen, entre forêts, reliefs escarpés et villages perchés, vers une parcelle où est instal-

Les barrages du rongeur permettent aux rivières de rester en eau, l'été.

lée une famille de castors. Celle-ci a métamorphosé le paysage en l'espace d'une dizaine d'années.

Julien Perrot, fondateur et directeur de la revue suisse *La Salamandre*, qui, depuis quarante ans, révèle à ses lecteurs la vie extraordinaire des animaux et des plantes sauvages, explique que *« le castor est le seul animal, avec l'éléphant, capable de couper des arbres, à l'aide de ses incisives redoutables qui attaquent le tronc latéralement et le taille en forme de crayon. Aussitôt qu'un saule tombe dans l'eau, dix rameaux renaissent de son tronc,* poursuit-il. *Le castor ne se contente pas de couper des arbres. C'est un paysagiste qui entretient une mosaïque de milieux variés, un véritable artisan de la biodiversité qui travaille pour une multitude d'espèces différentes. »*

Sur la rivière, dans cette riante vallée de la Gervanne, plusieurs barrages ont été dressés en travers du cours d'eau par notre famille de castors. Ils sont constitués de longues branches déposées en travers de la rivière. Pour s'assurer de son étanchéité, le rongeur y ajoute, sur sa surface de la terre, de la vase, de l'argile ou des pierres, prélevées dans le lit de la rivière. Dès qu'il a terminé le gros de l'ouvrage, il colmate les brèches pour éviter que l'eau ne s'échappe. Après s'être accumulée dans le barrage, cette dernière en vient à inonder les espaces situés en amont.

« Ils font les choses beaucoup mieux que nous. Il y a quatre ans, ils ont inondé 20 000 m² de nos terres, en créant une retenue d'eau que nous n'étions pas parvenus à réaliser par nous-mêmes », s'amuse Marco Forconi, qui s'emploie à développer l'autonomie de sa ferme et sa durabilité, avec une attention toute particulière portée aux cycles de l'eau et à la vie des sols.

Résultats de l'entrée en scène des rongeurs ? Le cours d'eau, qui est d'ordinaire à sec en été, reste désormais en eau toute l'année. La biodiversité se développe, comme nous avons pu le constater dans cette parcelle verdoyante transformée en bordure de rivière, en un mikado géant de troncs de peupliers, de trembles et de

Marco Forconi

Ses incisives attaquent le tronc d'arbre latéralement et le taillent en forme de crayon.

Didier Lagreze/Nautrimages

saules, abattus et rognés comme des crayons noirs, pour permettre au rongeur de se nourrir de leur écorce et de leurs feuilles. Vingt-deux espèces de libellules y ont été repérées par des naturalistes, dont cinq qui étaient sur liste rouge. Les libellules apprécient particulièrement la diversité des milieux naturels où alternent eaux stagnantes et eaux courantes, ainsi qu'une végétation variée comprenant des buissons et beaucoup de bois mort. Un couple de canards colverts a fait son apparition. Les poissons se multiplient car le bois mort, coupé et dispersé par les rongeurs, crée des refuges attirants pour ces animaux aquatiques vertébrés et leurs amis amphibiens. Le castor façonne de nouveaux habitats, mais aussi de nouvelles communautés végétales. Ils donnent naissance à des prairies inondées, comme celle, d'un joli vert tendre, que nous avons sous les yeux. Des prairies gorgées d'eau sur lesquelles s'épanouissent une végétation exubérante et toutes sortes d'arbres fruitiers (amandiers sauvages, pêchers…). *« La présence des castors amplifie la vie et le fonctionnement des écosystèmes qui se régulent beaucoup mieux. J'ai été troublé par la vitalité et l'exubérance de la nature là où les castors sont présents, mais aussi par l'odeur fruitée, inhabituelle, qui flotte aux alentours de la rivière »*, poursuit Hervé Covès qui, en bon franciscain, s'emploie, lors de ses séjours d'études dans le Haut-Diois, à mieux comprendre « frère Castor ».

DE LA BIÈVRE AU BEUVRON

Autres bénéfices : les nappes phréatiques se rechargent en eau du fait de la création de bassins naturels de rétention – beaucoup plus efficaces, écologiques et économes que les mégabassines – qui laissent les eaux s'infiltrer plus facilement. Les pics de crues se trouvent, quant à eux, affaiblis par les barrages. Et les clairières, créées par l'abattage d'arbres au milieu d'espaces boisés, laissent filtrer la lumière et s'épanouir les espèces animales – comme les abeilles sauvages – et végétales en quête d'espaces secs et ouverts. *« Le castor était encore présent dans tous nos cours d'eau, il y a une centaine d'années, contribuant à leur équilibre et à ralentir la progression de l'eau de source vers la mer. Leur disparition a probablement amplifié le phénomène de changement climatique »*, souligne Marco Forconi, tout en nous montrant la base d'un tronc d'arbre taillé en forme de crayon.

Ce rongeur nous accompagne depuis la nuit des temps. En témoignent les centaines de noms de villes, de villages ou de

Marco Forconi

rivières dérivés de « bièvre », son ancienne appellation. En gaulois, castor se dit *bebros* ou *bribrax*, qui ont donné les noms Beuvy, Beuvron, Bibracte (capitale du peuple celte des Eduens), Bivre et Vibre notamment. Chassés pour la qualité de leur fourrure et les propriétés supposées curatives de leur castoréum (substances secrétées par des glandes spécialisées), leur effectif a très fortement décliné en Europe, entre les XIe et XIXe siècle. Alors que leur population était estimée à quelque 100 millions d'individus sous Charlemagne aux VIIIe et IXe siècles, *« c'est in extremis que l'on évita, au début du XXe siècle, la quasi-disparition de l'espèce en Europe occidentale. Celle-ci fut, dès lors, déclarée protégée. Vers le milieu du XXe siècle, des efforts considérables ont été déployés pour les réintroduire dans les régions où ils avaient jadis vécu »*, expliquent Jean-Pierre et Yan-Chim Jost dans leur livre *Le Castor, ingénieux bâtisseur* (éd. Cabédita, 2011). Leurs effectifs seraient ainsi passés, dans l'Hexagone, d'une centaine d'individus, au début du XXe siècle, à environ 20 000 animaux aujourd'hui. *« Le castor est désormais bien présent sur les bassins de la Loire, du Rhône-Méditerranée, du Rhin, et, plus ponctuellement, sur la Garonne et en Bretagne, à la suite de réintroductions de l'espèce et d'une bonne dynamique naturelle »*, souligne Yoann Bressan, de l'Office français pour la biodiversité. Et il est de retour dans le delta de Camargue, où il n'avait pas été vu depuis quarante ans, dans le Nord-Pas-de-Calais, où il est réapparu récemment après cent cinquante ans d'absence, et aussi dans les Ardennes.

Le castor est de retour dans le delta de Camargue.

EFFICACES CONTRE LES MÉGAFEUX

En Amérique du Nord, les effectifs de castors étaient estimés entre 60 et 400 millions d'individus… avant l'arrivée des colons et des trappeurs professionnels qui les ont massacrés. Ils étaient, en revanche, protégés par les Indiens d'Amérique qui les considéraient comme leurs petits frères. Outre-Atlantique, le regard porté sur ces rongeurs, longtemps considérés comme nuisibles, a beaucoup changé depuis la multiplication des mégafeux, notamment en Californie. Et surtout depuis que des chercheurs, dont Emily Fairfax, hydrologue de l'Université d'Etat de Californie à Channel Islands, et son collègue Andrew Whittle, de l'école des Mines du Colorado, ont démontré que la végétation est en moyenne trois fois moins affectée par les feux dans les zones colonisées par les castors que dans les zones qui en sont dépourvues. Dans les espaces naturels qui abritent des castors, la végétation, nettement mieux irriguée, a beaucoup moins de risque de brûler. *« L'étude d'Emily Fairfax met en évidence l'importance des solutions basées sur la nature et sur des infrastructures naturelles pour lutter contre les incendies »*, pointe Joe Wheaton, chercheur à l'université d'Etat de l'Utah.

C'est ce à quoi s'emploient les initiateurs du « plan d'action nord-américain pour le climat en eau douce », en s'appuyant sur des processus naturels low-tech, simples et peu coûteux, axés sur la reconnexion des plaines alluviales, en amorçant artificiellement le processus de restauration physique, avant que les castors ne prennent le relais et ne reprennent pied dans l'hydrosystème. Les chercheurs Chris E. Jordan et Emily Fairfax, qui en sont les initiateurs, montrent que lorsque les rivières et ruisseaux sont entièrement connectés à leurs plaines alluviales – ce à quoi s'emploient spontanément les castors en capturant l'eau qui court grâce à leurs barrages –, les systèmes deviennent naturellement résilients. Ce qui permet ainsi de diminuer les risques d'inondations, de sécheresses et d'incendies, d'améliorer la qualité et la quantité de l'eau, de renforcer la séquestration de carbone, et de favoriser la biodiversité et la conservation des espèces sensibles.

En Europe, le principal frein au retour des castors sur certains territoires tient au fait que leur présence peut s'accompagner de conflits avec les activités humaines : inondations de parcelles et de terrains, abattages d'arbres de propriétés privées ou publiques. L'Office français de la biodiversité œuvre pour trouver des solutions comme le déplacement d'animaux, le démantèlement exceptionnellement ou l'écrêtage de certains barrages, ou encore le rachat de parcelles, en vue de leur classement et de leur gestion à vocation écologique. *« Le retour des castors n'écartera pas tous les risques de sécheresse, de crues et d'incendies »*, souligne Baptiste Morizot. Il permettra néanmoins de mieux nous adapter et mieux résister au changement climatique, en créant un monde plus vivant, résilient et hospitalier. À condition que nous acceptions *« qu'un nuisible d'hier puisse devenir un allié des sociétés humaines. »* ◆

Marco Fontani admire un paysage de la vallée de la Gervanne, où il s'emploie, depuis dix ans, à réserver le meilleur accueil aux castors.

Marco Forconi

S'appuyer sur des processus naturels low-tech, simples et peu coûteux, axés sur la reconnexion des plaines alluviales.

(1) L'Inexploré, de Baptiste Morizot, éd. Wildproject, 2023. Lire le chapitre « Pactiser avec un faiseur de monde », page 343 à 372.

Pour aller plus loin : rapport du GIEC 2023, « Castor : un plan d'action nord-américain pour le climat en eau douce », de Chris E. Jordan et Emily Fairfax.

La revue scientifique Bourgogne-Franche-Comté Nature *rend compte, dans un dossier de son dernier numéro (N° 36-2022), du colloque « Castor, cohabitation. Plus-value écologique. Gestion des cours d'eau, qui s'est tenu, à Dole (Jura), les 18 et 19 novembre 2021.*

Lire Le Castor et l'homme d'hier à aujourd'hui, *d'Alexandra Liarsou, éd. L'Harmattan.*

www.bourgogne-franche-comte-nature.fr

Un contrat pour protéger la nature

Par Laurence Marliac

En signant un contrat d'Obligation réelle environnementale (ORE) avec le Conservatoire d'espaces naturels de Haute-Savoie, Clarins fait de son domaine de production de plantes un territoire sous haute protection et un laboratoire de recherche écologique.

« *Ce cœur de nature, c'est à nous de le protéger. Protéger ces trésors pour les transmettre aux générations futures…* » Lorsqu'il évoque le Conservatoire d'espaces naturels de Haute-Savoie, Christian Schwoehrer, le directeur d'Asters (Agir pour la sauvegarde des territoires, des espèces rares ou sensibles), a dans la voix quelque chose qui ressemble à l'émotion tendre et inquiète des amoureux. Géré pour le compte de l'État depuis quarante et un an par l'association, *« ce cœur de nature »* est un paradis vert et blanc de montagnes, de glaciers et de lacs où vit le gypaète barbu, vautour *« aux ailes de géant »* et où pousse le sabot-de-Vénus, une orchidée rare : deux espèces menacées.

Au sein de cet espace protégé, l'enclave du domaine Clarins s'étend sur un territoire qui, première en France, fait l'objet d'un contrat ORE (Obligation réelle environnementale) signé en 2021 et pour quatre-vingt-dix-neuf ans entre le propriétaire des lieux et le Conservatoire d'espaces naturels. Dispositif permettant aux propriétaires qui le souhaitent de mettre en place une protection environnementale sur leurs biens, ce contrat est pérenne : en cas de vente, il restera attaché au bien.

Agroécologie, permaculture, labourage par des chevaux : sur ce site Natura 2000 situé au cœur du massif de la Tournette, la production de plantes destinées à la cosmétologie se faisait déjà en accord avec la nature. Un respect renforcé de façon durable.

S'engager à la préservation écologique d'un bien, cela signifie pour Clarins une production de plantes 100 % bio, ne pas construire, éviter tout dérangement de la faune, mais aussi mener des expertises écologiques. Mis à disposition du

S.P. Clarins

Page de gauche : le chardon bleu des Alpes. Ci-contre : le lac Blanc, dans le massif des Aiguilles Rouges, situé sur la commune de Chamonix-Mont-Blanc.

Conservatoire d'espaces naturels, le site doit faire l'objet d'études sur l'évolution de la faune et la flore, en partenariat avec les universités Savoie Mont Blanc et Grenoble Alpes.

« *Nous venons d'officialiser un programme de recherches sur trois ans pour améliorer la connaissance des plantes alpines, leurs vertus mais aussi leurs réponses aux contraintes et surtout au changement climatique*, précise Christian Schwoehrer. *Pour protéger la nature, il faut bien la connaître, la comprendre et aussi anticiper. Ce site-atelier va permettre une démarche de laboratoire vis-à-vis de mutations lourdes d'implications.* »

Tout l'écosystème est devenu lanceur d'alerte !

SENTINELLES

À l'instar du domaine Clarins, c'est l'ensemble du Conservatoire naturel de Haute-Savoie qu'Asters a mis sous protection rapprochée. Comme les lacs de montagne, devenus « *sentinelles* » de l'environnement. « *À plus de 1 500 m d'altitude, on considérait qu'ils n'étaient pas altérés par des facteurs extérieurs* », poursuit le directeur de l'association. « *L'an dernier, pour la première fois, on a observé qu'à 2 m de profondeur, la température de l'eau, moins transparente, était de 20 °C. D'où un risque pour certaines espèces d'eau froide et des impacts sur le plancton présent dans ces lacs.* »

Sous la gouvernance d'Asters, acteur territorial, expert, médiateur pour la défense de la biodiversité, lacs, alpages, faune, flore mais aussi refuges, guides : tout l'écosystème est devenu lanceur d'alerte !

« *Les Alpes sont des territoires qui connaissent une augmentation plus forte des températures qu'ailleurs*, ajoute-t-il. *Des espèces, comme celle du lagopède alpin, sont des reliques glaciaires, donc beaucoup plus sensibles au changement climatique. Lorsque la neige est moins présente, cette perdrix, du fait de sa couleur blanche, est plus vite repérée par les prédateurs. L'enneigement se réduit avec, en 2022, une fonte record de 4,56 m, il pleut davantage. On commence à avoir une végétation plus forestière. L'effondrement de la biodiversité doit être stoppé.* »

Mais ce gardien de la nature n'est pas un éco-anxieux. D'abord, parce qu'il y a de bonnes nouvelles, comme celle du retour du gypaète barbu : « *En Haute-Savoie, en 2022, on a eu cinq couples reproducteurs et trois poussins ont pris leur envol, l'été dernier, en milieu naturel !* »

En fait, le défi, pour le directeur d'Asters se résume, à une question : « *Qu'est-ce qu'on est capable de faire ensemble ? On sait ce qui ne va pas. Les solutions, on les connaît. La signature de cet ORE, la création d'un Pôle d'excellence environnemental de la Haute-Savoie en janvier prochain sont de bons signaux. Et de citer l'astrophysicien Hubert Reeves :* "Là où croît le péril… croît aussi ce qui sauve…" *[Titre de son livre paru en 2013 au Seuil, NDLR]* ». ◆

TRENTE ANS D'ACCOMPAGNEMENT

En 2022, l'association Asters a fêté ses 30 ans de partenariat avec Clarins. La signature du contrat ORE s'inscrit dans la mission RSE Clarins We Care et la raison d'être du groupe : « Rendre la vie plus belle et transmettre un monde plus beau. » « Nous sommes dans une relation de conviction, d'engagement dans la durée et surtout de confiance », *commente Christian Schwoehrer.*

GROUPE CLARINS

Shutterstock

George Monbiot

« EN FINIR AVEC L'AGRICULTURE »

Dans son livre *Nourrir le monde… sans dévorer la planète* (Les Liens qui libèrent, sortie début octobre), George Monbiot, figure du mouvement écologiste britannique, journaliste d'investigation redouté du *Guardian*, auteur de reportages et d'essais dérangeants, dresse un réquisitoire implacable contre l'agriculture et l'élevage industriels et appelle à une « *révolution contre-agricole* ». Il ouvre des pistes alternatives crédibles pour s'en débarrasser. Portrait-rencontre.

Texte Frédéric Joignot

Stuart Simpson/Penguin Random House

Nos destins ne sont pas écrits d'avance. Mais quelle est l'étincelle qui les fait basculer ? Comment devient-on George Monbiot, journaliste craint, auteur de brûlots écologiques, reporter tout-terrain au talent littéraire reconnu ? L'intéressé a son idée. À 8 ans, en 1971, le jeune George est envoyé par sa famille, *« très conservatrice »*, dans un internat privé où toutes les lectures sont surveillées. Sauf les livres de l'infirmerie. Là, il tombe sur un conte qui le fascine : *« L'histoire d'un gosse de riche qui se lie d'amitié avec une fille des rues ramassant des mégots la nuit. »* Elle l'emmène à la campagne, il découvre émerveillé une vie libre dans la nature, conjure la pauvreté en *« volant des raisins et du maïs doux »*, puis rencontre Panetto, le dieu Pan jeune, la divinité des forêts. De retour chez lui, *« gêné par son grand privilège matériel, le héros du conte vide les cigarettes de son père par la fenêtre pour les pauvres »*.

Monbiot l'assure, ce récit initiatique, qui n'est pas sans rappeler la vie du jeune prince Siddhartha (le futur Bouddha) quittant son palais, fut *« la première lueur d'éveil politique »* de sa vie. Il s'identifie au jeune garçon gâté et culpabilisé, battant la campagne. Il comprend qu'un autre monde existe. À 52 ans, devenu une figure de la presse d'investigation britannique, il lance un appel dans le grand quotidien britannique, *The Guardian* pour retrouver *« le livre qui m'a changé »*. Il s'agit de *Paolo et Panetto*, un recueil pour enfant de l'Autrichienne Bettina Ehrlich. Monbiot confie : *« Je suis tou-*

jours étonné de voir à quel point cette histoire toute simple a façonné ma vie. » Et d'ajouter : « *Dante avait raison. Le cercle intérieur de l'enfer est un endroit où rien ne change, où la vie est figée dans l'immobilité, où personne ne peut changer son destin.* » Lui est sorti du cercle grâce à un livre. Il en écrira beaucoup.

FLÈCHES EMPOISONNÉES

Fin 1987, à 24 ans, Monbiot rejoint le service étranger de la BBC et part pour la Nouvelle-Guinée, Indonésie, avec le photographe Adrian Arbib. Le général Suharto déplace des dizaines de milliers de Javanais pour coloniser la Papouasie, envoie l'armée mater les indépendantistes et redistribuer leurs terres. L'île est fermée aux étrangers et à la presse. Monbiot réussit à entrer, « *louvoyant entre les soldats et la police, se frayant un chemin sans carte, se perdant en forêt, dans une nature hostile, au milieu de tribus traumatisées par la répression* ». Pour survivre, il mange des insectes et des rats, puis tombe dans le coma après avoir été attaqué par des frelons géants. Résultat, un livre magnifique pour partie investigation journalistique, document anthropologique et récit d'aventure, révélant au monde entier un peuple menacé de génocide, enraciné dans une forêt stupéfiante, avec ses coutumes, ses croyances et ses mœurs méconnues, révélatrices de notre humanité : *Poisoned Arrows* (*Flèches empoisonnées*, éd. Green Books, 1990). Il va propulser George Monbiot comme reporter de combat.

AMAZONIE. LA ROUTE DE L'ACAJOU

En 1989, à 26 ans, le journaliste s'installe en Amazonie pour deux ans. Il veut témoigner des luttes âpres des paysans et des peuples indigènes pour conserver ou récupérer leurs terres accaparées de force et dévastées par les grands propriétaires et l'industrie minière et forestière. Un véritable far west tropical où règne la loi du plus fort : milices payées, policiers corrompus. Il se rend dans le Maranhão au nord-est du Brésil. Enquêtant sur les exactions commises – viols, tortures... – dans le village de Centro do Aguiar, il est « *arrêté par des hommes de main, livré à la police militaire, tabassé, ses vidéos confisquées* » – et on lui tire dessus. Aidé par des paysans, il réussit à s'enfuir pour aller enquêter sur les orpailleurs illégaux des mines du Roraima qui saccagent les terres et les fleuves des Indiens Yanomani et les tuent. Puis, il réussit un reportage qui va secouer les Britanniques. Se présentant comme « *l'employé d'une compagnie maritime* », il remonte « *la route suivie par le bois d'acajou volé dans les réserves indiennes jusqu'aux revendeurs anglais* », épinglant au passage la restauration de meubles du palais de Buckingham. Il en tire un nouveau livre-événement en 1992, *Amazon Watershed* (éd. Abacus). « *Tous ces drames, le massacre des tribus, la coupe sauvage de la forêt continue aujourd'hui* », regrette-t-il.

ANGLETERRE. « *CETTE TERRE EST NÔTRE* »

En 1992, il repart en Afrique de l'Est. Au cours d'un reportage au long cours en Tanzanie et au Kenya, vivant au milieu des peuples Masaï, Samburu et Turkana, Monbiot révèle comment « *les nomades des sociétés pastorales sont méthodiquement pourchassés et assassinés* » par le pouvoir central. En cours de route, il « *manque de mourir du paludisme cérébral dans la vallée du Rift* » où il sera déclaré cliniquement mort. Épuisé, il retourne en Angleterre pour écrire *No Man's Land* (éd. Macmillan, 1997), un nouveau témoignage implacable.

« Nous devons restreindre le pouvoir destructeur des seigneurs de la terre. »

Guéri, il devient bientôt une figure du mouvement écologique britannique en rejoignant les mouvements engagés « *dans l'action directe* » contre le programme de construction de routes d'un gouvernement « *qui s'autorise à accaparer des terres et agresser l'environnement sans réel débat public* ». À l'été 1994, alors qu'il manifeste contre la construction d'une autoroute sur Solsbury Hill (Somerset), « *deux voyous lui percent le pied avec un piquet de clôture* ». Il cofonde dans la foulée le mouvement The Land is Ours (« La terre est à nous »), qui va contester plusieurs projets immobiliers et occuper des terres abandonnées. Monbiot en écrit le manifeste. On y lit : « *Nous devons réaffirmer nos droits sur les espaces communs dans les villes et les reprendre aux mains des promoteurs. Nous devons restreindre le pouvoir destructeur des seigneurs de la terre (...) avant qu'ils labourent une prairie vierge ou construisent un poulailler en batterie.* » Pour Monbiot, « *ce sont les paysans brésiliens qui m'ont révélé combien la question de la terre, qui la possède, ce que nous en faisons, était fondamentale* ». En 1996, *The Guardian* lui propose une chronique écologique régulière.

« *NUCLEAR. YES PLEASE* »

Dans cette chronique hebdomadaire, caustique, incisive, qu'il tient toujours aujourd'hui, George Monbiot ne va pas retenir ses coups, se faisant une spécialité d'investigations fouillées. Dans *Junk Science* (10/05/2005), il démonte les propos du célèbre botaniste David Bellamy, qui assure que 555 des 625 glaciers mondiaux ont augmenté depuis 1980, une preuve qui infirmerait le réchauffement climatique. Monbiot appelle le Service mondial de surveillance des glaciers (WGMS), qui lui répond, exemples à l'appui : « *Ce sont des conneries complètes.* » Puis il révèle que toutes les sources de Bellamy sont fantaisistes. Dans « *Nous avons besoin d'un gel de cinq ans sur les biocarburants* » (26/03/2007), il prend à rebours le discours écologique en assénant : « *Nous savons déjà que le biocarburant est pire pour la planète que le pétrole.* »

C'est la manière de Monbiot. Il enquête. Il n'est ni idéologue ni idéaliste. Il pense contre ses propres convictions quand l'investigation l'y oblige. Il va surprendre le 5 avril 2011, revenant sur son engagement passé, en prenant position pour l'énergie nucléaire : « *La triste vérité est que le lobby antinucléaire nous a tous induits en erreur* », écrit-il. Il réitère le 15 septembre 2016 : « *L'énergie nucléaire est une source à faible émission de carbone à peu près comparable aux énergies renouvelables en termes d'émissions totales. Fermer une capacité nucléaire viable au milieu d'une urgence climatique comme l'ont fait l'Allemagne et le Japon est une forme raffinée de folie, surtout lorsqu'une partie de cette capacité est susceptible d'être remplacée par le gaz ou le charbon.* » Que répond-il sur les dangers de l'enfouissement des dépôts radioactifs ? *« Ils ont été systématiquement exagérés par les militants. »* Et de défendre les projets de *« petits réacteurs modulaires qui utilisent des déchets nucléaires comme combustible »*. Sur Tchernobyl ? Il n'adhère pas aux chiffres avancés par certains écologistes, comme son confrère du *Guardian*, John Vidal : 985 000 morts. D'après sa contre-enquête, s'appuyant sur le Comité scientifique des Nations unies et ses équipes, il faut relativiser : *« 134 personnes ont souffert du syndrome d'irradiation aiguë, 28 sont mortes peu de temps après l'accident, 19 autres sont décédées plus tard, 87 ont souffert de complications, dont quatre cas de cancer et deux de leucémie. Dans le reste de la population, il y a eu 6 848 cas de cancer de la thyroïde chez les jeunes enfants, résultant presque entièrement de l'échec de l'Union soviétique à empêcher les gens de boire du lait contaminé à l'iode 131. »* Sur Fukushima ? L'accident a été *« causé par un tremblement de terre »* et *« n'a tué personne »*. En revanche, il rappelle que *« la combustion de combustibles fossiles tue des centaines de milliers de personnes chaque année, du fait de la pollution de l'air et présente une menace peut-être existentielle pour la civilisation à cause du changement climatique. »* Depuis, Monbiot est très critiqué par les écologistes européens. *« Vous vous appuyez sur une mauvaise science ! »* leur dit-il.

L'AGRICULTURE DÉVOREUSE DE TERRITOIRES

« Si des extraterrestres débarquaient, ils pourraient penser que la forme de vie qui prévaut en Grande-Bretagne est le mouton », ironise Monbiot dans son dernier livre *Nourrir le monde… sans dévorer la planète*. Un brûlot contre l'agriculture et l'élevage industriels. Très remonté sur le sujet, il accumule les chiffres frappants : *« Au Royaume Uni, on consacre 4 millions d'hectares pour élever des moutons, soit 22 % des terres agricoles. C'est-à-dire autant que pour les céréales ! Alors qu'agneaux et moutons représentent 1 % de notre alimentation. »* Pendant ce temps, la moitié des cultures agricoles sert à nourrir les animaux en batterie (porcs, volailles), alors même qu'elles pourraient nourrir avantageusement les humains.

« L'agriculture est la cause de 80 % environ de la déforestation. »

« Tout le bétail britannique, entre pâturages et parcours, poursuit Monbiot, *couvre 51 % des terres du pays, alors que le bâti humain en occupe 7 %. C'est disproportionné ! Au niveau mondial, c'est pire ! Les constructions accaparent 1 % de la surface terrestre, les zones cultivées 12 %, les pâturages, la forme la plus extensive de l'agriculture, 26 %, l'agriculture dans son ensemble 38 %. »* Pour lui, nous vivons en Absurdie. L'agriculture séquestre d'énormes territoires pour produire finalement *« de petites quantités de nourriture »*. En effet, rappelle-t-il, il faut 2 m^2 de terre pour cultiver 100 g de protéine de soja, mais 7 m^2 pour 100 g de poulet, 10 m^2 pour 100 g de porc, 163 m^2 pour 100 g de bœuf, 185 m^2 pour 100 g d'agneau. *« Autrement dit, pour produire une protéine de viande d'agneau, nous avons besoin de 84 fois plus de terres que pour produire une protéine de tofu »*, alors même que nous sommes omnivores et nous accommodons bien d'un régime végétarien.

Plus grave encore, ce gigantesque *« étalement agricole »*, redoublé par un usage intensif de pesticides, d'engrais et d'eau,

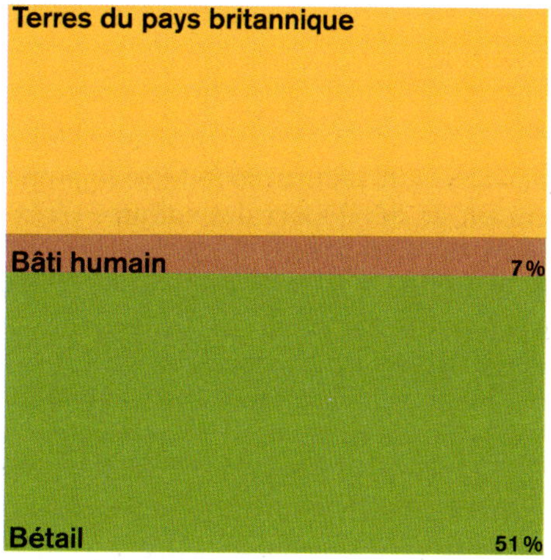

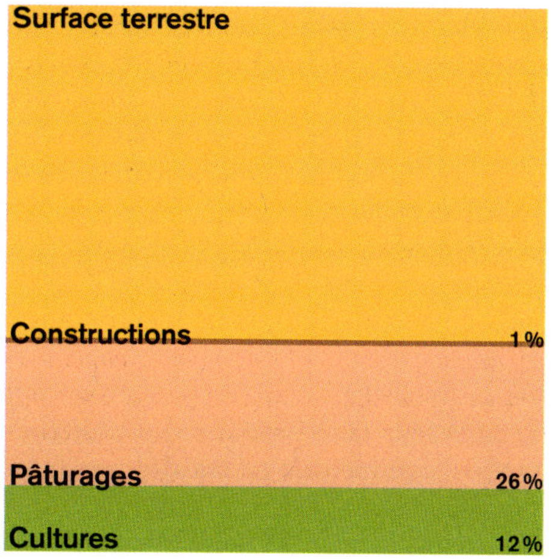

se fait au détriment des forêts, des zones humides, des savanes, des prairies – de la nature sauvage. *« L'agriculture est la cause de 80 % environ de la déforestation de ce siècle. La production alimentaire, en incluant la pêche, explique la chute de 68 % de la population mondiale des vertébrés sauvages depuis 1970. Sur les 28 000 espèces recensées en danger d'extinction, 24 000 sont directement menacées par l'agriculture. »* Sa conclusion est sans appel : l'agriculture telle qu'elle est aujourd'hui pratiquée constitue la plus grande menace pour l'écologie planétaire. Elle n'est pas soutenable. Pire encore : insoutenable.

CÉRÉALES PÉRENNES

« Ce dont nous avons besoin, c'est de produire plus de nourriture avec moins d'agriculture et moins d'élevage », jure Monbiot. Un défi colossal, historique, si nous voulons faire en sorte que la population mondiale grandissante mange à sa faim, tandis que les lobbyistes de l'agriculture et de l'élevage industriels dévastateurs se présentent comme étant les seuls à pouvoir nourrir l'humanité et maintenir des rendements suffisants. Monbiot explore plusieurs pistes crédibles dans son livre, s'appuyant sur des reportages de terrain et une impressionnante documentation… Il défend le véganisme tout en sachant très bien que sa popularité reste *« très minoritaire »* dans une situation d'urgence. Il appelle à financer les expériences d'agroécologie à haut rendement auprès des petits paysans : *« Il faudrait investir plusieurs milliards de dollars. Cela coûterait moins cher que le projet de*

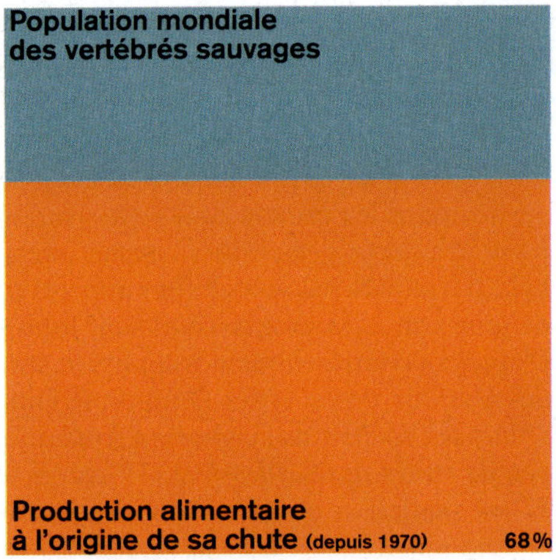

terraformer la surface de Mars ! » Il soutient avec force le projet du Land Institute américain de développer des cultures céréalières pérennes, c'est-à-dire de « *réintroduire des plantes vivaces, subsistant plusieurs années, de telle sorte qu'il n'est plus besoin de ressemer chaque année, de défricher et labourer les sols, d'utiliser engrais et pesticides à haute dose et d'irriguer massivement* ».

Le journaliste a récemment cuit chez lui un pain de farine de kernza, une céréale vivace riche en protéines, calcium et oméga-3 sélectionnée par le Land Institute à partir du chiendent. « *Excellent, un léger goût de noisette, une mie légère. J'en ai fait des tortillas et des craquelins épatants !* » assure-t-il. Le Land Institue estime que, d'ici vingt à trente ans, les rendements du kernza seront équivalents à ceux du blé. Ses chercheurs ont aussi mis au point un riz pérenne, le PR23, en croisant un riz chinois et un riz vivace africain. Ses rendements ont déjà rattrapé les variétés actuelles de riz. Monbiot l'a goûté : « *Impossible de le distinguer du riz à grain court acheté chez l'épicier chinois en bas de chez moi.* » Il conclut : « *La culture pérenne est la méthode agricole la plus prometteuse sur laquelle j'ai enquêté.* »

PROTÉINES BACTÉRIELLES

Une autre écotechnologie alimentaire lui semble réécrire notre avenir proche et damner notre présent : « *La fermentation de précision* » ou « *fermentation microbienne.* » Par ce procédé, on fait fermenter des bactéries pour leur faire produire des protéines et des molécules organiques, comme cela se fait déjà couramment pour la protéine de whey, lactosérum, qui inquiète déjà l'industrie laitière (tout comme le lait végétal). Mais d'autres protéines bactérielles nourrissantes, convenant à l'alimentation humaine, sont en cours d'élaboration. Le think tank américain ThinkX, cité par Monbiot, précise : « *Le coût des protéines fermentées sera cinq fois moins cher à produire d'ici à 2030, et dix fois moins cher d'ici à 2035, que les protéines animales existantes. Elles seront également supérieures dans chaque rôle clé – plus nutritives, plus saines, plus savoureuses et plus pratiques, et offrant une variété presque inimaginable.* » Ces protéines pourront aussi faire évoluer en goût et qualité les créations de la viande végétale.

Conclusion de Monbiot : « *À mesure que la concurrence entre viande et protéines végétales et microbiennes se fera sentir et que baissera le coût des nourritures sans agriculture, notre inquiétude sur la destruction des écosystèmes, la maltraitance animale et les pandémies provoquées par l'élevage s'amplifiera.* » Et d'ajouter en riant, répondant par avance aux critiques des gastronomes : « *Je me suis fait une crêpe avec de la farine de bactérie qui sentait l'œuf brouillé. Moelleuse, elle avait un goût excellent. Une bonne petite crêpe pour l'Homme, un bond de géant pour l'humanité.* » ◆

À lire

REGENESIS,
par George Monbiot,
éd. Penguin Group, 352 pages.
Version française à paraître
le 4 octobre, sous le titre
Nourrir le monde,
éd. Les liens qui libèrent.

Casa dei Pesci, Abaca

DES STATUES CONTRE LES CHALUTIERS

Depuis plus de trente ans, Paolo Fanciulli se bat contre la pêche industrielle illégale qui détruit les fonds marins le long de la côte toscane. Pour bloquer ces «bulldozers de la mer» qui ravagent la biodiversité, il a mobilisé les artistes.

Texte Florence Santrot

La mer est son premier amour. *« J'ai besoin de sentir l'air salé, de humer les odeurs de poisson, du vent, des remous, du bleu profond… La mer, c'est ma vie. »* Originaire de Talamone, village côtier de la région de la Maremme, au sud de la Toscane, Paolo Fanciulli ne s'éloigne jamais bien loin des rivages. Il vit, mange, respire Méditerranée. Et se bat pour la défendre. Fils et petit-fils de pêcheurs, il a lui-même endossé le ciré jaune dès l'âge de 13 ans. Et, à 60 ans passés, continue à sortir en mer sur son bateau de 13 m baptisé *Sirena*. La baie protégée de Talamone est l'un des meilleurs sites de pêche d'Italie. À l'origine, on y trouvait à foison des thons rouges, des espadons, des loups de mer, des poulpes ou encore des murènes. Mais depuis quelques années, le métier est devenu plus difficile. La faute au chalutage industriel qui détruit les écosystèmes marins, y compris le long de la côte.

Sirène, la sculpture en marbre de Carrare de Giorgio Butini, est envahie par la végétation dans le musée sous-marin au large de Talamone, en Toscane.

Le défenseur de la mer Paolo Fanciulli pratique aussi une pêche artisanale au large de Talamone.

Officiellement, avec leurs immenses filets lestés, ces gros chalutiers n'ont pas le droit de venir racler les fonds *« à moins de 3 milles de la côte »* (un peu moins de 5 km) selon la réglementation européenne. La réalité est tout autre. Et les effets sont dévastateurs sur le « poumon vert » de la Méditerranée. *« Les lourds filets viennent déraciner les posidonies,* explique Paolo Fanciulli. *Ces herbes marines sont essentielles à la biodiversité car les poissons viennent y pondre leurs œufs et nombre d'espèces font de ces forêts marines leur abri. En outre, ce sont d'excellents puits de carbone. Mais les chalutiers n'en ont que faire. Ils agissent souvent la nuit quand personne ne regarde. Pour la nature, c'est comme si des chasseurs brûlaient toute une forêt pour attraper un seul sanglier. »* De véritables bulldozers des mers qui saccagent tout sur leur passage.

Le combat du pêcheur toscan pour défendre coûte que coûte la baie de Talamone remonte aux années 1990. Un combat né d'un long cheminement sur la manière de pratiquer son métier. *« Au sortir de la Seconde Guerre mondiale, on pêchait à la dynamite. Enfant, j'ai connu cette période avec mon père. Après l'explosion, les poissons remontaient à la surface. Je me dis que, au moins, ça ne détruisait pas les fonds marins… Et puis est arrivé le chalutage de fond dans les années 1980. J'ai très vite constaté ses effets néfastes. Je remontais de moins en moins de prises »*, se souvient-il.

GUÉRILLA CONTRE LES CHALUTIERS

Alors que Paolo n'a que 15 ans, son père est victime d'un accident du travail. L'adolescent doit alors subvenir aux besoins de sa famille. Mais la pêche se fait de plus en plus rare et ne lui permet plus d'assurer le minimum vital. Au milieu des années 1980, il se met à signaler les pratiques illégales d'un chalutier venu du village de l'autre côté de la baie, à Porto Santo Stefano. L'embarcation pêche en pleine journée, et en toute illégalité, au pied de Talamone. Les garde-côtes s'approchent de l'imposant bateau, plaisantent quelques minutes avec les marins en désignant le bateau de Paolo situé non loin, puis repartent. Quelques minutes plus tard, le chalutier fonce droit sur le petit bateau avant de dévier sa course au dernier moment. Paolo a cru que sa dernière heure était venue.

Le pêcheur entame alors une guérilla contre les chalutiers. Pour les faire fuir la nuit, il s'équipe d'une lumière clignotante. Une astuce qui permet de faire passer son bateau pour un patrouilleur des garde-côtes. En 1990, aidé de plusieurs petits pêcheurs, de Greenpeace et du WWF, il bloque le port de Porto Santo Stefano avec des chaînes afin de médiatiser son combat. Cela lui vaut une garde à vue et une amende. *« C'était le seul marin-pêcheur d'Italie qui faisait vraiment peur aux barons de la pêche industrielle »*, se rappelle Alessandro Giannì, biologiste marin et directeur des campagnes de Greenpeace Italie, dans la préface du livre *La Casa dei pesci. Storia di Paolo il Pescatore*, paru en 2021 chez Palombi Editori.

« Un jour, deux chalutiers sont venus du Sud, de Calabre ou de Sicile. La veille, ils avaient déjà abîmé mon filet. Moi, mon filet, c'est ma vie. L'un d'eux était en train de recommencer. J'ai vu rouge, alors j'ai décidé de les attaquer. Je me suis approché avec mon bateau et j'ai commencé à leur jeter des bouteilles d'eau. Ils ont cru que c'était des cocktails Molotov et ont appelé l'autre chalutier à l'aide. Les deux embarcations ont commencé à me poursuivre. Ce jour-là, j'ai cru que j'allais mourir. Mais j'ai réussi à me réfugier dans un coin où il n'y avait pas assez de fond pour qu'ils s'approchent. »

SENSIBILISER À LA BIODIVERSITÉ MARINE

La réponse de la mafia de la pêche ne se fait pas attendre. Appels anonymes à lui et sa famille, menaces de mort implicites : Paolo se retrouve exclu des marchés aux poissons de la région. Il a un déclic. Il doit trouver une autre manière, moins frontale, d'empêcher le chalutage de fond mais aussi de vendre sa pêche. En 1992, il emmène les touristes en mer à la découverte de son métier, leur permettant ainsi de ressentir la fragilité de la biodiversité sous-marine. Leur montrer ce qui se passe à quelques mètres seulement de la côte et des plages. Il ouvre aussi son propre restaurant où on peut déguster les poissons qu'il vient de pêcher. Et passe des accords avec d'autres tables de la région qui acceptent de se fournir chez lui, achetant ses prises sur le quai, quand la *Sirena* accoste en fin de matinée.

En 2006, une autre idée surgit : pour freiner les effets dévastateurs du chalutage à moins de 3 milles des côtes, le pêcheur s'apprête à immerger 300 blocs de béton au fond de la mer, avec l'autorisation de la Région toscane. Des cubes dans lesquels ont été coulées des barres de métal et qui viennent déchirer les filets des chalutiers si ceux-ci s'aventurent dans la zone.

Les blocs de béton, c'est bien, mais cela n'a aucun charme. Une rencontre fortuite avec Franco Barattini, il y a une dizaine d'années, change la donne. L'homme est à la tête de la Cave Michelangelo. C'est à partir du majestueux marbre blanc de cette carrière de Carrare que l'artiste florentin de la Renaissance Michel-Ange a sculpté ses plus belles œuvres. Au fil de leur conversation autour de la mer et des manières de la protéger, Paolo ose lui demander deux blocs de marbre pour une idée qui germe peu à peu dans son esprit. Pourquoi ne pas créer un musée sous-marin pour souligner la beauté de la vie sous la surface de l'eau ? Le projet séduit Franco Barattini. *« Au lieu d'un bloc, il m'en a offert cent »*, révèle Paolo.

> « Les lourds filets viennent déraciner les posidonies, là où les poissons viennent pondre leurs œufs. »

Avec l'association locale « La Maison des poissons », créée pour lutter contre le chalutage, Paolo cherche des soutiens financiers pour transformer ces blocs de marbre de 10 t en œuvres d'art. Les dons en provenance du grand public, du WWF, de Greenpeace, de la région Toscane... permettent à de jeunes sculpteurs de réaliser des statues qui seront déposées dans les fonds marins à l'aide d'une grande barge. Tout en continuant à larguer des blocs de béton protecteurs. On en compte 800 aujourd'hui le long de la Maremme.

Un travail payant : 90 % du chalutage illégal a disparu dans cette zone. Une belle victoire quand on sait que 32 % environ des captures en Europe (7,3 millions de tonnes par an) sont le fait des chaluts, selon l'ONG Seas at Risk. Et que ces derniers sont aussi, et surtout, à l'origine de 93 % des rejets, ces poissons et mammifères marins pris « accidentellement » dans les mailles des filets géants. Un immense gâchis qui va totalement à l'encontre de la pêche durable. *« Le caractère destructeur du chalutage de fond n'est plus sérieusement contesté aujourd'hui. La question, à l'heure actuelle, est plutôt : quand*

Les créatures marines s'installent sur les sculptures de Talamone.

Florence Santrot, Abaca

allons-nous l'interdire ? » interroge Nicolas Fournier, directeur de campagne de l'ONG Oceana.

Des œuvres immergées dans l'eau contre la pêche illégale ? Aujourd'hui, une quarantaine de blocs sculptés par différents artistes venus des quatre coins du monde dorment à moins de 10 m de profondeur. Un peu plus de la moitié placée au pied du Capo d'Uomo, un hôtel en surplomb des falaises de Talamone, face à l'imposante forteresse de la petite ville. Installés en cercle, ces blocs sont espacés de 4 m. Ce musée marin, accessible à la nage depuis la plage, peut se visiter avec un minimum de connaissances en apnée.

D'autres sculptures sont placées ailleurs, le long de la côte, dans des lieux tenus secrets. Prêtes à accrocher d'éventuels filets de chalutage. Ces œuvres d'art sont aussi devenues, au fil des ans, un habitat naturel pour les poissons. Elles ont contribué à restaurer les réservoirs de biodiversité que sont ces zones protégées. Se recouvrant peu à peu d'algues, les crustacés viennent se cacher dans leurs replis, et même les étoiles de mer pourpres, une espèce menacée, s'y accrochent.

Cet été, cinq nouvelles sculptures ont été immergées devant Talamone.

UN PROJET EN DEVENIR

L'effet est réel. « *En 2019, nous avons voulu évaluer le niveau de biodiversité au pied de Talamone,* explique Ilaria Ceciarini, biologiste marine à l'université de Sienne. *Nous avons identifié entre 35 et 40 espèces différentes de poissons, ce qui nous fait dire que la biodiversité est à nouveau d'un bon niveau par ici. Même si la vigilance reste de mise.* » Davantage de poissons qui attirent aussi les dauphins et tortues de mer qui s'en nourrissent. Voir les animaux de son enfance revenir rend Paolo heureux. Mais le projet est loin d'être terminé. Des dizaines de blocs de marbre attendent encore d'être sculptés. Cet été, cinq nouvelles sculptures ont été immergées devant Talamone. Quelques mois plus tôt, après un appel à candidatures, de jeunes artistes italiens, turc, néerlandais et serbe, ont passé un mois à tailler le marbre dans un champ un peu à l'écart de la ville.

« *J'aime beaucoup cette idée de créer de l'art contre les filets,* avoue Wimar van Ommer, *artiste italo-néerlandais âgé de 29 ans, qui a imaginé une des nouvelles œuvres. C'est en partant de cette idée que j'ai créé* Frammenti di Luce *[fragments de lumière, NDLR]. Ce sont deux yeux ouverts qui regardent vers la surface, comme un fragment d'une sculpture beaucoup plus large qui se serait dispersée au fond de l'eau. Ces yeux cherchent la lumière. Ils surveillent aussi les pêcheurs pour s'assurer qu'ils prennent soin de l'écosystème marin.* »

LES POULPES EN DANGER

Pour donner davantage de visibilité à ce projet artistique, l'association « La Maison des poissons » envisage de venir éclairer les sculptures pour qu'elles soient visibles même de nuit. Elle voudrait aussi installer des webcams pour filmer non-stop les œuvres et toute la biodiversité qui évolue autour. De quoi satisfaire à la fois la curiosité culturelle et répondre à un intérêt scientifique. Un argument de plus pour la protection de cet environnement si fragile.

Pêchées à tour de bras, les pieuvres sont désormais dans le radar de Paolo Fanciulli. Très prisées ces dernières années sur les tables européennes, elles sont à leur tour victimes de la pêche industrielle. Des milliers de pièges sont posés illégalement au fond de la mer au large de la Maremme pour les capturer en masse, y compris durant la période où la pêche est interdite. Au point que la population de ces octopodes est en net déclin dans la région. Pour les protéger, Paolo détaille son nouveau plan. Au petit matin, au pied des falaises, tout en remontant son filet de 1,5 km en suspension installé la

La Sirène, de Lea Monetti et Aurora Avvantaggiato.

veille, il nous parle de ce nouveau fléau. *« Il y a 120 000 pots environ posés au fond de la mer sur tout le long de la côte depuis Porto Santo Stefano jusqu'à Marina di Grosseto en passant par Talamone,* estime-t-il. *C'est une catastrophe environnementale. »*

En août 2022, près de 8 000 pièges à poulpes installés par des braconniers ont été retirés des fonds marins lors d'une opération menée par l'ONG Sea Shepherd et la police douanière et financière italienne. C'est la plus grande saisie de ce type jamais réalisée dans le pays. Selon l'ONG, 3 000 t de pieuvres sont capturées en Italie, chaque année.

Ces petits pots cylindriques sont accrochés à une corde en Nylon et immergés le long de la côte, à moins de 35 m de profondeur. Ils sont installés sur de la vase et apparaissent comme d'excellentes tanières pour les jeunes poulpes en quête de sécurité. Les calmars et les seiches les utilisent aussi pour y pondre leurs œufs. Les pêcheurs mal intentionnés n'ont qu'à relever régulièrement ces jarres pour attraper des milliers de poulpes, une activité extrêmement lucrative. Or la législation italienne impose à chaque bateau une limite maximale de 1 250 pots et interdit l'installation à temps plein de ces jarres au fond de la mer. Deux règles très largement transgressées. En outre, ce système attrape les plus jeunes spécimens (8 mois en moyenne), alors que la pieuvre est un animal qui peut vivre jusqu'à l'âge de 5 ans.

L'idée de Paolo pour lutter contre cette surpêche : *« Je veux installer des milliers d'amphores au fond de l'eau. Des amphores plus grandes que les pots des braconniers et installées de manière permanente. Je vais les placer près des herbiers de Posidonie pour attirer les pieuvres près des lieux où elles se nourrissent »*, explique-t-il. Ce matin-là, en l'aidant à remonter son filet, on ne peut que constater la diversité de la faune dans la baie de Talamone. Murène, denti, brème, céteau, mulet, rascasse… *« C'est beau de voir toute cette variété de poissons. Cela me rappelle un peu la mer de mon enfance. C'est aussi la preuve tangible que mon combat n'est pas vain. »* ◆

Dans le cadre de sa campagne environnementale pour la protection et la restauration des océans, Patagonia a dévoilé un court-métrage sur le combat de Paolo, le pêcheur. À retrouver sur patagonia.com/stories

Frosini au soleil, de Marco Borgianni.

Casa dei Pesci

CHRONIQUE

DE L'EAU QUI COULE

Emma

Haziza

hydrologue

Un monde désaxé

L'information est arrivée comme une de ces nouvelles loufoques sur l'état du monde que l'on voit passer en «scrollant» sur les réseaux sociaux. Une publication dans le *Geophysical Research Letters*[1], revue internationale de recherche, indique que l'axe de la Terre s'est incliné de 80 cm vers l'est entre 1993 et 2010. Le responsable: l'extraction massive des nappes phréatiques, au service de l'irrigation. Cela a contribué à modifier le spin de la terre, sa vitesse de rotation sur elle-même. Nous savions que de grands séismes, tsunamis ou comètes, pouvaient avoir une influence sur notre petite planète bleue flottant dans un vide intersidéral, au gré des lois de la physique. En revanche, il semblait encore inconcevable que l'action de l'homme puisse avoir un tel impact.

Pillage des nappes

On avait bien en tête que la fonte massive des pôles contribuait déjà à déstabiliser l'axe terrestre. Mais ce n'était jusque-là qu'un événement indirect lié à nos émissions de gaz à effet de serre et au réchauffement planétaire en cours. Préférant se rejeter mutuellement la faute, et face à la charge titanesque des efforts à mener pour réduire notre triste contribution, tout le monde a fermé les yeux, se contentant de déclarations fracassantes et pleines d'espoir lors de la COP 21. Après trente ans de politique climatique, le climat poursuit son emballement sans affoler les troupes, hormis les sensibles et éco-anxieux. Ce qui est nouveau, c'est qu'il s'agit, pour la première fois, d'une action directe: forage, pompage massif, irrigation des terres ont ainsi contribué à modifier l'axe de la Terre. Une sorte de luxation terrestre dont l'homme est responsable. Nous disposions pourtant d'informations de plus en plus précises et alarmantes, notamment via la NASA qui mesure, depuis le début des années 2000, l'extraction des eaux souterraines effectuée sur tous les continents. Mais cette fois-ci, la révélation du pillage des nappes s'avère d'une ampleur inédite. Ce seraient au total quelque 2150 Gt d'eau, soit un peu plus de 2000 milliards de mètres cubes, qui auraient été pompées sur la période étudiée. Des volumes gigantesques qui n'ont jamais été restitués aux milieux souterrains, mais qui sont restés bloqués dans le cycle superficiel. Cet or bleu, jusque-là protégé dans des réservoirs au gré de la formation de la terre, a jailli de son écrin. Vidés de leur substance vitale, les continents s'assèchent peu à peu en surface.

En mai, on apprenait, dans la prestigieuse revue *Science*[2], qu'un peu plus de la moitié des lacs et réservoirs du monde ont disparu en seulement trois décennies. En cause encore, l'homme et la surexploitation des ressources. Les lacs couvrent seulement 3 % de la surface terrestre et pour autant, ils représentent 87 % de toute l'eau douce liquide sur terre. Des lieux où un quart de l'humanité s'est concentré.

Le temps flirte avec les extrêmes

Mais où part cette eau? Elle fuit l'humanité et se reconstitue très loin, là où on la laisse tranquille, dans le grand rift est-africain, dans les plaines tibétaines où les aquifères se reconstituent. Mais la majeure partie finit par contribuer à la surélévation des océans. Une goutte d'eau dans des océans en surchauffe, qui commence à avoir des conséquences sur la surélévation marine. Le mois de juin est venu nous raconter une nouvelle histoire. Jusque-là malléables à souhait, toujours prêtes à absorber le carbone, voici que nos étendues bleues – qui virent d'ailleurs de plus en plus au vert selon une récente étude[3] – s'essoufflent, surchauffent et embarquent la terre dans l'inconnu. Les graphiques de fonte de l'Arctique et de l'Antarctique entrent dans la catégorie hors norme. Et pour ne rien arranger, nous battons des records de température planétaires depuis le 4 juillet, un record en effaçant un autre: 17,01 °C le 4 juillet, 17,23 °C quatre jours plus tard.

Nous aimons l'inconnu, la fantaisie? Nous allons être servis. Le temps devient lunatique, versatile, et toujours flirte avec les extrêmes. El Niño s'invite dans la danse pour sans doute les deux prochaines années. Ce phénomène, existant depuis cent trente mille ans, contribue normalement au réchauffement planétaire naturel. Mais là, il rencontre celui induit par l'activité humaine.

Les 10 millions d'hectares déjà brûlés cette année, au Canada – un cinquième de l'Hexagone –, ne suffisent pas à nous faire réagir. Même lorsque les cendres nous parviennent par-delà l'Océan comme autant de preuves flagrantes, nous regardons ailleurs. Pourtant, contrairement aux autres espèces, les hommes sont dotés d'un cerveau préfrontal censé les aider à anticiper. C'est même ce qui nous distingue. Peut-être serait-il temps de stimuler cette zone cérébrale, non? De nombreux spécialistes en neurologie travaillent sur la capacité à interférer avec nos propres états mentaux, à accompagner le raisonnement et comprendre différemment la réalité. La recherche avance grâce à l'avancée de la neuro-imagerie. Peut-être la solution réside-t-elle dans nos 8 milliards de cerveaux? ◆

(1) https://agupubs.onlinelibrary.wiley.com/doi/epdf/10.1029/2023GL103509

(2) https://www.science.org/doi/10.1126/science.abo2812

(3) https://www.nature.com/articles/s41586-023-06321-z

LE DERNIER des Limousins

Un temps très en vogue dans le monde artistique parisien, cette chaise des campagnes, surnommée fauteuil « Corbusier », a bien failli disparaître. Histoire d'une résurrection.

Texte Anne Deguy – Photos Julien Daniel/MYOP pour WE DEMAIN

Charlotte Perriand avec le réalisateur Michel Ayats.

La pièce dont raffolent les Scandinaves, dans le showroom des Raffiers.

Bernard Pascucci/INA/AFP

Picasso, Romy Schneider, Coluche, tous y ont posé leur auguste postérieur. Même Le Corbusier. D'ailleurs, ce siège a pris le surnom de fauteuil « Corbusier » en référence à l'architecte de la Cité radieuse [(1)]. *« Du pur marketing »*, balaie Pascal Raffier, 64 ans, dernier fabricant du fauteuil limousin. Une production née au XIXe siècle convoitée aujourd'hui en Scandinavie, prisée des designers comme Philippe Stark, vendue autour de 385 € dans les boutiques de déco, comme La Maison de Commerce à Paris. Il y a encore deux ans, le fauteuil « Corbusier » était proche de l'extinction : Raffier, sans repreneur, allait prendre sa retraite. Jusqu'à sa rencontre avec Alain Dupasquier, un ancien de Canal+ disposé à se former à son savoir-faire.

Pascal Raffier s'attaque à un accoudoir en lui faisant prendre forme grâce à son genou et à la force de ses bras.

Martine épluche une tige de châtaignier, la gaulette, tout juste sortie de l'étuve.

Léger et tout en courbe, ce fauteuil tissé voit le jour en 1850, chez les agriculteurs du sud-ouest de la Haute-Vienne. Ces derniers réalisent aussi des casiers à pêche et des tonneaux en tige de châtaignier, l'arbre local dont les branches, appelées « gaulettes », sont extrêmement malléables. Un siècle plus tard, le siège est vendu à Paris aux Magasins réunis[2]. Charlotte Perriand, l'associée de l'architecte Le Corbusier, en visite dans la région, en aurait remonté plusieurs exemplaires à Paris ou, sans doute plus proche de la réalité, les aurait tout simplement découverts dans un grand magasin parisien, lançant ainsi la mode d'un meuble simple et authentique.

Installé depuis quatre générations à Malary, en Haute-Vienne, Pascal Raffier est le dernier descendant des feuillardiers, du nom de ceux qui travaillent le bois de châtaignier. L'homme est grand et fort. Dans une longue bâtisse située en contrebas d'un terrain, son atelier est resté dans son jus. Sol et murs, tout est brut. À l'entrée crépite un long four à étuve. Ici et là, des ossatures de chaises avec leurs feuillages tressés dépassant des dossiers (avant l'égalisation) qui ont des allures de trônes africains ; des chaises les unes sur les autres ; un gigantesque taille-crayon pour leurs pieds ; des mini-échelles en morceaux de bois courbés unis les uns aux autres pour former leurs barreaux. Et aussi, le long établi qui court sous les fenêtres. En fond sonore, des claquements secs et réguliers : Pascal assemble avec une agrafeuse le dossier, l'assise et les accoudoirs d'un fauteuil. Il l'a structuré à partir d'une tige de châtaignier, cette fameuse gaulette que Martine, sa femme et collaboratrice, a sortie de l'étuve avant de l'éplucher et de la tendre blanchie à son mari. Cette tige assouplie par son bain de vapeur, Pascal lui donne, en l'appuyant à la force du genou et des épaules, sa forme arrondie pour le dossier et les accoudoirs avant de les assembler à l'assise. Cette étape accomplie, Martine se lance dans le tissage des dossiers à partir des lamelles de châtaigner, dites « éclisses ». Celles-ci ont été « planées » à partir du bois de pied de châtaignier, de la même manière que l'on lame un morceau de parmesan afin d'obtenir de fines tranches. Le tissage est un moment de grâce, les doigts de Martine se lancent dans un ballet pour former le dossier entrelacé, signature du fauteuil limousin. *« C'est relaxant »*, nous dit-elle. Et d'ajouter : *« Fabriquer un fauteuil limousin, c'est un travail de couple. »* Et le leur a produit, durant quarante ans, 25 ouvrages par jour. Aujourd'hui, il ne sort de l'atelier que six exemplaires, uniquement destinés

« Fabriquer un fauteuil limousin, c'est un travail de couple. »

aux particuliers. « *Dans les années 1970, il y avait encore une vingtaine de fabricants dans la région, jusqu'à ce qu'il ne reste plus que deux familles, dont la nôtre, il y a encore quelques années. Aujourd'hui, je suis le dernier* », explique le sexagénaire, dont le fils, à son grand regret, ne souhaite pas prendre la relève.

Martine montre une vieille photo sur son portable. On y voit le grand-père de Pascal au début du XXe siècle sur une charrette chargée d'une vingtaine de chaises. « *Elles partaient pour Paris dans les grands magasins. Ces fauteuils étaient si bon marché que les gens pensaient qu'ils étaient fabriqués par des prisonniers,* rappelle-t-il. *À l'origine, c'est un meuble utilitaire fabriqué par les familles du coin avant qu'elles ne les vendent pour se faire de l'argent.* » Quant à son style, il s'inspire des paniers de pêche en châtaignier, spécialité ancestrale. « *Ces fauteuils, c'est de la vannerie à partir d'un bois particulièrement malléable* », précise-t-il, en peaufinant un pied de chaise à l'Opinel. « *Au lendemain de la guerre, des acheteurs des grands magasins faisaient le tour de France à la recherche de produits à remonter sur Paris. C'est ainsi que la chaise est devenue célèbre.* »

Aujourd'hui, on vient de toute l'Europe visiter le showroom figé dans les années 1970. Dans cette salle au vieux parquet qui craque et aux murs recouverts d'un papier peint délavé sont exposés les chaises à double accoudoir, modèle originel, les classiques tables rondes, des tabourets, ou encore des pièces sur mesure comme ce meuble d'appoint façon comptoir.

Pour Martine, l'engouement pour « *cette chaise du pauvre* », comme on la surnomme dans la région, vient du fait qu'elle est dans l'air du temps : une œuvre simple à base d'un produit naturel, réalisé localement et manuellement, sans adjonction chimique et avec zéro rejet, puisque les copeaux finissent dans l'étuve ou sont récupérés pour les toilettes sèches des résidences de la région. Hormis le pistolet à agrafes qui remplace les pointes et le marteau, aucune « *technologie* » n'a été ajoutée dans cette fabrication artisanale. Enfin, on l'apprécie aussi pour son pouvoir répulsif sur les araignées.

L'assise et le dossier sont réalisés avec du bois de châtaignier découpé en fines lamelles qui sont ensuite tressées à la main.

En 2021, Pascal Raffier fait savoir à l'Union professionnelle châtaignier bois qu'il va tirer sa révérence. *« Ma femme et moi avions commencé à ralentir l'activité depuis plusieurs années, en fermant l'atelier l'été : avec la canicule, cela ne devenait plus tenable »*, raconte l'ancien édile. L'annonce abat les professionnels du châtaignier. *« Il n'y a pas d'école pour apprendre à travailler ce matériau. C'est donc une affaire de transmission. »* Alain Dupasquier, ancien de Canal+ reconverti depuis vingt ans en créateur de meubles design, n'imagine pas voir s'éteindre cet exceptionnel savoir-faire, d'autant que cette chaise connaît un renouveau spectaculaire. Diplômé des beaux-arts de Limoges, installé dans une ancienne métairie au pied du château de Losmonerie, à Aixe-sur-Vienne, le menuisier décide de se former auprès de Raffier. Aujourd'hui, il consacre un atelier à cette production (3). S'il ne fabrique que 250 chaises par an pour le moment, Alain Dupasquier entend former une nouvelle génération : *« Cela pourrait faire travailler beaucoup de jeunes ici. »* En plus de cette mission, il imagine à sa manière délicate revisiter le fauteuil. ◆

« Ces fauteuils étaient si bon marché que les gens pensaient qu'ils étaient fabriqués par des prisonniers. »

Lisa, 30 ans, en formation chez Pascal et Martine Raffier, va passer à l'étape de l'égalisation.

(1) La Cité radieuse à Marseille est une résidence édifiée entre 1947 et 1952 par l'architecte Charles-Édouard Jeanneret-Gris, plus connu sous le pseudonyme de Le Corbusier.

(2) Les Magasins réunis sont une ancienne enseigne de grands magasins développée dans l'est de la France avant de s'implanter à Paris, rue des Ternes, en 1912, aujourd'hui occupée par la Fnac.

(3) www.creationchataignier.com

Dans son atelier d'Aixe-sur-Vienne, Alain Dupasquier, ex de Canal+, compte poursuivre la fabrication traditionnelle du fauteuil.

Carl Gustaf Ekeberg

Par Patrick Scheyder

1716-1784

Récits de voyages d'un Suédois en Chine au temps des Lumières

Le XVIIIe siècle associe le goût de la botanique à celui des explorations lointaines. Ainsi Michel Adanson (1727-1806) qui sillonne le Sénégal pendant cinq ans, dès 1749. Il en rapporte une immense diversité de végétaux, ainsi que des connaissances précieuses en géographie, ethnologie, géologie et astronomie. Louis-Antoine de Bougainville (1729-1811) réalise un tour du monde avec le naturaliste Philibert Commerson (1727-1773) qui embarque sa femme Jeanne Barret, déguisée en homme pour l'occasion ! C'est aussi l'Anglais James Cook (1728-1779) qui est le premier Européen à débarquer sur la côte est de l'Australie, et à sa suite La Pérouse (1741-1788) avec ses deux navires *La Boussole* et *L'Astrolabe*. La Pérouse découvre l'île de Pâques, le 10 avril 1786 ; mais pris dans une tempête tropicale, ses deux navires sombrent dans l'archipel des îles Salomon.

Ces découvertes, composées d'une accumulation inédite de données animales, végétales et ethnographiques, il faut les répertorier, les classer, les comprendre. Car ce XVIIIe siècle est aussi celui de la mesure et de la raison. C'est en France que Buffon rédige sa monumentale *Histoire naturelle,* avec l'ambition de répertorier et de classer le monde vivant. Mais en même temps, à quelque 1 900 km de là en Suède, Carl von Linné (1707-1778) révolutionne la botanique. Lors d'une de ses (rares) expéditions, il découvre en Laponie, « sa » fleur, la linnée boréale. Notre botaniste invente une nouvelle nomenclature pour identifier les végétaux, qu'il étend aux animaux. À partir des caractères de la fleur (structure de l'ovaire, nombre d'étamines, etc.), les espèces sont structurées en genres, familles, ordres, classes, embranchements et règnes. Une généalogie végétale qui forme les onze pages de la première édition du *Systema naturae* qu'il publie en 1735. Trente-cinq ans plus tard, le *Systema* comporte plus de 3 000 pages… C'est que Linné envoie partout dans le monde des émissaires qui récoltent, informent et abondent une œuvre colossale de dénomination et de classification. Un nouveau vocabulaire végétal est né.

Dans ces années 1760, Linné est en contact avec un grand explorateur et compatriote, Carl Gustaf Ekeberg (1716-1784). Le Suédois Ekeberg est justement connu pour sa dizaine de voyages en Inde et en Chine. Il y rapporte une nature, un imaginaire et des mœurs extraordinaires aux yeux de ses contemporains. C'est de fait l'homme aux talents multiples, typique du XVIIIe siècle : médecin, pharmacien, navigateur et cartographe, des expertises bien utiles dans de périlleux voyages. Après un passage dans la Marine royale suédoise, il est engagé en 1742, par la Compagnie suédoise des Indes orientales. En tant que capitaine de vaisseau, c'est un homme respectueux de son équipage. Nous voici en 1754 : Ekeberg présente à l'Académie royale des sciences de Suède un mémoire sur l'agriculture en Chine, plus tard traduit en allemand, en anglais et en français.

Une agriculture raisonnée

C'est un témoignage irremplaçable sur l'ingéniosité et le savoir-faire traditionnels au XVIIIe siècle. Ekeberg est d'emblée frappé que les Chinois, si nombreux, soient pourtant autosuffisants sur le plan agricole. Nul besoin d'importations dans un pays immense et *« si heureusement situé, propre à produire toute sorte de plantes »*. Riz, métaux, bois, volailles et poissons en quantité, sel et même *« sable d'or »* font que *« le règne de la nature est dans la plus grande perfection en Chine »*. Pays de cocagne propre à enflammer le goût d'exotisme occidental ; Ekeberg y note que *« l'économie rurale est la possession qu'on y honore, et qu'on y encourage le plus »*. Les paysans développent une *« industrie presque incroyable à cultiver et à tirer parti de tout, à leur parcimonie et extrême sobriété dans la vie ordinaire »*. Décrivant la culture du riz, *« ces champs humides ne reçoivent point d'autre engraissement que le chaume de riz même mis dans la terre, qu'on laisse pourrir : malgré cela, ils rendent une moisson au centuple »*. Les arbres y jouent un rôle éminent : *« En quelques endroits la marée emporte la terre des rivages. Pour éviter cet inconvénient, on y plante des cyprès, dont les racines s'entrelacent, et donnent de la fermeté à la terre. »* Un système ingénieux de canaux vient enfin remédier aux périodes de sécheresse, sous les yeux très analytiques de notre Suédois.

Karl Gustaf Ekeberg, explorateur, médecin, écrivain, cartographe.

EKEBERG
EN 3 DATES

1742
Premier voyage pour le compte de la Compagnie suédoise des Indes orientales.

1754
Rédaction d'un traité sur l'agriculture en Chine, qui sera traduit en allemand, anglais et français.

1778
Quitte Canton pour la dernière fois.

Repiquage du riz en Chine. Illustration anonyme vers 1900, série « Les grandes cultures ».

Table de classification botanique de Carl von Linné, XVIIIe siècle, bibliothèque des Arts décoratifs de Paris.

Cette industrie vient aussi à gagner sur la mer. « *Des Chinois dignes de foi m'ont raconté que dans la province de Yochien, la rivière qui se jette dans la mer formait de grands rivages plats et que les habitants, mécontents de ce qu'un terrain si étendu ne produise rien, faisaient des radeaux, étendaient des nattes dessus, y mettaient de la terre et y plantaient du riz avec beaucoup de profit.* » Des « *champs flottants* » donc « *quelquefois endommagés par les ouragans* »... Mais « *on les regardait comme fort lucratifs, parce que dans le temps sec, aussi bien que dans le temps pluvieux, l'eau de dessous leur conservait toujours une humidité égale et que la pluie ne leur causait point de dommage puisqu'elle s'écoulait bientôt.* » Ekeberg de conclure, admiratif : « *C'est là une preuve de leur industrie digne de considération.* » Inspiré des cultures traditionnelles chinoises, Ekeberg rapporte de Chine en Suède une espèce de « *radis fourrager* » pour produire de l'huile. Il importera aussi, dans les années 1760, un arbre à thé vivant que Linné tente de naturaliser, mais sans succès.

En matière d'engrais, les Chinois sont avisés, usant d'excréments en tout genre, humains et de bétail. « *Ils brûlent aussi les ossements qu'ils trouvent, en jettent la cendre avec celle d'herbe et de bois brûlé sur les champs pour les rendre plus fertiles.* » Les cultures en terrasse passionnent le Suédois. « *Ils ont eu soin de changer les hauteurs en plaine. Ils emploient ces terrasses à différentes plantes, et donnent à chacune la place qui lui convient le mieux. Celles qui supportent le plus la sécheresse ont leur place en haut, et les plants les plus tendres sont placés en bas.* » On engraisse certes les jeunes plants « *mais en cela aussi on observe une grande économie : on trempe le fumier dans des trous ronds murés dans la terre et remplis d'eau, on arrose la semence avec cette sauce* (sic), quelquefois *ils mettent une poignée de cendre sur chaque grain* ». C'est tout, point de gaspillage. Mais dans un peuple si réglé, Ekeberg s'étonne : les champs de riz ne sont point alignés ! On y plante selon la place disponible. Dans son chapitre « Des jardins de plaisance », il flotte même un air de liberté : « *Ils se soucient peu de parterres, de haies et généralement de symétrie : une place nue, ornée de pierres de différentes grandeurs et couleurs qui forment des figures de dragons et de fleurs, leur plaît beaucoup plus qu'un parterre orné de beaux dessins. Les allées sont disposées en courbures, des bocages sont arrangés dans le goût sauvage...* »

Cette échappée vers d'autres cultures et traditions, les nouveaux imaginaires du XVIIIe siècle, inspire le goût très vif des « chinoiseries » dans l'art des jardins, le mobilier et les arts décoratifs. Et en matière d'agriculture, la notion de sobriété si précieuse à notre temps fait écho aux pratiques traditionnelles millénaires. ◆

D

DÉCOUVRIR

74–194

Œil, pierre cérémonielle qui était probablement utilisée pour broyer le maïs par les premières populations présentes sur le territoire de Teotitlán del Valle. Série *Puis nous apprivoisons le feu,* Teotitlán del Valle, Oaxaca, Mexique, 2022. Photo Isadora Romero

Vocations

Salaire brut mensuel : un peu plus de 4 000 euros.
Temps de travail : 12 heures par jour sur une base volontaire et 1 jour de libre par semaine.
Congé : 5 semaines.
Âge de la retraite : j'ai le droit de prendre ma retraite à 57 ans mais aussi la possibilité de continuer à travailler, ce qui me correspond davantage.

d'enfer

Tout l'été, ils ont lutté sans répit contre des feux toujours plus dévastateurs. Sécheresse et températures extrêmes, inondations imprévisibles, des pompiers du monde entier nous font partager leur quotidien, leurs états d'âme et leur passion.

Texte et photos Christoph Otto

Lionel Bourcey

LA CHAPELLE-LA-REINE, FRANCE

« JE N'AI RIEN FAIT D'AUTRE QUE DE SAUVER DES VIES. »

« J'occupe le grade de lieutenant chez les sapeurs-pompiers professionnels de Seine-et-Marne. Notre domaine d'intervention s'étend sur 6 000 km^2. Avec 1,5 million d'habitants, le département est assez peu peuplé. En tant que chef de centre, je gère le centre de secours de La Chapelle-la-Reine avec une force d'intervention de 70 personnes. Je suis le conseiller technique départemental de secours en zone dangereuse et en montagne pour les 62 casernes du département. Je suis en charge de tous les accidents, dans les grottes ou les carrières, sur les éoliennes, les sites industriels difficilement accessibles, en montagne et près de l'eau, mais aussi à Disneyland Paris. Cette fonction couvre la gestion des interventions en hélicoptère. Mes tâches comprennent aussi l'analyse des risques d'accidents complexes ou de grande ampleur, ainsi que la détermination et la coordination du matériel et des services d'urgence nécessaires. J'enseigne aussi à l'École nationale des sapeurs-pompiers (Ensosp).

UN TRAVAIL HERCULÉEN

En 2018-2019, j'ai accompagné, la formation spécialisée de sapeurs-pompiers chinois pour les Jeux olympiques. Je contribue aux interventions à l'étranger, comme à Beyrouth, après l'explosion du port. Deux assistants, 18 chefs d'unité et 16 chefs d'équipe me soutiennent dans mes fonctions. Malgré leur soutien, mon travail est herculéen. Je travaille plus que je ne le devrais. Je ne compte plus mes heures.

Pourquoi est-ce que je consacre ma vie à sauver des vies humaines ? De façon inconsciente, à cause de la perte de mon frère aîné dans un accident. Tout petit, mes premiers mots étaient : hélicoptère et pompier. Ado, je jouais dans un orchestre. Nous devions nous produire dans une salle de fêtes à côté d'une caserne. J'ai voulu l'explorer et j'ai raté mon entrée en scène… À 16 ans, en 1985, je me suis engagé chez les sapeurs-pompiers volontaires. Et depuis, je ne cesse de sauver des vies.

Une des interventions qui m'a beaucoup marqué et que je n'oublierai jamais a eu lieu il y a deux ans, au réveillon de Noël : un enfant est mort et je n'ai rien pu faire. Mort subite du nourrisson. La famille avait déjà installé le sapin de Noël et décoré la pièce. Les cadeaux étaient déposés sous le sapin. Il y a toujours des interventions difficiles à supporter. Retourner ensemble après, en équipe à six, dans le véhicule de pompiers aide à y faire face. Cela me manque aujourd'hui. Le contact direct avec les collègues permet de surmonter la souffrance et la mort auxquelles les sapeurs-pompiers sont confrontés quotidiennement. Plus on grimpe dans la hiérarchie, plus on est isolé. En tant que chef d'intervention, je rentre la plupart du temps seul.

Ce qui nous affecte le plus, ce sont les interventions au cours desquelles nous nous faisons agresser. Et malheureusement, ces événements sont de plus en plus fréquents. Les agressions verbales sont les plus faciles à supporter, bien que je les condamne. Quand on nous jette des pierres ou des boules de pétanque, cela devient vraiment grave. J'ai été agressé par une jeune femme séropositive au cours d'une intervention pour une querelle de voisinage. Elle m'a mordu et je saignais abondamment. Il n'y a pas eu de poursuites. Aujourd'hui, les autorités sont plus sensibles et réagissent immédiatement.

Une de mes interventions particulièrement difficiles a été l'incendie de Notre-Dame. Nous étions sur les lieux avec une unité spécialisée dans le sauvetage en environnement dangereux. J'avais quelques hommes avec des respirateurs dans la tour, ils grimpaient dans la charpente et étaient encordés lorsque la voûte s'est effondrée. Les respirateurs ont des émetteurs d'urgence mais nous ne les avons pas entendus. Alors, j'ai pris ma radio et j'ai été soulagé quand j'ai entendu un bourdonnement : mon unité répondait à l'appel. Tous étaient sains et saufs. Lors d'une telle intervention, il faut continuer à travailler. On la "digère", une fois rentré à la maison. » ◆

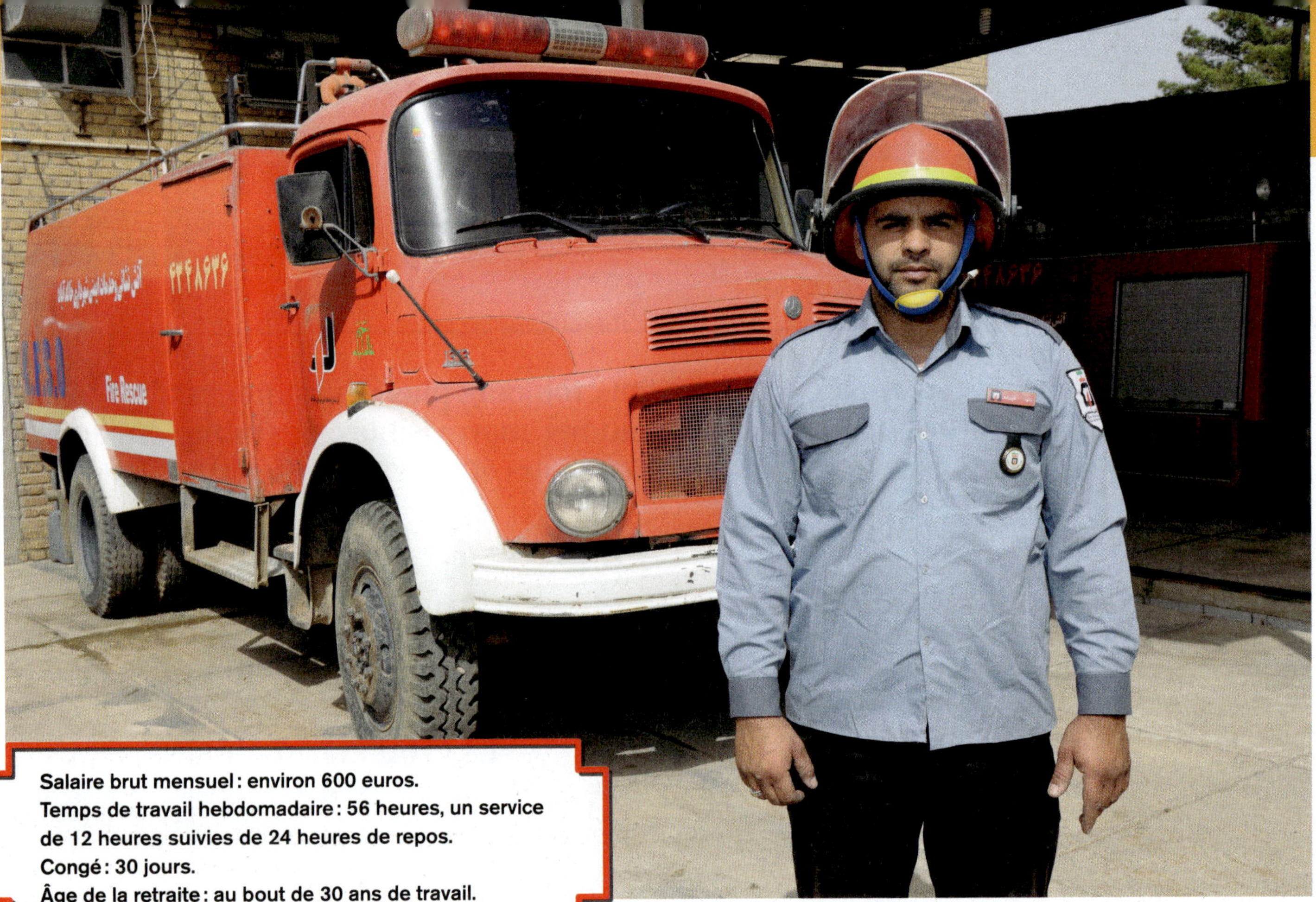

Salaire brut mensuel: environ 600 euros.
Temps de travail hebdomadaire: 56 heures, un service de 12 heures suivies de 24 heures de repos.
Congé: 30 jours.
Âge de la retraite: au bout de 30 ans de travail.

Davoud Shirzadi

KHALEDABAD, IRAN

« PENDANT LONGTEMPS, J'AI ÉTÉ LE SEUL POMPIER DE LA CASERNE. »

« Je suis pompier à Khaledabad, une ville de 4000 habitants, en Iran. Sauver des vies, c'est ma vocation. D'où vient-elle ? J'avais tout juste 20 ans. Un jour que j'étais au volant de mon camion, je suis passé près d'une voiture en feu ; les pompiers n'ont pas tardé à arriver. Leur intervention était très professionnelle : ils ont sauvé les gens avant d'éteindre le feu. J'étais fasciné. Après cet accident, l'idée de devenir pompier a germé en moi. Un heureux concours de circonstances a joué en ma faveur : une nouvelle mairie était inaugurée à Khaledabad, à moins de 10 km de mon domicile. Ce qui était avant un village était devenu une ville et, en Iran, chaque ville a une mairie et une caserne de pompiers qui dépend du maire. J'ai posé ma candidature, j'ai été pris et suivi une formation.

LE SENS DE L'IMPROVISATION

Pendant longtemps, j'ai été le seul pompier de la caserne, avec un auxiliaire. Deux autres pompiers nous ont rejoints, il y a deux ans. Il y en a toujours un de garde pendant que les deux autres sont d'astreinte chez eux. Nous devons beaucoup faire appel à notre sens de l'improvisation. Au moins, l'eau que nous utilisons pour éteindre les feux provient de notre puits, qui est profond. Pour le reste, notre équipement est très rudimentaire et nous devons nous battre pour obtenir du matériel neuf et des uniformes un peu plus modernes. Mais le maire répond toujours de la même manière à nos demandes : *"Les caisses sont vides."* Même si je touche l'équivalent de 600 euros, je ne vais pas loin avec ce salaire. Pendant mon temps libre, j'effectue des services de messager ou je transporte du matériel de construction.

Si un escalier sur le domaine public n'a pas de rampe, nous devons en installer une. Il nous arrive aussi parfois d'aller dans le désert pour dégager des voitures ensablées.

Mon intervention la plus difficile a été un terrible accident. Les cinq membres d'une famille étaient en voiture, avec leur bébé de 6 mois. L'aide est arrivée trop tard. Les occupants de la voiture sont morts brûlés vifs et le bébé s'est brisé la nuque lors de son expulsion après l'explosion de la voiture. Je n'ai pas pu manger pendant trois jours. J'ai fini par raconter à ma femme ce qui s'était passé. C'est en en parlant avec elle que j'ai réussi à surmonter le choc. Mais cela m'a pris beaucoup de temps.

Un jour, un feu s'est déclaré dans un jardin. Des enfants s'étaient amusés à mettre le feu dans un tas de fumier. À notre arrivée, les flammes commençaient tout juste à atteindre une grande maison. Un homme âgé y vivait seul. Je me suis précipité à l'intérieur. Le vieil homme s'était recroquevillé dans un coin. Je l'ai soulevé pour le sortir de là. Il m'a été très reconnaissant de lui avoir sauvé la vie. Finalement, nous sommes aussi venus à bout du feu. » ◆

Andrea Aja Maruri

ÁLAVA, ESPAGNE

« J'AI ÉTÉ LA SEULE FEMME À OBTENIR LA PLACE CONVOITÉE. »

« Je suis éducatrice de formation. Mais les projets n'étaient jamais de longue durée et mal rémunérés. Puis, il y a quatre ans, les sapeurs-pompiers ont cherché à embaucher 94 personnes, ici, dans la province basque d'Álava. Je faisais partie des 1 000 candidats. Pendant un an, je me suis préparée aux examens. D'abord réussir la partie théorique avant de faire la preuve de ma condition physique : pouvoir porter six seaux au 4e étage, escalader un mur, marcher sur une barre d'équilibre, grimper dans un tube et puis traîner un mannequin de 75 kg sur 20 m. Six femmes ont réussi la théorie mais deux seulement ont également réussi le test physique. J'ai été la seule femme à obtenir la place convoitée.

Ici, nous avons la charge des incendies de forêts et de maisons, nous nous occupons des accidents légers et graves, nous menons des interventions de sauvetage sur terre et en mer, nous évacuons l'eau des caves inondées, enlevons les arbres après chaque tempête. Parfois, nous avons plusieurs interventions le même jour, tandis que d'autres fois rien ne se passe. Quand il n'y a pas d'intervention, nous nous entraînons. Vers 14 h 30, on nous sert le déjeuner qui provient d'un restaurant à proximité. Jusqu'à 17 h, nous pouvons nous reposer. Le soir, nous nous entraînons de nouveau pour les interventions et allons ensuite dans notre salle de gym. Etre la seule femme parmi les hommes n'est pas facile. Les collègues ont dû s'habituer à moi, et inversement.

Salaire brut : un peu plus de 3 000 euros par mois.
Temps de travail : deux brigades de 24 heures chacune par semaine.
Congé : 20 jours.
Âge de la retraite : 60 ans.

DES COLLÈGUES PROTECTEURS

Je me surprends à hésiter de parler de ma fatigue après une intervention. Cela ne s'est encore jamais produit, mais je crains que les hommes disent que les femmes ne sont pas aussi résistantes, ce qui est du pipeau bien sûr. Je dois aussi porter le lourd équipement. Parfois, il pèse 25 kg, voire plus. Depuis, mon corps a changé. Il s'est musclé. Je remarque un côté protecteur de la part des collègues. Récemment, je voulais mettre de l'essence dans une tronçonneuse. Je ne savais pas s'il fallait utiliser un entonnoir ou pas. J'ai posé la question à un collègue. Au lieu de me répondre, il m'a pris la tronçonneuse des mains et a versé lui-même de l'essence. Ce n'était pas ce que je voulais !

Jusqu'ici, je n'ai pas fait d'interventions qui poussent au-delà de ce que l'on peut supporter mentalement. Mais voici quelques jours, il y a eu un très grave accident avec deux morts. Je n'étais pas de service. Les collègues m'ont raconté combien il était difficile pour eux de gérer les images gravées dans leur tête. Les pompiers doivent y faire face seuls. J'ai l'impression qu'il devrait y avoir davantage de soutien. Gérer de tels traumatismes en groupe pourrait aider, ou même pouvoir faire appel à quelqu'un qui nous aide à nous calmer après des interventions très difficiles. Faire attention à nous et conserver une bonne santé mentale, c'est l'un de nos plus grands défis. » ◆

Adrienne Walsh

NEW YORK, ÉTATS-UNIS

« C'EST DE PLUS EN PLUS DIFFICILE DE SURMONTER DES TRAGÉDIES. »

« J'étais en voiture sur la voie rapide Brooklyn-Queens. On roulait pare-chocs contre pare-chocs. Je me rendais à des cours de formation continue. Soudain, j'ai entendu une explosion et vu de la fumée et des papiers voler en direction du bas de Manhattan. Je n'arrivais pas à comprendre ce qui se passait. J'ai allumé la radio et appris qu'un avion venait de s'écraser contre la tour nord du World Trade Center. Je me suis dit que ça devait être un petit Cessna. Mais lorsque j'ai vu que trois étages de la tour étaient en flammes, j'ai compris que c'était grave. Je me souviens encore du témoignage d'une femme, à la radio, qui se trouvait dans la tour sud, intacte. Le journaliste lui a demandé si elle pouvait en sortir et elle a répondu : *"Non. On nous demande de rester à l'intérieur."* J'ai alors vu un autre avion se diriger vers la tour sud et j'ai entendu une énorme explosion. Les deux tours étaient la proie des flammes.

J'ai quitté la voie rapide pour aller chez mes parents. Une fois chez eux, j'ai appelé la centrale des pompiers de New York. On m'a dit : *"Ce serait super si tu pouvais te rendre à ta caserne."* J'y suis allée au pas de course. J'ai arrêté une voiture qui passait et lui ai demandé de m'avancer un peu en direction de ma caserne d'alors, la Ladder 20. Dans la voiture, j'ai vu tous les regards des gens rivés sur le ciel. Il y avait un nombre incroyable de personnes qui arrivaient du centre-ville. Un homme qui passait près de moi a dit : *"Oh mon Dieu, elle tombe, elle tombe, elle tombe."* Je me suis retournée. Ce que j'ai vu alors était impressionnant : c'était comme si l'édifice implosait.

J'ai couru à ma caserne et ai enfilé mes vêtements de protection. La caserne était bondée, tout le monde était venu. J'ai sauté dans le véhicule le plus proche. Nous étions cinq pompiers de plus que la normale. Nous étions trois à avoir pris place sur le toit et à nous accrocher comme nous le pouvions. Nous avons emprunté la route de Broadway. Lorsque nous sommes passés devant la mairie, nous avons eu l'impression qu'elle était recouverte d'un rideau de théâtre, un rideau fait de poussière et de cendre. Nous avons garé le véhicule à Wall Street, près d'un petit square. Je n'avais pas de masque de protection sur moi. Or, je savais qu'il m'en faudrait un plus tard, lorsque nous pénétrerions dans les maisons en feu. J'avais déjà des difficultés à respirer. Je suis retournée au véhicule et en ai trouvé un. Lorsque je suis revenue, j'ai levé les yeux et entendu devant moi un homme dire : *"On dirait un train de marchandises."* J'ai passé toute ma vie à Brooklyn et je n'ai jamais vu de tornade. Or, c'était comme une tornade.

Ce qui se trouvait devant nous et avait plus de 100 étages était en train de bouger et de se diriger droit sur nous, à la vitesse de l'éclair. Je savais que c'était la deuxième tour. Je me souviens m'être dit : *"Je n'ai aucun moyen de vaincre ces nuages, mais je vais essayer."* Chacun de nous a pris ses jambes à son cou pour sauver sa peau. Une porte ouverte d'où s'échappait de la lumière était notre seul refuge. Les gars devant moi couraient, le capitaine était à mes côtés. Les gars ne touchaient plus le sol quand ils ont franchi le pas de la porte. La tornade m'a expédiée contre la porte. Nous avons été touchés par des objets, je sentais des débris de verre. Je ne voyais plus rien, pas même mes mains. J'avais reçu des débris de verre dans les yeux. Nous avons dû attendre que la poussière retombe. Tout autour de nous était noir, puis c'est devenu gris foncé, gris clair et, enfin, blanc. Peu à peu, nous avons réussi à reconnaître des formes autour de nous.

Nous nous sommes mis à compter les gens, pour savoir combien nous étions, pour savoir combien de pompiers qui étaient à bord du véhicule avaient survécu. Pour savoir qui était où. Ensuite, nous nous sommes regroupés et avons décidé de sortir pour voir si nous pouvions trouver des personnes enfermées quelque part. Tout était soudain si calme et si paisible. C'était comme si New York City était recouverte de neige, incroyablement calme. Il y avait là une Jeep, les phares allumés et la portière du conducteur ouverte. Il s'était arrêté en plein milieu de la rue. Je savais qu'ils étaient tous morts, ils étaient partis, il n'y avait plus personne.

LA VIE CONTINUE, TU DOIS T'OCCUPER

Nous avons cherché des morts et des survivants durant une semaine, puis on nous a affectés à des équipes de vingt-quatre heures : nous devions travailler une journée et avions ensuite deux jours de récupération. Une semaine plus tard, un pompier de chaque caserne s'est porté volontaire pour enterrer les cadavres. Nous avons fonctionné ainsi pendant quelques semaines. J'ai fait partie du dernier groupe à intervenir au Ground Zero, jusqu'à ce que le site soit fermé, en 2002.

Est-ce que je réussirai un jour à surmonter ce que j'ai vécu ? Non, c'est comme une croûte qui se rouvre et se remet à saigner pendant toute ta vie. La vie continue, tu dois t'occuper, mais pour nous, pompiers, il n'y a pas de fin. Nous avons trouvé un collègue, nous l'avons enterré, puis nous en avons trouvé un autre. C'était sans fin, ça a duré des années. Lorsque les enterrements ont cessé, les noms des personnes décédées ont été donnés à des rues. Cela a continué pendant des années, sans fin. Parfois, on ne trouvait personne et ça non plus, ce n'était pas rien. Car c'était dur pour les familles, qui ne pouvaient pas tourner la page faute d'enterrement. Ensuite, nous avons enterré les pompiers qui avaient succombé aux séquelles de cette intervention.

C'est de plus en plus difficile pour nous, pompiers, de surmonter des tragédies comme celle du 11-Septembre. Les relations humaines sont si fragiles. Je me souviens qu'une fois, nous sommes intervenus pour un ouvrier qui travaillait dans le métro. Il avait été écrasé par une rame durant son service. L'un de ses collègues nous avait dit qu'il était marié. Je me suis dit : *"Oh mon Dieu, sa femme pense qu'il est en vie et moi je sais qu'il est mort. Elle va recevoir un appel et ce qu'elle traversera ensuite sera horrible."* Cela fait partie de mon travail. Tout est en lien et ce que j'en ressors de positif, c'est que je sais maintenant ce qui est vraiment important dans la vie. » ◆

Salaire brut mensuel : environ 8 000 euros.
Temps de travail hebdomadaire : 72 heures.
Congé : 20 jours.
Âge de la retraite : 57 ans.

Jefferson Rocha

GRANADA, NICARAGUA

« UN POMPIER FAIT TOUJOURS PARTIE D'UNE ÉQUIPE. »

« Ce qui me plaît le plus dans mon travail ? Un pompier fait toujours partie d'une équipe. L'un soutient l'autre. Une fois, j'ai été sollicité pour un incendie de forêt ; le feu violent et les énormes panaches de fumée obstruaient la visibilité. Du coin de l'œil, j'ai vu un arbre se lâcher vers le collègue qui me précédait. Il l'aurait presque tué. Je me suis précipité pour l'écarter et le sauver. La vie des autres passe avant la nôtre. C'est mon but : être altruiste et non pas égoïste. C'est pourquoi j'admire tant Barack Obama, qui a beaucoup fait pour les autres.

À Granada, notre brigade de sapeurs-pompiers n'est pas riche. Une grande partie de notre équipement provient de dons d'autres pays, comme deux camions de pompiers et deux ambulances. Les ambulances ne roulent pas, car on manque de pièces de rechange. Nous avons un chariot à échelle et une voiture d'intervention rapide. Il nous faut trouver l'argent nécessaire au fonctionnement de notre brigade. Alors, comme nous avons une grande aire de stationnement sur notre terrain, nous surveillons 24 h/24 les voitures de particuliers. Contre rémunération, nous vérifions des installations électriques. Nous vendons de l'eau en remplissant les réservoirs alentour. Notre gros camion peut contenir 4 800 litres et le petit 2 400. Il n'y a pas de conduites d'eau dans les zones rurales et, ces dernières années, beaucoup de puits se sont asséchés.

Hier, nous avons dû chercher l'origine d'une fuite de gaz à l'hôtel Alhambra et réparer la conduite. Nous participons aux cérémonies religieuses au cloître pour secourir les fidèles en cas de malaises. De 17 h à 6 h du matin, nous marquons une pause. Mais chaque pompier est de garde pendant une heure, la nuit. Pour les pauses, nous avons une salle et un bureau avec téléviseur. Nous sommes tenus au courant de l'actualité.

VIE COMPLIQUÉE

J'habite juste à côté de la caserne, dans une maison avec ma mère, mes deux frères et deux neveux. Je suis le benjamin de six enfants. Mes frères aînés travaillent au Costa Rica, où les conditions de vie sont meilleures. J'aimerais visiter d'autres pays mais je n'en ai pas les moyens. L'intervention la plus éloignée m'a mené à Niquinohomo, à 25 km, pour enlever une ruche d'un pylône. La plus difficile fut un gros incendie dans l'entrepôt d'une menuiserie. Il nous a fallu cinq heures pour l'éteindre et l'entrepôt a été détruit par les flammes. Nous avons pu au moins éviter que le feu ne se propage aux bâtiments voisins.

Notre vie est compliquée et au Nicaragua, beaucoup ne savent pas comment survivre. Je souhaite que les hommes politiques soutiennent davantage les sapeurs-pompiers. À ce jour, nous ne recevons pas de subventions de l'État et ne comptons que sur nous pour assurer notre vie. » ◆

Salaire brut mensuel : 800 euros et 3 repas par jour.
Temps de travail hebdomadaire : en moyenne 24 heures.
Congé : uniquement les jours libres entre les services.
Âge de la retraite : 60 ans.

Salaire brut mensuel : environ 100 euros.
Temps de travail hebdomadaire : deux services de 24 heures.
Congé : uniquement les jours libres, entre les services.
Âge de la retraite : quand je ne pourrai plus le faire.

Roque Pineda Ruiz

POCHUTLA, MEXIQUE

« UN MÉTIER DIGNE, AU SERVICE DES HOMMES. »

« Depuis que je suis petit, j'ai été attiré par le métier de sapeur-pompier. C'est un métier digne, vraiment altruiste, au service des hommes. J'ai fait ma première expérience professionnelle dans la marine, où nous étions préparés aux urgences et aux accidents. Le grand tremblement de terre de 1985, qui a dévasté une grande partie du Mexique, a été un tournant. À cette époque, je voulais sauver des vies humaines et je me suis donc porté volontaire. Il y avait tant à faire : chercher les vivants, récupérer les morts, dégager les ruines. Je me suis rendu compte de l'importance du métier de sapeur-pompier. Grâce à un ami, j'ai trouvé une place à l'aéroport international de Huatulco.

TOUS BÉNÉVOLES

Il y a dix ans, j'ai fondé la brigade de sapeurs-pompiers de Pochutla. Je ne supportais plus la destruction de notre environnement à cause des incendies de forêts. La brigade compte 18 pompiers et je suis leur commandant. Nous sommes au service de la commune et nous ne recevons aucune subvention de l'État. Tous les pompiers sont bénévoles. Pour que je puisse payer mes collègues 100 euros par mois, nous collectons des dons aux carrefours des routes. Parfois, des gens sympas nous apportent du sucre, du café, des produits alimentaires et même même des plats préparés. Notre gouvernement ne nous soutient pas. Nous avons manqué cruellement d'appareils respiratoires et d'un nouvel équipement pour les premiers secours.

Nous avons entre trois et quatre urgences par jour. Nous transportons les blessés à l'hôpital de proximité. De janvier à juillet, il fait très chaud et les feux de forêt sont fréquents. Parfois, nous intervenons deux fois par jour pour éteindre les incendies. Notre véhicule, une vieille Mercedes, peut contenir 10 000 litres d'eau. Et il nous faut payer l'eau. Un plein coûte cinq euros. Notre service commence à 6 h. À 6 h 30, c'est l'entraînement pour rester en forme : jogging, poids, flexions et pompes. Ensuite, nous attendons nos interventions. Nous avons deux téléphones portables et sommes joignables 24 h/24. Quand il n'y a rien à faire, nous entretenons l'équipement. L'an dernier, le ministère de la Santé nous a offert une ambulance. C'est notre plus grande fierté.

Étant de naturel optimiste, j'envisage l'avenir avec sérénité, même si je me soucie du réchauffement climatique que nous percevons depuis longtemps déjà : des périodes de sécheresse plus longues, beaucoup plus de tempêtes et des courants marins dévastateurs. Sans parler des nombreuses problèmes et injustices qui existent ici, comme la pauvreté, la corruption, l'insécurité. Nous avons appris à faire avec. Quand je pense positivement, je vais bien mais quand je fais du bien, je me sens encore mieux. » ◆

Salaire brut mensuel : entre 300 et 700 euros chez les pompiers volontaires.
Temps de travail hebdomadaire : des équipes de 12 heures, le lundi et le mardi et, de temps en temps, une équipe de nuit.
Congé : 5 semaines.
Âge de la retraite : *« Tant que je peux travailler, je continue. »*

Déborah Noens

LA CHAPELLE-LA-REINE, FRANCE

« DIRECTRICE DE RESTAURANT, ÇA NE ME SUFFIT PAS. »

« J'ai 23 ans et j'habite en Seine-et-Marne près de Fontainebleau. Je suis directrice de restaurant. Mais cela ne me suffit pas. Je souhaite aider les gens et me rendre utile. C'est pour cela que je me suis aussi engagée comme sapeur-pompier volontaire. Cela fait déjà dix mois que je suis en fonction et j'éprouve autant de plaisir qu'au premier jour. Je peux très bien imaginer quitter mon travail dans la restauration pour aider les gens, apporter les premiers secours en milieu dangereux, si je réussis mon examen de sapeur-pompier. J'aime ce métier. Quand j'entends l'appel, je sens l'adrénaline monter en moi. Bien sûr, la peur de situations inédites m'accompagne. Mais comme notre intervention sauve des vies humaines et que je vois l'utilité de ce que je fais, j'apprécie cette poussée d'adrénaline.

CONNAÎTRE SES LIMITES

Récemment, nous avons été appelés pour un accident ; un bébé était tombé d'un escalier d'une hauteur de 2 m. Il était inconscient à notre arrivée. Mais nous avons pu le réanimer rapidement. Il a récupéré dans nos bras et tous étaient heureux du résultat de cette intervention. Ce fut ma plus belle journée de travail. Il faut maîtriser les premiers secours bien sûr, mais il faut avant tout connaître ses propres limites. Pendant la formation, une psychologue nous accompagne. J'éprouvais des difficultés lors d'interventions où l'on criait beaucoup. Nous avons procédé à un jeu de rôle, où la psychologue représentait une mère dont l'enfant s'était pendu. Elle criait constamment *"mon fils"*. Cet exercice m'a confrontée à mes limites. À la fin, nous en avons parlé. Cela m'a aidée.

Dès que je porte l'uniforme, je sais que je ne dois pas me montrer plus faible que la victime. Pleurer ne fait pas sens dans ce cas, il faut incarner courage et force. Est-ce plus difficile pour moi en tant que femme ? Oui. il faut faire preuve d'autorité dès le début et imposer les limites aux hommes. Et il y a parfois ce comportement typiquement masculin avec la question : *« Qui se la fera en premier ? »*. J'ai dû faire face aux préjugés tels que *"tu ne réussiras jamais à soulever un brancard"*. À ceux qui me défient ainsi, je réponds : *"Viens au sport, fais les mêmes choses que moi et puis nous verrons."* Comme je suis très sportive, la plupart des hommes s'arrêtent là. Ils manquent d'arguments. Et lors des sessions de sport en commun, je suis souvent celle qui ne manque pas de souffle.

Quand je me suis engagée, ma première pensée n'était pas : *« Je suis une femme, cela me nuira »*. C'était plutôt : je fais ce qui me fait plaisir. Et s'il y a des hommes qui se mettent en travers de mon chemin, je traiterai la question. Jusqu'à présent, j'ai pu résoudre tous les problèmes. Et les collègues me traitent avec respect. » ◆

Cosimo Porcaro

REGGIO DE CALABRE, ITALIE

« UN JOUR SANS RISQUE EST UN JOUR OÙ ON N'A PAS VÉCU. »

« Je suis pompier-plongeur et travaille dans une unité spéciale de la caserne principale des pompiers de Reggio de Calabre. La ville portuaire se trouve en face de la Sicile, à juste 5 km. À 16 ans, j'ai appris la plongée. À 26 ans, je me suis porté pompier volontaire pour réaliser mon rêve d'enfant. À 30 ans, j'ai obtenu mon diplôme du corps de sapeurs-pompiers professionnels. Je faisais partie des 800 candidats admis dans toute l'Italie sur 120 000 au total. À 35 ans, j'ai passé mon diplôme de pompier-plongeur.

Le travail est difficile. Souvent nous ne pouvons que repêcher les noyés. Je suis intervenu lors de l'accident du *Concordia*. Après l'échouage du paquebot de croisière, nous avons dû sortir les morts de l'épave. La tragédie de Crotone, il y a quelques mois, a été éprouvantable. Je ne l'oublierai jamais. Un bateau de pêche avec 180 réfugiés à bord a pris la mer à Izmir, en Turquie. Tout près de la côte italienne, le navire a dû heurter un rocher et a chaviré. Il faisait nuit, la mer était houleuse. La plupart des réfugiés n'avaient aucune chance de survivre dans une mer aussi agitée. La plage était couverte de cadavres. Nous avons repêché beaucoup de corps, parmi lesquels des enfants. Le plus jeune n'avait que quelques mois. La mort d'enfants est le pire que nous ayons à affronter. Nous avons pu sauver quelques naufragés. Mais pour 80 personnes, les secours sont arrivés trop tard, et d'autres réfugiés manquent toujours à l'appel.

Salaire brut mensuel : un peu plus de 3 000 euros.
Temps de travail hebdomadaire : deux brigades de 24 heures.
Congé : 20 jours.
Âge de la retraite : 60 ans.

AU MEILLEUR DE NOTRE FORME

De telles images restent gravées dans nos mémoires. Je n'y pense pas trop, sinon je ne pourrais pas exercer mon métier. À la maison, je ne parle jamais de mon travail. Mais dans mes rêves, ces morts resurgissent. Pourtant, pour rien au monde je n'échangerais mon métier contre un autre. Sauver des vies est l'une des plus belles tâches.

Nous devons être au meilleur de notre forme. Souvent nous allons dans la salle de sport, quand nous ne sommes pas en intervention. La nuit, nous avons le droit de dormir pendant le service. Quand sonne l'alarme, nous devons être prêts en deux minutes : être habillés, descendre en glissant la barre de 10 m et courir jusqu'à la voiture de l'équipe. Nous pouvons plonger jusqu'à 50 m de profondeur et, passé cette profondeur, nous activons le robot de plongée. Pour compenser la tension, je fais de la boxe thaïlandaise et d'autres sports de combat, comme le krav-maga. C'est une forme d'autodéfense qui privilégie les techniques de frappe et de coup de pied.

J'envisage l'avenir sereinement. Je me contente de ce que j'ai. Je n'ai pas d'autre exigence que de sauver autant de vies que possible. Il ne se passe pas un jour sans risque. Les Italiens disent qu'un jour sans risque est un jour où on n'a pas vécu. » ◆

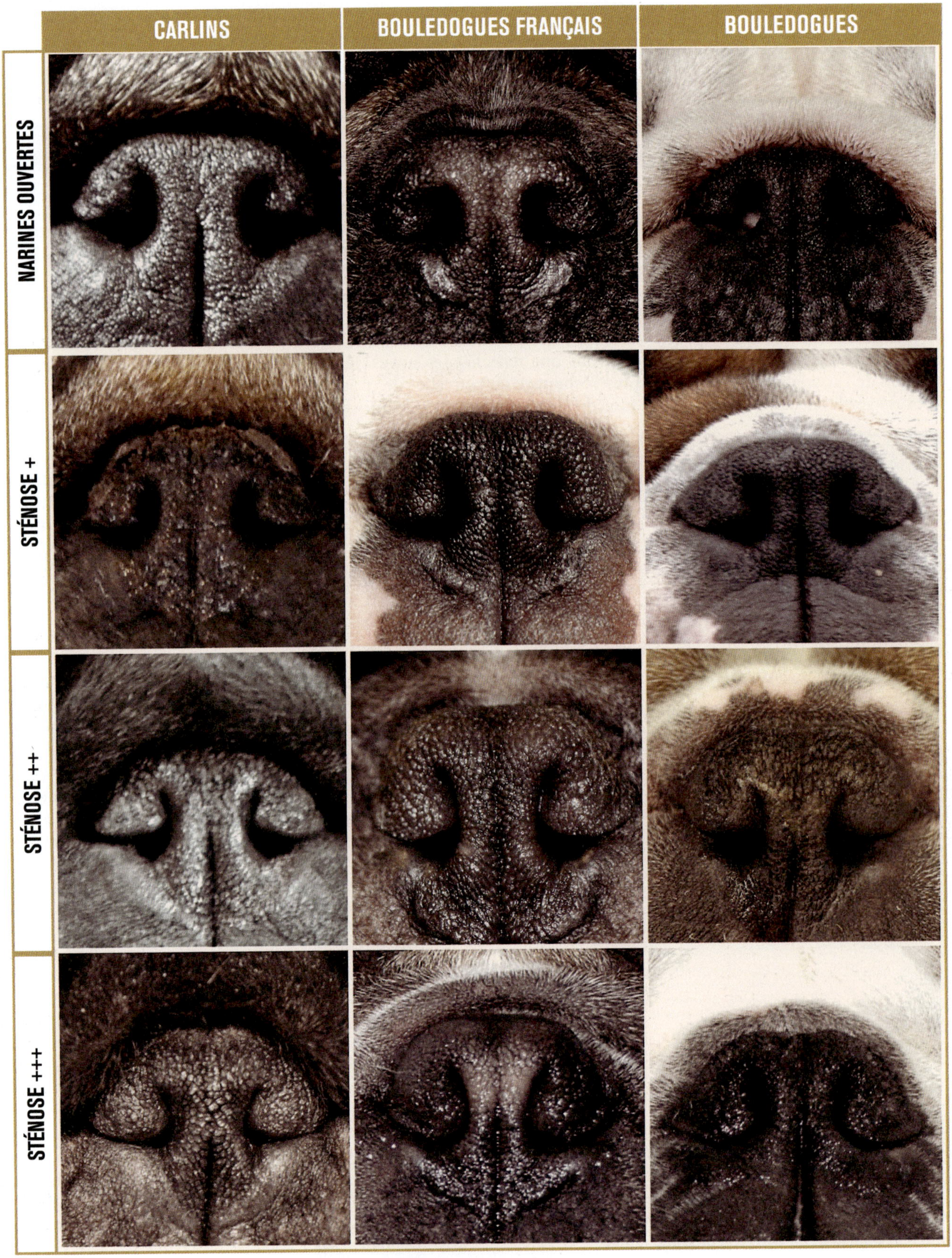

Différents degrés de rétrécissement (sténose) des narines chez le carlin, le bouledogue français et le bouledogue.

Source : Liu N-C, Troconis EL, Kalmar L, Price DJ, Wright HE, Adams VJ, et al. (2017) « Facteurs de risque conformationnels du syndrome obstructif des voies respiratoires brachycéphaliques (BOAS) chez les carlins, les bouledogues français et les bouledogues ». *PLoS ONE 12(8) : e0181928. https://doi.org/10.1371/journal.pone.0181928*

MODE CANINE
LA FOLIE DES HYPERTYPES

L'accentuation à l'extrême des caractères physiques de certaines races à la mode – ou l'hypertype – a engendré des spécimens atteints de diverses pathologies et dégénérescence. Un scandale dont les carlins, bouledogues et bergers allemands sont les victimes. Négligence, ignorance ou appât du gain, le monde cynophile a tardé à réagir.

Texte Frédéric Brillet

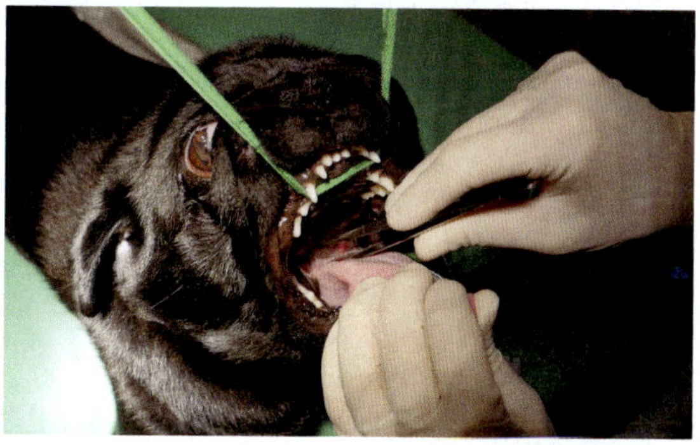

Roméo, carlin de trois ans, subit une ablation du voile du palais.

Frédéric Brillet

Sur les genoux de sa maîtresse qui le cajole dans la salle d'attente, Roméo, un carlin de 3 ans, contemple son entourage d'un air souffreteux. Ses yeux larmoyants et globuleux qui plongent dans les vôtres, sa face aplatie si humaine et son corps menu, au regard de sa tête, lui donnent une fragilité qui contribue à l'engouement pour cette race. Une fragilité qui ne relève pas que de l'apparence : en ce début mai, dans la clinique vétérinaire du Pont de Neuilly, dans l'Ouest parisien, Roméo s'apprête à subir une double intervention : une ablation du voile du palais et un élargissement de ses narines, trop étroites, pour faciliter sa respiration. *« C'éta,it le plus urgent. On a dû reporter l'opération qu'il doit, par ailleurs subir aux yeux. Pourtant Roméo est un chien LOF* [Livre des origines français[1]] *pure race acquis chez un éleveur »*, se désole Morgane, qui dépense sans compter pour son carlin. Après avoir déboursé 1 500 euros pour le chiot, elle et sa mère ont enchaîné les visites chez le vétérinaire et les traitements pour ses soucis oculaires. Roméo aurait coûté en frais médicaux *« entre 5 000 et 6 000 euros »* selon ses propriétaires. *« Heureusement, nous avons pris une assurance santé tous risques qui nous revient à 40 euros par mois »*, détaillent les deux femmes. Quand bien même s'occuper d'un animal à la santé fragile coûte cher et cause du souci, elles ne regrettent rien. *« On n'a pas eu de chance mais Roméo nous apporte tellement de bonheur »*, assure Morgane.

La faute à pas de chance ? Plutôt à la mode, qui favorise les hypertypes. Notion qui découle de la notion de type. Le chien typé ou bien typé est un animal représentatif de la race, qui possède toutes les caractères distinctifs de celle-ci. L'hypertype désigne les individus chez lesquels la sélection génétique a accentué les caractéristiques décrites par les clubs de race, arbitres des élégances canines. Mais à l'ère du chien d'agrément, l'esthétique l'emporte sur les considérations liées à la santé. *« Les hypertypes sont des Frankenstein canins façonnés par l'homme »*, résume Loïc Dombreval, vétérinaire et ex-député, auteur, en 2019, d'un rapport parlementaire sur le bien-être des animaux de compagnie puis de la loi de 2021 sur le sujet.

Cette tendance vaut surtout pour les brachycéphales (bulldog anglais, bouledogue français, carlin, pékinois et terrier de Boston), dont les canons penchent vers « la beauté cachée des laids » Leurs disproportions donnent à ces chiens une allure amusante, émouvante, qui s'agrémente d'un visage de bébé avec des yeux très expressifs et un museau qui tend à disparaître. Dans un mouvement de mode circulaire, les clubs de race définissent des standards parfois interprétés de manière extrême par les juges de concours de beauté canine.

Ces derniers étant souvent eux-mêmes éleveurs, ils tiennent compte des préférences de leurs clients et tendent à privilégier des reproducteurs présentant les caractéristiques esthétiques demandées, quitte à en négliger d'autres, comme l'espérance de vie et la robustesse. Résultat ? Jamais les brachycéphales n'ont été aussi prisés. Et jamais ils n'ont été aussi fragiles. *« Ils requièrent, bien plus que d'autres races, des interventions chirurgicales, des traitements et soins spéciaux »*, constate le vétérinaire David Benaim. Du fait de leur morphologie faciale ramassée, ils peinent souvent à respirer, à réguler leur température, et souffrent d'otites à répétition.

Leurs problèmes s'étendent à la santé reproductive, ce qu'ignorent souvent les adoptants. Ainsi, la morphologie des bouledogues français oblige souvent à recourir à l'insémination artificielle, les mâles s'épuisant à monter les femelles. Pour les mêmes raisons, ces dernières peinent à mettre bas : les chiots ont un crâne trop volumineux pour passer le bassin de la mère et leur prix justifie d'y mettre les moyens quand on en fait commerce. Le risque d'accoucher de morts-nés ou de mourir lors de la mise-bas est si

Le bouledogue français, une race déjà à la mode en 1936. Ci-contre, l'écrivaine Colette et son chien Souci. Ci-dessous, en 2015, Lady Gaga et Asia, à New York.

élevé que les éleveurs sollicitent quasi systématiquement des vétérinaires pour des césariennes.

CHASSEURS **DE RATS**

Il n'en a pas toujours été ainsi. Toute sa vie, Colette se fait photographier sous tous les angles avec ses bouledogues français, dont elle loue dans *Dialogue de bêtes* la *« gueule en tirelire d'un crapaud, le front bossu de dauphin au-dessus de deux trous d'évent pour chasser l'eau, et les yeux de cochon, futés, bridés »*. Sur les clichés pris dans la première moitié du XXe siècle, les bouledogues français semblent mieux proportionnés que leurs homologues contemporains. Le rapport entre la taille de la tête et le corps demeurent raisonnable et les spécimens arborent encore un vrai museau.

Il est vrai qu'à cette époque, le bouledogue français ne se limite pas à sa fonction d'agrément, c'est encore un chien de travail apparu dans les quartiers populaires de Paris, dans les années 1880. Les forts des Halles, les commerçants et les cochers l'apprécient, car il chasse rats et souris sur les marchés, les arrière-boutiques ou dans les écuries. Progressivement, il séduit la haute société et le monde des artistes, traverse les frontières, et sa fonction devient purement décorative. Dans la décennie 1980, le « Toy Bulldog » (le bouledogue-jouet), comme l'appellent les Anglais, redevient le petit chien favori des stars et donc la star dans sa catégorie des deux côtés de l'Atlantique. Yves Saint-Laurent emmène partout ses Moujik (I, II, III, IV), dont l'un a même été portraituré par Andy Warhol. Les *people* l'adoptent en masse : Leonardo DiCaprio, Lady Gaga, Alice Belaïdi, Vincent Niclo, les Beckham…

Le grand public suit, mais le chien préféré de Colette se transforme. Les normes du Club du bouledogue français (CBF) précisent ainsi que la tête de l'animal doit *« être forte, large et carrée »*, le dessus du crâne *« presque plat entre les deux oreilles »*. Et jusqu'à récemment, le chanfrein (la distance entre la pointe du museau et sa base) se devait d'être *« très court »*, ce qui poussait à sélectionner des spécimens à la face plate, source de bien des maux mais qui répondaient à la demande. Après moult tergiversations, le club a récemment consenti un changement : la taille du chanfrein n'est plus précisément quantifiée, il peut désormais être court et non pas *« très court »*, ce qui laisse espérer à l'espèce de regagner un semblant de museau…

L'ANIMAL **MIGNON**

Cette avancée modeste constitue déjà une concession de taille pour les amoureux de la race. *« Une face plate n'est pas synonyme de mauvaise santé »*, balaie la présidente du Club du bouledogue français, Elyse Waget. Du reste, les problèmes pointés par les vétérinaires n'empêchent pas ces adorables monstres de trouver preneur. Le goût pour les hypertypes correspond finalement aux modes de vie sédentaires contemporains qui cantonnent les chiens à être de bons compagnons. Il atteste aussi d'un consumérisme débridé s'étendant au vivant : dans cette double perspective, un animal mignon, un peu faiblard, qui se contente de peu d'exercice devient un atout en milieu urbain.

Leur cote atteint d'ailleurs des sommets : comptez jusqu'à 1 500 euros pour un bébé bouledogue de haute lignée inscrit au LOF – lequel garantit sa valeur et son authenticité après examen par un juge. Des prix qui poussent des éleveurs peu scrupuleux à intensifier le cycle des reproductions. En négligeant les risques de consanguinité, de maladies génétiques portées par des reproducteurs primés, ils contribuent à fragiliser la race. Nombre de bouledogues français non inscrits au LOF viennent, en outre, d'éleveurs amateurs ignorants ou peu scrupuleux, d'« usines à chiens » clandestines en France, mais légales en Europe centrale.

Pour couvrir les frais de santé, leurs propriétaires ont tout intérêt à les assurer. Ils découvrent alors que les primes leur sont facturées : *« 20 à 30 % plus cher que la moyenne »*, reconnaît le dirigeant d'une compagnie spécialisée sur les animaux. Pour ne rien arranger, leur espérance de vie est médiocre, à en croire une étude britannique du Royal

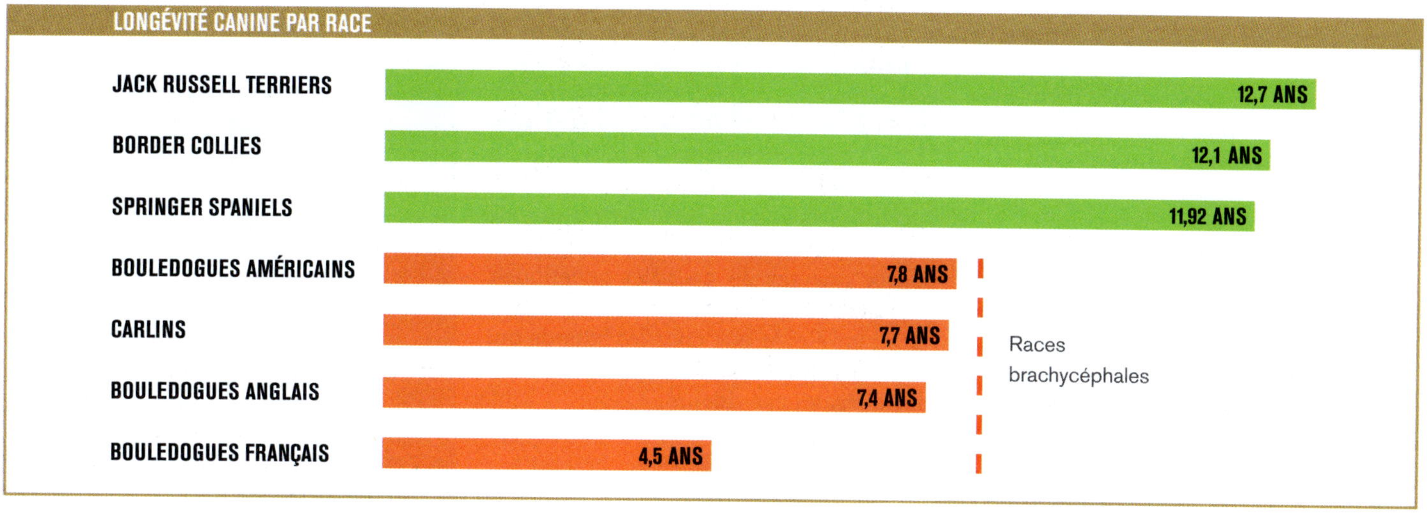

Source : étude du Royal Veterinary College (avril 2022).

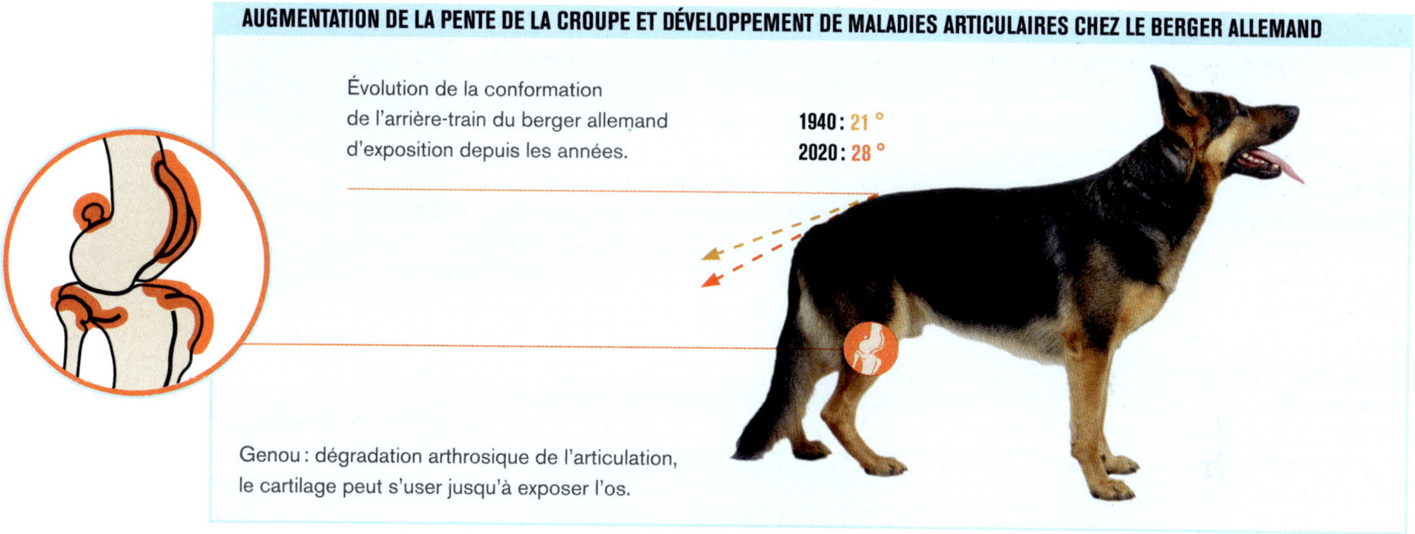

Veterinary College, qui a dressé un palmarès de la longévité canine par race : le bouledogue français y émarge en fin de classement avec quatre à cinq ans en moyenne, une donnée proche des autres brachycéphales comme le bulldog anglais, le cavalier-king-charles ou le carlin.

NORVÈGE ET PAYS-BAS **EN CROISADE**

Au nom du bien-être animal, des associations animalistes font donc pression pour revoir les normes. *« Si on les suit, le bouledogue français tel que nous le connaissons va disparaître »*, s'indigne Elyse Waget. C'est ce qui risque d'arriver à cette race et à d'autres chez nos voisins européens : la Norvège et les Pays-Bas viennent de lancer une croisade contre les espèces gangrenées par les hypertypes. Le gouvernement néerlandais a indiqué, en janvier, vouloir interdire la possession d'animaux de compagnie qui souffrent *« à cause de leur apparence mignonne »*, comme le déclarait le ministre de la Santé. Les brachycéphales, dont le bouledogue français, sont dans le collimateur du gouvernement batave. La justice norvégienne a, quant à elle, prohibé l'élevage du bouledogue anglais et du cavalier-king-charles, affectés eux aussi de nombreuses maladies héréditaires. Elyse Waget dénonce une croisade infondée. *« On s'acharne sur les brachycéphales mais les autres races ont aussi leurs problèmes. »* Effectivement, le goût pour les hypertypes affecte un nombre croissant d'espèces.

Des chiens autrefois sélectionnés sur leurs aptitudes physiques à chasser, à garder un troupeau ou une maison, à suivre une piste à l'odeur, le sont désormais eux aussi sur des critères esthétiques. Ainsi, le berger allemand a-t-il été victime d'un engouement pour la silhouette en triangle. Au fil des ans, les concours de beauté ont récompensé des spécimens à l'arrière-train de plus en plus incliné parce que cela leur donnait fière allure. *« Cela en fait aussi un meilleur trotteur dans les expositions canines »*, affirme Jean-Michel Loïs, secrétaire général du Club du berger allemand.

Mais en privilégiant ce critère, les éleveurs ont favorisé le développement de maladies articulaires comme l'ostéoarthrite, cinq fois supérieure chez le berger allemand que chez d'autres races de taille similaire, selon une étude des chercheurs de l'université de Pennsylvanie. Autre exemple plus récent, nombre de lévriers whippet sont désormais porteurs d'une mutation géné-

tique (de la myostatine, *ndlr*) accroissant leur risque d'engendrer des *whippet bullies*, des chiens atteints d'hypertrophie musculaire et de problèmes cardiaques.

Malheureusement, les spécimens porteurs de cette mutation génétique étant plus musclés que les whippets sains, *« ils gagnent plus en course et même dans les concours de beauté, car ils sont impressionnants »*, explique Élodie Raux, vétérinaire qui gère un élevage de cette race dans la région lyonnaise. Conséquence, les lauréats se reproduisent davantage, propageant la maladie de génération en génération.

Pour rompre ce cercle vicieux, le Club français du whippet (CFW) recommande un test pour détecter cette mutation. *« Il ne coûte que 50 € et, en tant que vétérinaire, je trouve normal d'y recourir pour mes chiens. Mais il n'est pas obligatoire. Les éleveurs qui s'y refusent s'épargnent les mauvaises surprises : écarter de la reproduction un chien qui gagne des compétitions constitue une perte économique et un tel renoncement est difficile quand on est attaché à son champion »*, analyse la praticienne. Résultat ? Jamais les maladies héréditaires des chiens de race n'ont été aussi nombreuses. Les manuels vétérinaires américains en recensent presque 700, contre moins de 100 dans les années 1980. Une étude de 2013 de l'université Davis, en Californie, affirme que sur 24 maladies génétiques, leur incidence sur les pures races était 42 % plus élevée que chez les bâtards qui vivent en outre plus longtemps, toutes choses égales par ailleurs.

BÊTES À CONCOURS

Les chiens fragiles sont parfois ceux qui remportent des concours et rapportent le plus d'argent en tant que reproducteurs… Et les parties prenantes ont tardé à réagir. Il a fallu attendre 2016 pour que la Société centrale canine (SCC), à laquelle adhèrent les clubs de race, publie un livret mettant en garde contre les hypertypes ; 2017 pour que ce même organisme interdise aux clubs de race les accouplements consan-

Le type canin : notion de variabilité intrapopulation d'après le schéma article de Guintard et Class.

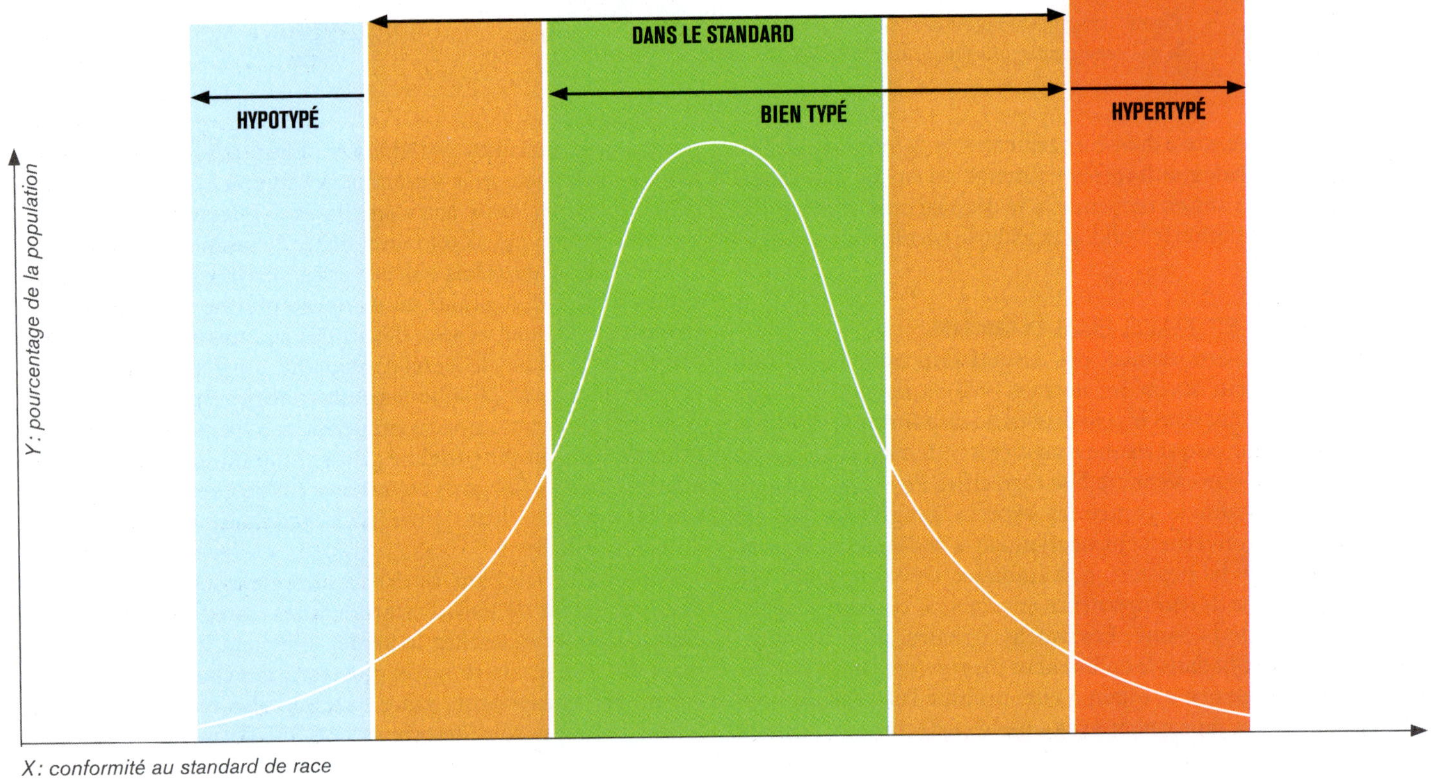

À gauche : un lévrier tout en muscles lors d'une course dans un cynodrome.

Concours canin à Amiens (Somme).

guins (père et fille, mère et fils, frère et sœur) qui permettent de fabriquer rapidement des hypertypes mais accroissent le risque de dégénérescence. Et 2023, pour que la SCC se donne les moyens de lutter contre les fraudes. Ainsi, à partir de septembre, les ADN de tous les chiens de race reproducteurs doivent être inscrits dans une base de données, ce qui permet aux éleveurs et aux propriétaires de vérifier l'ascendance des parents déclarés. On peut aussi s'étonner que l'Association française des vétérinaires pour animaux de compagnie (Afvac) ait attendu 2022 pour lancer une campagne grand public dénonçant les hypertypes, via le slogan *« Souffrir pour plaire, non merci »*, et critique *« l'interprétation extrémiste »* des standards de race dans les concours. Et d'expliquer en langage scientifique que *« la promotion et la récompense de toujours plus de types induisent la surutilisation de champions anormalement valorisés et créent, notamment lors d'augmentation rapide d'un effectif, les conditions d'emballement vers l'hypertype dans un contexte réducteur de la variabilité génétique. »*

Les examens médicaux et les tests génétiques pour participer aux concours sont souvent facultatifs.

DÉRIVES DES IMPORTATIONS

Inquiets d'être pointés du doigt, les éleveurs, juges et clubs de race français allument toute sorte de contre-feux. *« En France, les dérives sont limitées et proviennent surtout des importations. Les vétérinaires en ont une perception exagérée car ils voient davantage les hypertypés, moins les chiens de race en bonne santé »*, pointe le juge canin Jean-Jacques Dupas. Et de s'inquiéter que l'imposition de tests de santé n'écarte de la *« reproduction des chiens parfaitement typés »* ou ne bride la *« créativité des éleveurs qui prennent des risques »*.

Les épreuves physiques attestant de la bonne santé des chiens présentés à des concours de beauté, les tests et examens médicaux pour l'inscription au LOF ou la présentation à des compétitions se multiplient… Ainsi, pour les bergers allemands, les juges éliminent les chiens « surangulés » et exigent une radio des hanches attestant de l'absence d'anomalies avant de les laisser concourir.

Mais ces mesures vont prendre du temps. Amplifié par les films et la publicité, le goût pour les hypertypes s'est ancré dans le grand public qui considère normal qu'un berger allemand a la croupe très abaissée. En outre, les chiens LOF ne pèsent en moyenne que 30 % des effectifs des races considérées. Les barrières à l'entrée, dans le métier d'éleveur, demeurent faibles. Les examens médicaux et les tests génétiques pour participer aux concours sont souvent facultatifs… Excessifs ou non, les standards, décidés hors de nos frontières quand il s'agit de races d'origine étrangère, doivent par ailleurs être respectés pour inscrire les chiots au registre LOF qui garantit leur conformité et un bon prix de vente. Enfin, la PMA (procréation médicalement assistée), le génie génétique et une médecine vétérinaire toujours plus performante laissent augurer de nouvelles dérives sur les races canines, si l'on n'y prend garde. Preuve en est, des scientifiques chinois ont réussi, en 2015, à faire naître un beagle doté d'une masse musculaire deux fois supérieure à ses congénères normaux. ◆

(1) Créé en 1885, le LOF, ou Livre des origines français, est le seul livre généalogique officiellement reconnu dans notre pays. Tous les chiens possédant un pedigree doivent y être inscrits.

Thierry Ozil/Naturimages, Frédéric Brillet

Au bon temps retrouvé de la marine à voile

Ce navire tout en aluminium pour être léger, solide et recyclable possède jusqu'à 520 m² de surface de voile au portant.

Grain de Sail

Le HMS (His Majesty's Ship) *Iris*, lancé en 1877, était un navire anglais de transition à voile et à vapeur.

Évincés il y a plus d'un siècle par les énergies fossiles, les navires de charge à voile sont de retour. Formation, réglementation, technologie, c'est toute une filière à réinventer, pour décarboner un secteur qui assure 90 % des échanges mondiaux de marchandises.

Texte Fabien Passard

« Les enfants qui regarderont les images de nos bateaux actuels dans trente ou quarante ans, s'étonneront qu'il n'y ait pas de voile dessus. » Prospectif et pensif, Olivier Barreau, le cofondateur de la société Grain de sail, lors d'une conférence organisée à Saint-Nazaire (Loire-Atlantique) en juin, pour le salon Wind for Goods, consacré au transport maritime à la voile. Si le dirigeant de cette entreprise bretonne atypique, cumulant les activités de chocolatier, torréfacteur et surtout de transport maritime, est à ce point optimiste, c'est que, dix ans après le retour d'un vocabulaire longtemps relégué aux poussiéreux livres d'histoire, la marine marchande à voile est de retour. Dans l'optique de décarboner un secteur à la fois très efficace et très polluant.

Au niveau mondial, le transport maritime assure 90 % du transit de marchandises, représente 3 % des émissions de gaz à effet de serre et met en danger, par son gigantisme, ses nuisances sonores, ses marées noires et son rejet de particules de soufre, la santé humaine et animale. Face à ce constat implacable, il convient de rendre l'atypique classique. De démoder la propulsion thermique au profit de la propulsion vélique, bien plus efficace énergétiquement que les carburants de synthèse. Et surtout, faire vite. Chaque nouvelle tonne de CO_2 envoyée dans l'atmosphère alourdissant le fardeau légué à ces enfants.

L'aventure Grain de sail est née en 2010, les pieds dans l'eau à Morlaix (Finistère), avec l'idée d'aller chercher du café et du chocolat à l'autre bout du monde, en limitant au minimum l'émission de CO_2, grâce à un voilier-cargo.

Coll. Christophe L, Grain de Sail

LES NOUVELLES SOLUTIONS

« Le transport maritime, c'est le reflet de notre société, de notre manière de consommer. C'est à nous tous de changer. » Président cofondateur de la compagnie Zéphyr & Borée, choisie par ArianeGroup pour le transport des éléments de sa fusée, Nils Joyeux ne botte pas en touche lorsqu'il est questionné sur l'apparente antinomie de décarboner avec Ariane. *« Notre mission, c'est de décarboner le trafic maritime. On aura un impact écologique énorme en s'attaquant au marché* mainstream. *Mais le prix du transport traditionnel est encore tellement bas qu'il faut des chargeurs militants pour s'engager. »* S'engager dans les nouvelles

Mise à l'eau du *Canopée* le 28 juin 2022, aux chantiers Partners en Pologne, sur l'Oder. Le navire roulier de 121 m transporte le lanceur Ariane 6 depuis l'Europe continentale vers la Guyane française où se trouve le Centre spatial.

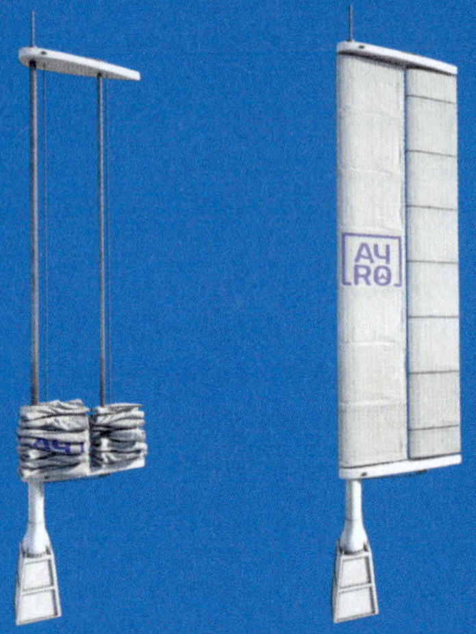

Le *Canopée* est équipé de quatre Oceanwings, des ailes à double volet articulé. Elles agissent en complément de la propulsion principale (deux moteurs Diesel de 3840 kW) et, avec une surface de 363 m² chacune, permettent de réduire la consommation globale en carburant de 30 %.

Alizés, Ayro, Zéphyr & Borée

« Si on vend du rêve, on n'arrivera pas à lutter contre le réchauffement climatique. »

La construction du *Canopée* a démarré en 2020, dans le port de Szczecin, en Pologne.

Ci-dessous : le voilier *Towt* pourra transporter 1 000 t à 10 nœuds, avec 3 000 m² de toile.

Piriou, Towt

solutions de propulsion, au coût à la tonne de marchandise transportée bien plus élevé. Les économies d'échelle sont la clé de ce secteur, poussant les armateurs à charger au maximum les géants des mers, quitte à perdre quelques conteneurs en mer (1 500 par an en moyenne depuis 2008 selon le World Shipping Council). Pour Ariane 6, transportée sur le *Canopée*, navire roulier à propulsion vélique, exploité par la joint-venture formée par l'entreprise nantaise Zéphyr & Borée et le propriétaire français Jifmar, la donne est exceptionnellement différente. Compensée par une économie de carburant d'un tiers, réalisée grâce à l'ajout de quatre ailes verticales en août, l'utilisation de ce navire en propulsion hybride reviendra, pour la firme française, *« in fine, au même prix, c'est un exemple trop cool ! »*. La filière de la propulsion vélique semble, sur le papier, viser un même objectif : se poser en lobbyistes du vent pour décarboner le transport maritime. Dans les faits, des divergences composent le tableau.

CHANGER D'ÉCHELLE

Au rendez-vous bisannuel Wind for Goods, *« tout le monde n'était pas sur la photo de famille »*, déplore Guillaume Le Grand, truculent fondateur et PDG de TransOceanic Wind Transport (TOWT), *« têtes de lard de Bretons qui transportent à la voile depuis 2011 »*. N'ayant pas la langue dans sa cale, le Finistérien, dont la société est désormais basée au Havre, a développé et mis en place le label Anemos, *« certifiant un transport à la voile transparent et décarboné… Un sac de café transporté à la voile, avec 40 % d'aide du moteur, ça ne promeut pas la cause selon nous, ça détruit un marché naturel. On a cumulé 70 000 milles, plus de 70 expéditions maritimes, fumé des centaines de clopes et bu des litres de café en faisant nos quarts avant que d'autres ne se lancent. Tout en éteignant le moteur 98 à 99 % du temps. Sinon, c'est du marketing. Si on vend du rêve, on n'arrivera pas à lutter contre le réchauffement climatique. »* Une vision radicale partagée par d'autres acteurs, plus modestes, transportant à la voile quelques dizaines de tonnes de marchandise chaque année.

Ce qui distingue TOWT, c'est sa volonté *« de changer d'échelle pour emmener le transport maritime dans une transition énergétique profonde »*. Avec deux *« voiliers avant d'être des cargos »*, qui commenceront à travailler dès février prochain, et dont le financement participatif a rapporté 4,5 millions d'euros, l'entreprise à mission, jusqu'ici dans l'affrètement, se dote de ses premiers navires. Ils effectueront des transatlantiques avec des cargaisons de vin, spiritueux et café. Des marchandises à forte valeur ajoutée, que Guillaume Le Grand espère compléter à l'avenir par *« des marques alimentaires et cosmétiques, pas du luxe »*. Chacun de ces voiliers pourra *« transporter 1 000 t à 10 nœuds, avec 3 000 m² de toile. L'industrie maritime fait tout pour ne pas décarboner, avec une approche messianique, technophile ; un écran de fumée verte »*, fustige le quadragénaire. *« Mais voir de nouveaux armateurs véliques se lancer, comme François Gabart ou Michelin, c'est très motivant, ça fait bouger les choses. »*

Symbole du pont entre radicaux et pragmatiques, les dirigeants de Zéphyr & Borée ont fondé, à l'initiative de Julien Noé, président fondateur de la compagnie d'énergie Enercoop, l'autoproclamée compagnie maritime militante Windcoop en parallèle. *« Avec Windcoop, on va plus loin. Que ce soit sur les sujets financiers, de gouvernance, car notre but est d'attirer le plus de sociétaires possibles, ou encore sur l'éthique et l'écologie. Nous n'avons pas cette radicalité-là avec Zéphyr & Borée, mais nous décarbonons plus massivement. On estime que les deux modèles sont nécessaires, il n'y a pas à les opposer »*, appuie Nils Joyeux.

RALENTIR OU PÉRIR

Avec une hausse annuelle attendue des échanges maritimes mondiaux de 2,1 % dans les cinq prochaines années, selon le rapport 2022 de la conférence des Nations unies sur le commerce et le développement (Cnuced), nous sommes encore loin du trop-plein de navires. Les éophiles convaincus ont pu être rassurés de l'étude complète sur le sujet datant de juin 2023. Réalisée par CE Delft, think-tank néerlandais consacré aux questions environnementales, elle fait état de deux aspects fondamentaux dans l'optique de réduire drastiquement les émissions du transport maritime : la réduction de la vitesse des navires et leur équipement en propulsion vélique. L'effort sur les carburants « propres », tout comme celui sur l'aérodynamisme et l'hydrodynamisme des navires sont utiles, mais dans une moindre mesure. Les auteurs résument leurs travaux ainsi : il est *« techniquement réalisable »* de réduire les émissions de 28 à 47 % en 2030 par rapport aux chiffres de 2008, mais *« exécuter ces mesures augmenterait le coût du fret maritime de 6 à 14 % »*. Effet rebond potentiel toutefois, le ralentissement des quelque 100 000 navires peut provoquer une augmentation de leur nombre, afin de compenser la baisse de rendement que cela induit. Lise Detrimont, déléguée générale de l'association Wind Ship, fédérant les acteurs de la filière vélique, concède que *« le modèle idéal est à 100 % voile, car nous avons besoin de toutes les autres productions énergétiques pour décarboner l'industrie à terre. Malheureusement, ce n'est pas réaliste au vu de la consommation existante. Il faudrait activer le levier de la sobriété, relocaliser des productions, ne consommer que ce qui est essentiel, mais c'est un sujet qui dépasse notre filière »*.

Justement, l'État français s'est saisi du sujet, s'engageant, dans sa feuille de route de décarbonation de la filière maritime publiée en janvier, à apporter un soutien financier à l'industrie maritime française, pour l'aider à respecter les engagements de l'Organisation maritime internationale (OMI). Pas suffisant pour Lise Detrimont, qui intime à l'État *« un soutien plus fort »*, afin que la France contribue à atteindre la fourchette de 3 700 à 10 000 navires équipés dans le monde en 2030. *« Il faut un effet d'accélération sur les prises de commande, car ça ne va pas assez vite au regard des enjeux. On ne s'en sortira pas sans une volonté politique forte. Même si ces chiffres paraissent très ambitieux aujourd'hui, alors qu'il n'y a que 25 bateaux équipés sur l'eau »*, concède la déléguée générale du vent. De nombreux indicateurs vont néanmoins rééquilibrer la balance économique en faveur du vélique, ces prochaines années – de la réduction de la vitesse de 1 à 3 nœuds, favorisant ainsi la compétitivité de la voile, aux discussions autour de la taxe carbone maritime mondiale, en passant par la mise en place de quotas d'émission. L'objectif affiché, évident, est que le gain écologique devienne aussi un gain économique, seule manière de faire basculer le paradigme des grands armateurs.

Le navigateur solitaire François Gabart se consacre désormais au transport maritime.

En 2020, Michelin se lance dans les navires à voiles avec le projet Wisamo. Et acquiert le brevet d'une aile gonflable et rétractable.

Abaca, Néoline, Maxime Horlaville / Airseas, Denis Meyer / Hans Lucas

En haut : le prototype de voile Solid Sail hissé sur le site des Chantiers de l'Atlantique, en juin, à Saint-Nazaire. Ci-dessous : le *Neoliner* en perspective avec le gréement Solid Sail abaissé dans le port de Baltimore.

Seulement, pour manœuvrer ces cargos nouvelle génération, la formation des marins est cruciale. Même si la volonté des nouveaux dompteurs du vent est de perturber le moins possible les habitudes de travail de la marine marchande, avec des systèmes automatisés et pilotables aisément. Plusieurs lycées maritimes français, suivant l'exemple de La Rochelle, ouvrent une option voile en cette rentrée 2023, pour les élèves en bac professionnel spécialisé commerce maritime. C'est notamment le cas de celui du Guilvinec, en Bretagne. Une région en pointe sur le sujet, avec une volonté politique affichée de structuration du transport maritime à propulsion par le vent. Le directeur de l'établissement Hervé Mamino et ses équipes ont constaté que « *les projets de transport maritime décarboné émergent de partout, et la voile est une partie de la réponse* ». Pour « *s'inscrire dans l'air du temps* » et répondre aux attentes des élèves, une dizaine d'entre eux auront donc une heure de théorie de propulsion vélique par semaine (stabilité, chargement, routage météo…), ainsi que quatorze demi-journées de pratique dans l'année. Le directeur, en connaisseur, assurant avec le sourire qu'« *il n'y a que derrière une barre qu'on comprend comment ça marche* ». Le récent dauphin de la Route du rhum François Gabart, cofondateur de la start-up Vela, qui prévoit de réaliser du transport transatlantique de marchandises dès 2025, sera le parrain de cette promotion historique. Au-delà de ces formations lycéennes, la filière vélique a conçu un module de formation continue pour les professionnels.

SE RÉINDUSTRIALISER À L'ÉCHELLE EUROPÉENNE

Une filière de réindustrialisation française est en développement, avec des usines maillant peu à peu le territoire : les kites Airseas fabriqués dans les Pyrénées, les ailes d'Ayro à Caen ou encore les mâts géants de Solid Sail à Lorient. Cependant, les voiliers-cargo du XXIe siècle sont pour beaucoup construits hors de l'Union européenne, à l'instar de *Neoliner* en Turquie, ou *Grain de sail 2* au Vietnam. Au grand dam de la députée européenne Catherine Chabaud, très engagée sur les questions maritimes, présente à Saint-Nazaire début juin : « *On arrive à un momentum. Il faut une volonté de réindustrialiser, je suis persuadée que l'Union européenne doit investir dans le maritime en général. J'en pleure, car nous sommes en train de rater quelque chose ! On peut faire de l'Union européenne la championne des navires verts, construire d'autres* Canopée, *cet exemple de coopération européenne.* » Windship, dans son livre blanc étayé, déplore que « *banques, investisseurs et fonds verts soient encore très en retrait lorsqu'il s'agit de passer au financement de l'équipement des navires* ».

En attendant, l'association ne chôme pas et planche, avec différents acteurs, de l'Ademe à l'Institut de recherche technologique nantais Jules-Verne, sur l'harmonisation des mesures de gain d'énergie que chaque entreprise réalise de son côté actuellement. Un gage de « *crédibilité de la filière car la grande question est : ce qu'on simule numériquement va-t-il être la réalité de demain ?* » précise Lise Detrimont. Si c'est le cas, entre 2,7 et 4,8 millions de tonnes de CO_2 pourraient être économisées d'ici à 2030 grâce à l'appui de la propulsion vélique dans le transport maritime. Et ça, ce n'est pas du vent. ◆

CHRONIQUE
À VOTRE SANTÉ !

Jean-Paul
Curtay

médecin nutritionniste

Protéines vitales

Si les lipides et les glucides forment une population essentielle dans la multitude des molécules qui nous composent, celle des protides sont encore plus fondamentales. Car soit ils constituent nos tissus et organes comme les muscles ou le cœur, soit ils forment à partir des informations codées dans la double hélice de l'ADN tous les outils qui nous sont vitaux. En effet, chacun de nos 23 000 gènes contient le plan nécessaire pour fabriquer toute la machinerie indispensable à l'absorption, la digestion et au transport des nutriments, à la production d'énergie pour que les cellules puissent élaborer les molécules complexes nécessaires à leurs fonctions. Ces outils protéiques sont mobiles et se déplacent là où ils sont utilisés.

La fabrique des protéines

D'autres protéines sont fixées dans la membrane, principalement lipidique, de nos cellules. Ce sont des protéines chargées de communication, qui permettent de faire entrer à l'intérieur des cellules les matières premières indispensables et de recevoir des messages de tous ordres. L'exemple le plus frappant est celui du cerveau, où chacun de nos 90 milliards de neurones peut recevoir jusqu'à 10 000 connexions avec d'autres neurones (ce qui donne le chiffre vertigineux de 10 000 milliards de synapses par cm^3) et synthétiser son message en émettant un neurotransmetteur qui va se loger sur un récepteur, une protéine, logée dans le neurone d'en face – c'est ce dernier qui transmettra le message dans une autre région du cerveau.

Les anticorps qui nous défendent contre les attaques microbiennes sont aussi des protéines. Au total, il nous est impossible de vivre, bouger, penser sans elles.

Mais d'où viennent-elles ? D'aliments contenant d'autres protéines, différentes des nôtres. Comment transformons-nous ces protéines alien des aliments en nos propres protéines ? Tout simplement en les digérant. C'est-à-dire : nous les découpons dans l'estomac et l'intestin en briquettes… Une fois digérées, décomposées, les protéines d'œufs ou de céréales fournissent les acides aminés, ces briquettes qui passent du tube digestif dans le sang et sont distribuées dans chaque cellule pour servir de composants aux nouvelles protéines, les nôtres, fabriquées à partir du plan détenu par chaque gène. À noter que nos organismes sont des exemples éclatants d'économie circulaire, car ils digèrent aussi, chaque jour, des quantités phénoménales de leurs propres protéines – celles en fin de vie ou endommagées – et libèrent des acides aminés, ce qui nous épargne de consommer des quantités plus importantes d'aliments.

Des acides aminés essentiels

Notre machinerie sait aussi produire elle-même plusieurs types d'acides aminés, mais pas tous. Neuf d'entre eux doivent être impérativement apportés par l'alimentation chaque jour pour ne pas créer de crise d'approvisionnement. Car, comme les vitamines et les minéraux, nous ne savons pas les fabriquer. C'est de cette réalité que provient la notion de « protéines complètes ». Sont complètes les viandes, poissons, produits laitiers et œufs qui les contiennent tous. Un argument des politiques agricoles pour leur donner une place énorme. Résultat : 67 % des protéines que nous consommons sont animales. Beaucoup trop, selon les experts du monde entier. Car, hormis les œufs, les viandes, poissons et produits laitiers sont des aliments très inflammatoires par plusieurs mécanismes : richesse en fer, en leucine, en microbes (viandes), en micro-plastiques, en arsenic et en mercure (poissons), en hormones et facteurs de croissance pour les produits laitiers. À l'inverse, les protéines végétales, beaucoup plus riches en fibres, en vitamines et en molécules protectrices comme les polyphénols, ont des effets anti-inflammatoires. Mais elles sont réputées « pauvres » car non complètes. Or, l'association céréales-légumineuses (lentilles, haricots, pois, fèves, lupin…) – les civilisations plurimillénaires ont vécu sur ces bases – est aussi complète que les protéines animales. En outre, certains végétaux – soja, quinoa, petit et grand épeautre, graines de chia – sont complets tout seuls.

Vers une assiette plus colorée

L'excès de protéines animales est irrationnel, surtout au regard des impacts négatifs sur notre santé démontrés par des milliers d'études : surpoids, diabète, maladies cardiovasculaires et même maladies d'Alzheimer et de Parkinson. La fréquence de ces maladies est proportionnelle à la quantité de protéines animales consommées. Pour satisfaire notre appétit carnivore, 80 % des cultures végétales mondiales servent à nourrir les volailles, porcs et bœufs. Avec les impacts climatiques et environnementaux désastreux ! En France plus de 17 % des gaz à effets de serre sont émis par l'agriculture. Dans le monde, la forêt amazonienne est méthodiquement rasée pour la culture du soja destiné à nourrir les élevages industriels. Remettre du végétal vert, rouge, orange ou violet dans notre assiette, c'est remettre des couleurs dans notre corps et aussi dans notre environnement. ◆

Slava mesure le niveau de l'eau.
Une fine couche de glace recouvre la mer, créant de légères rides à la surface.

Weather Man

En 2013, Evgenia Arbugaeva rencontre le météorologue russe Slava Korotkiy, unique résident de la station Hodovarikha, située sur la péninsule Russkiy Zavorot. Elle en a fait le principal personnage de son projet photographique.

Texte et photos Evgenia Arbugaeva

«...Vent nord-nord-ouest, 15 m par seconde... s'intensifie... La pression baisse, la tempête arrive...», murmure Slava Korotkiy, le chef de la station météorologique d'Hodovarikha, en notant ses observations dans un journal jauni par le temps.

Slava vit seul depuis treize ans sur la minuscule péninsule de Russkiy Zavorot. *«Elle est si étroite que lorsque l'on se tient à son extrémité, on a l'impression d'être sur un navire entouré par les mers de Petchora et de Barents»*, explique Slava. Qui s'y est tout de suite senti chez lui. Ses parents étaient des marins, lui-même est né sur un navire et a passé la majeure partie de sa vie en mer et dans les postes côtiers de l'Arctique.

Ici, le temps est lent et élastique. Tout coule au rythme de la météo. La seule mesure de son passage, ce sont les pas de Slava et le grincement de la porte toutes les trois heures, lorsqu'il sort collecter les données sur le terrain. Il observe le ciel, note les formes des nuages, mesure la température et les précipitations, puis les transmet, via la vieille radio qui crépite, au bureau météorologique d'Arkhangelsk, la ville la plus proche... à 800 km de là, à une personne qu'il n'a jamais vue.

Slava est calme, comme dans un état constant de méditation. Ses yeux bleus sont vifs et bienveillants. Je lui dis ma mélancolie face à la monotonie de la nuit polaire. *«La mélancolie vient du fait que tu as trop d'attentes*, me répond-il. *Elles te dérangent. Tu sais, quand on n'attend rien, c'est bien mieux. En réalité, c'est plutôt agréable.»* Je me demande quelles attentes et quels rêves il a abandonnés mais n'ose lui poser la question, de peur de déranger les souvenirs accumulés sous la neige de ses nombreux hivers solitaires.

Il me parle des formations de glace inhabituelles qu'il a observées pendant la journée, puis il s'éloigne dans la toundra, dans la tempête. Il semble n'avoir pas le même sens de soi que la plupart des gens. Comme s'il était le vent, ou le temps lui-même.

Le vieux phare a cessé de briller il y a une dizaine d'années. Maintenant, c'est une source de bois de chauffage lorsque Slava est à court de provision.

Le sablier de la station de Khodovarikha.

Le sable s'est infiltré par les fissures des fenêtres et accumulé au fil des ans.

La routine du jour : toutes les trois heures, Slava sort pour collecter les données météorologiques et consigne ensuite ses observations.

L'antique radio que Slava utilise pour transmettre en morse les données météorologiques collectées toutes les trois heures, nuit et jour.

Sur son bureau, une photographie du cosmonaute Youri Gagarine, *l'Atlas des nuages,* des ouvrages sur le vent, un journal avec les observations de Slava, des croquis de bateaux et ses biscuits préférés.

Le *Mikhaïl Somov,* navire renforcé pour la glace, livre des fournitures aux stations météorologiques difficiles d'accès, dispersées sur les îles et les côtes de l'océan Arctique.

Slava observe la neige tombée depuis la fenêtre de la station.

À lire

HYPERBOREA : Stories from the Arctic,
par Evgenia Arbugaeva,
éd. The Thames & Hudson,
112 pages. Parution le 28 septembre,
45 euros.

La nuit polaire **et ses douces teintes de décembre.**

Riazan, Russie, octobre 2020 : une enfant tient des poupées équipées de masques à gaz en papier lors d'une manifestation de militants écologistes pour sensibiliser à la pollution de l'air.

RUSSIE

LA GRANDE PERDANTE DU CHANGEMENT CLIMATIQUE

Quatrième pollueur de la planète, la Russie est l'un des principaux pays responsables du dérèglement climatique. Avec le temps, elle en subira les conséquences les plus dramatiques. C'est ce que soutient et démontre le politologue américain Thane Gustafson dans son livre *Klimat*, sorti juste avant l'intervention en Ukraine.

Texte Jean-Louis Marzorati

Parmi les scientifiques qui, au tout début des années 1960, commencèrent à s'inquiéter de l'accroissement des concentrations de CO_2 dans l'atmosphère, les Russes n'étaient pas les derniers. Certains étaient même à l'avant-garde de cette prise de conscience. Tel Mikhail Budyko, le premier à développer un modèle climatique numérisé établissant le lien entre cette accumulation de CO_2 et la combustion par l'homme des énergies fossiles. Et en 1961 eut lieu, à Leningrad (redevenue aujourd'hui Saint-Pétersbourg), la première conférence sur le changement climatique et ses possibles origines humaines. À l'issue de la décennie suivante, les géographes nationaux observèrent que le réchauffement était – particulièrement dans la partie nord du pays – deux fois supérieur à la moyenne mondiale. Phénomène qui s'est accru de nos jours. Détente aidant, les climatologues soviétiques allaient ainsi apporter, jusqu'à la fin des années 1980, une précieuse contribution aux recherches de la communauté climatique internationale.

« MOINS DE MANTEAUX DE FOURRURE »

Survient l'année 1991. Si pour Poutine, *« la disparition de l'URSS est la plus grande catastrophe géopolitique du XXe siècle »*, catastrophique, elle l'est en tout cas pour le climat en Russie. Dans l'immédiat, parce que tous les financements d'État se volatilisent, stoppant tout progrès dans les recherches climatologiques. Sur la durée, parce que le climat ne sera pas la priorité (euphémisme) des dirigeants qui vont se succéder au Kremlin, au premier chef d'entre eux, Vladimir Poutine.

Tout au long de ses deux premiers mandats présidentiels (2000 et 2008), le réchauffement climatique ne figure que rarement au vocabulaire du Kremlin. Sinon pour n'y voir que des effets « positifs ». *« Ça permettra aux Russes de dépenser moins en manteaux de fourrure »*, lâche Poutine. Et il laisse à son conseiller économique le soin de qualifier de *« global Auschwitz »* le protocole de Kyoto (1997), marqueur de l'avènement du climat au rang de problème politique planétaire.

« Premier ministre » sous la présidence de Dmitri Medvedev (2008-2012), Vladimir Poutine laisse cependant son successeur prendre un certain nombre d'initiatives, comme cette *« doctrine climatique »*, première reconnaissance officielle de la responsabilité humaine dans le réchauffement et de ses éventuelles conséquences pour la Russie.

DEUX POUTINE

C'est pour ne plus la quitter (à la date d'impression de ces lignes) que, le 4 mars 2012, Poutine reprend la tête de la Fédération de Russie. Depuis, son discours « climatique » a tout de même évolué, mais il continue de sous-estimer les conséquences négatives sur la Russie, en convenant toutefois que *« la température y grimpe deux fois et demie plus vite que sur l'ensemble de la planète »*. Et s'il a, en 2019, admis pour la première fois que le règne du pétrole commençait à décliner au profit du gaz et des renouvelables, l'échéance lui paraît lointaine. Il y a de fait sur la question climatique deux Poutine. Le premier, lorsqu'il parle climat, c'est celui qui s'adresse à la communauté internationale, à ses représentants. Le second, en revanche, ne s'exprime que rarement sur le sujet devant des audiences nationales. Se contentant de dire que *« la production russe devrait être écologiquement pure »* (discours annuel devant l'Assemblée fédérale) ou d'évoquer longuement *« le problème des ordures »* (émission *Ligne directe*). Concède-t-il que le *« wind power est une bonne chose »*, c'est pour ajouter: *« Avez-vous pensé aux oiseaux? Combien d'oiseaux meurent à cause des éoliennes? Elles vibrent si fort que les vers de terre jaillissent du sol. Comme nous serons bien lorsque la Terre entière sera couverte d'éoliennes et de panneaux solaires ! »*

LA TAXE CARBONE EST LE DIABLE

On a pu mesurer le niveau de conscience environnementale du pays à l'occasion de la COP 21, qui s'était tenue à Paris en 2015. Poutine s'était engagé à ratifier l'accord mais s'était heurté à la véhémente résistance de la puissante Union des industriels et entrepreneurs, à celle de la Douma (le parlement) et de plusieurs ministres. L'accord de Paris fut finalement ratifié, non pas par les parlementaires mais par un simple décret. Quant aux mesures… Si la guerre en Ukraine en a *de facto* éloigné la perspective pour la Russie, la taxe carbone aux frontières instaurée par l'Union européenne est, pour elle, le diable. Car le tsar est nu, de l'aveu même de Ruslnan Edelgeriev, conseiller de Poutine pour le climat (sic), qui écrivait-il y a deux ans: *« La Russie n'a aucun mécanisme en place pour calculer les émissions carbone des exportateurs privés, aucune stratégie d'entreprise bas-carbone et aucun outil pour la mise en place d'objectifs de réduction. »* Réveil brutal pour Poutine qui, dans une envolée volontariste à la soviétique, proclame alors: *« Nous devons faire face au défi du réchauffement climatique… Dans les trente prochaines années, le volume net cumulé des gaz à effet de serre en Russie sera le plus bas d'Europe. »*

Tout laisse prévoir que cet objectif n'est qu'illusion. Vers 2050, le changement climatique sera devenu le problème dominant des affaires du monde, il affectera tous les pays, leur population, leur économie, jusqu'à leur système politique. Des pays industrialisés, c'est sur la Russie,

La ville sibérienne de Krasnoïarsk.

Alexander Ryumin/SIPA, Abaca

que ses effets devraient être les plus douloureux. En premier lieu, sur ses revenus liés à l'exportation et sur son économie en général, qui repose à plus de 50 % sur le pétrole et le gaz. Au moins trois raisons à cela. Primo, la transition énergétique mondiale en cours est directement proportionnelle au déclin du pétrole dont le « pic » de consommation est annoncé à partir des années 2030. Secundo, la Russie, pour « faire de l'argent », n'a guère de substitut aux énergies fossiles. Son ambition de devenir exportatrice de haute technologie est chimérique à cause d'une faiblesse chronique en innovation technologique et en réalisation commerciale. La seule exception étant le domaine nucléaire (le géant Rosatom est le premier exportateur mondial de centrales civiles). Tertio, l'affaissement (–45 % en 2050) des revenus « fossiles » va entraîner une diminution rapide des ressources de l'État avec toutes les conséquences afférentes. Les implications d'un tel scénario sont dramatiques. Pour la première fois depuis les années 1960, quand l'Union soviétique commença à exporter gaz et pétrole à grande échelle, la Russie se trouverait dans l'incapacité de « nourrir » sa croissance en exportant de l'énergie.

LA « BOMBE » MÉTHANE

Vladimir Poutine a, depuis ses débuts, beaucoup misé sur le développement de la zone arctique et de ses 5 500 km de côtes. Le réchauffement, accélérant la fonte des glaces, permet d'envisager l'ouverture constante d'une grande route maritime septentrionale. Elle devrait faciliter l'expansion des exportations de gaz liquéfié vers le marché asiatique. Enfin un effet positif du *global warming* ! Pas si simple, car cette ambition a pour cadre un environnement très menacé, déjà fragilisé. Le 29 mai 2020, à Norilsk, ville industrielle réputée *« la plus polluée du monde »*, un réservoir géant de carburant s'effondre brusquement, se disloque et les flots de fioul se déversent dans une rivière avant d'atteindre l'océan Arctique et provoquer une marée noire comparable à celle de 1989, en Alaska. Les fondations en béton du réservoir reposaient sur le permafrost, ce sol gelé en permanence avant qu'ait commencé le travail de sape du réchauffement climatique particulièrement agressif dans la zone du cercle polaire. Plus de 60 % des immeubles de villes côtières, comme Igarka ou Dikson, sont fissurés et déformés. Toutes les infrastructures, des ports aux usines en passant par les routes (70 % du territoire russe est constitué de permafrost), sont menacées. Et ce n'est pas tout. Selon Poutine lui-même : *« La fonte du permafrost ne met pas seulement en péril les buildings et les pipelines, elle provoque le rejet de quantités massives de méthane dont la spirale risque de devenir hors de contrôle. »* Si le méthane a vingt fois l'impact du CO_2, il ne reste « qu'une » dizaine d'années dans l'atmosphère. Il n'y a, en revanche, aucun moyen d'en éliminer les effets car le méthane est généré en permanence par les matières organiques en décomposition dans les sols. Comparées aux autres sources, ses émissions sont de l'ordre de 4 %, mais leur intensification est considérable. Une bombe à retardement.

LA FIN DES REVENUS ABONDANTS

Parallèlement au réchauffement de l'Arctique, la mutiplication des sécheresses dans les régions sud va réduire le rendement des récoltes de céréales, donc des exportations qui ont jusqu'à présent fait la fierté du pays. On voit que le changement climatique

Cette photo, prise en 2018, montre des ours polaires dans une décharge au nord de la Russie. Une scène appelée à se reproduire en raison de la fonte des glaces arctiques et de l'augmentation de la présence humaine dans la région.

Alexander Grir/AFP

et la transition énergétique induite vont mettre fin à l'ère des revenus abondants tirés des ressources naturelles, ère qui a défini le règne de Poutine. Associés à une politique monétaire et des réformes budgétaires avisées, ces énormes revenus lui avaient effectivement permis de redresser la Russie postsoviétique entre 2000 et 2015. Mais dans le même temps, il a accru la dépendance du pays aux exportations de ces ressources. Et plus cette dépendance se prolonge, plus la Russie sera vulnérable. Certains, à Moscou, commencent à reconnaître la gravité du problème, à l'instar de l'économiste de renom Iakov Mirkin, qui appelle à une *« agressive politique industrielle de diversification »*. Dans les prochaines années, le conflit s'annonce vif entre les intérêts agrippés au modèle dominant et ceux plaidant pour la diversification et l'investissement.

LE PRIX DU PASSÉ SOVIÉTIQUE

Trente ans après la fin de l'URSS, la Fédération de Russie continue de payer un lourd prix des dommages provoqués par le modèle soviétique d'industrialisation. Le gros de l'industrie est encore constitué de géants inefficaces, produisant des biens obsolètes non compétitifs sur les marchés mondiaux et gros consommateurs d'énergie et de matières premières. Ce système économique a également laissé ses stigmates sur la disposition et la conception des villes. La Russie a trop de grandes cités localisées dans des lieux reculés, principalement dans le Nord et l'Est, où tout est plus onéreux et va le devenir de plus en plus avec les chantiers imposés par la fonte du permafrost. En outre, trop de villes (près de 300) sont des « monocités » développées autour d'une seule activité, comme Norilsk pour le nickel ou Vorkuta pour le charbon. À l'exception d'une minorité rentable, la plupart survivent au ralenti. Tirer un trait sur cet héritage exigera des investissements colossaux dans la modernisation industrielle, la reconstruction urbaine, alors même qu'auront baissé les revenus « fossiles ». Équation à soumettre au(x) successeur(s) de Vladimir Poutine.

MANQUE DE FOI DANS L'AVENIR

Le changement climatique, combiné à la réduction de ces rentrées financières, aura d'immenses conséquences sur la place de la Russie dans l'économie mondiale. Les perspectives sont au déclin, pas à la croissance, à l'isolation, pas à l'ouverture. La comparaison entre les évolutions de la Chine et de la Russie au cours de ces trente dernières années est, à cet égard, accablante pour cette dernière. Le géant asiatique s'est métamorphosé en puissance économique et technologique rivalisant avec les États-Unis. L'ex-Union soviétique, dans la même période, est restée suspicieuse à l'intégration dans l'économie, « réluctante » à l'ouverture, ambivalente vis-à-vis des investissements étrangers, isolée des courants scientifiques et technologiques majeurs. Autre faiblesse néfaste, l'évasion des capitaux démontrant le manque de foi dans l'avenir du pays chez ceux qui seraient les mieux placés pour le changer. Toutes ces tendances ont été encore renforcées sous Poutine. Un tel tableau, que la guerre en Ukraine ne va pas contribuer à améliorer, ne permet pas d'imaginer la Russie réussir, d'ici à 2050, une transition énergétique acceptable, et encore moins jouer un rôle de premier plan dans la diplomatie planétaire du changement climatique. Elle est en tout cas bien mal partie. ◆

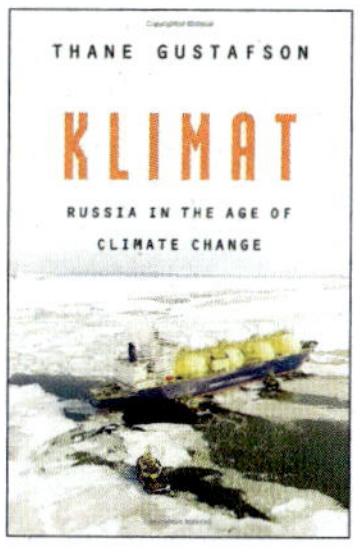

À lire

KLIMAT, par Thane Gustafson, éd. Harvard University Press, 2021, 336 pages.

13 régions, 86 pages

La France des territoires

Secrets du mieux-vivre ensemble, solutions quand l'État n'assure plus le service, force du patrimoine commun, circuits courts, reconnexion avec le vivant, Terre de liens, ressourceries ou bibliothèques d'objets, énergie citoyenne partagée... La France des solutions existe, nous l'avons rencontrée...

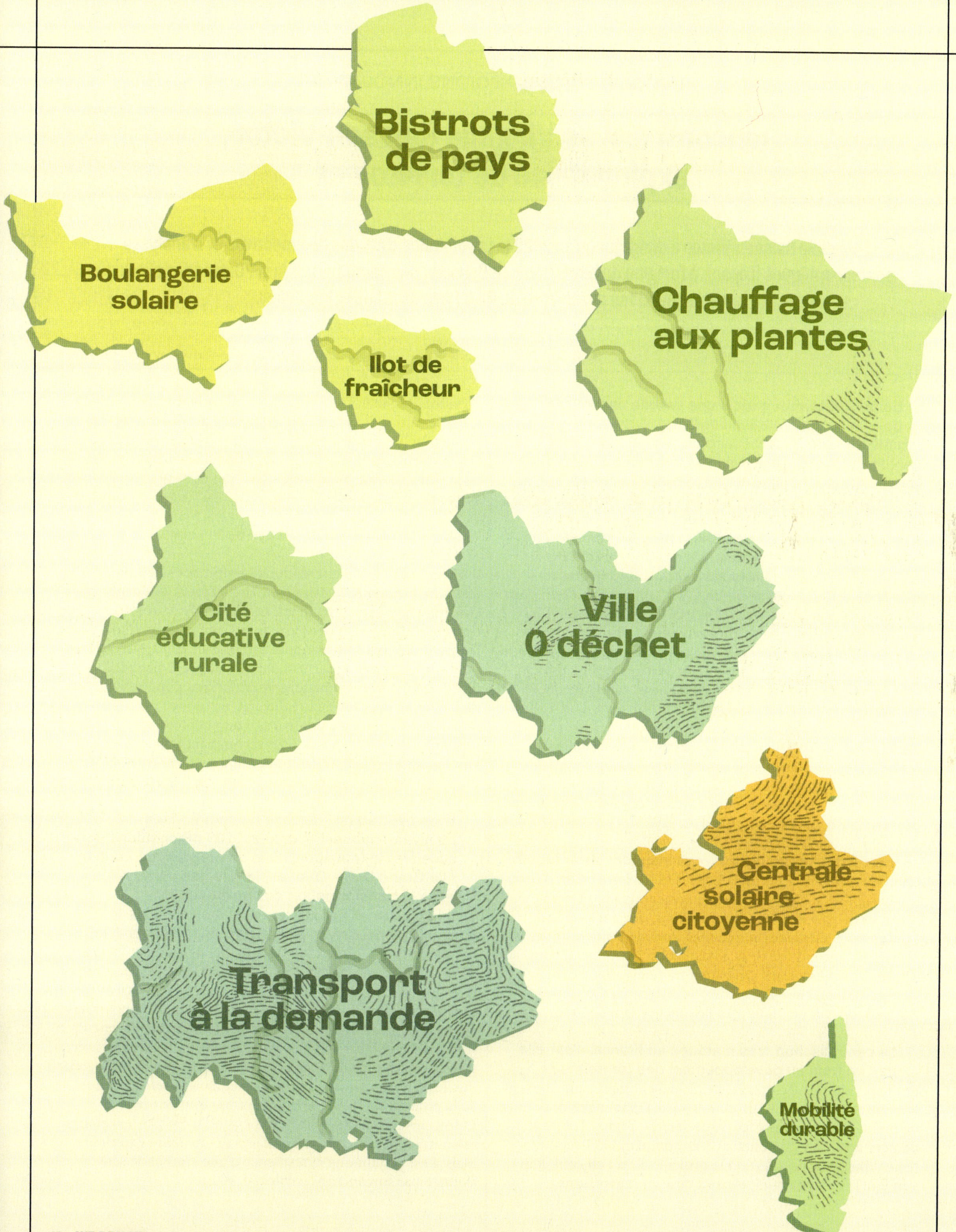

Bistrots de pays
Boulangerie solaire
Chauffage aux plantes
Ilot de fraîcheur
Cité éducative rurale
Ville 0 déchet
Centrale solaire citoyenne
Transport à la demande
Mobilité durable

Rencontre avec Virginie Raisson-Victor, exploratrice de territoires

Virginie Raisson-Victor a dirigé jusqu'en 2022 le Laboratoire d'études prospectives et d'analyses cartographiques (Lepac), à l'origine de l'émission « Le Dessous des cartes » sur Arte. Cette géopolitologue est aujourd'hui présidente du GIEC Pays de la Loire. Interview.

Texte Emmanuelle Vibert

En quoi le territoire est-il une échelle essentielle pour accomplir la transition ?

Virginie Raisson-Victor : Pour plusieurs raisons. D'abord, parce que, d'une région à l'autre, les écosystèmes sont différents. Il importe donc d'en tenir compte lors de l'élaboration des politiques publiques car une même mesure n'a pas le même impact en zone humide ou dans un paysage méditerranéen. Ensuite, le territoire est l'espace familier dans lequel les citoyens se projettent. On est plus sensible aux impacts sur le climat ou la biodiversité quand son propre environnement est touché. Et on a aussi plus envie d'agir. Pour les entreprises, le territoire est l'espace de confiance où il est possible de mutualiser certaines activités et d'organiser les solidarités. Quand plusieurs entreprises imaginent une solution commune pour traiter les déchets ou partager des bureaux, c'est plus facile au niveau local. Il faut aussi souligner que les prérogatives des collectivités dans le transport, l'urbanisme ou l'aménagement en font des actrices de premier plan pour les enjeux écologiques. J'ajouterais enfin que depuis le Covid, citoyens et entreprises manifestent leur désir d'être acteurs de la transition. Or, il est plus simple d'organiser de la concertation et de les faire travailler ensemble à l'échelle d'un territoire, plutôt qu'à celle d'un pays.

Y a-t-il des territoires qui vous inspirent davantage ?

Celui où je vis, les Pays de la Loire. On y trouve un sens de la responsabilité sociétale et environnementale plutôt développé et qui va de pair avec une sorte de désir, quasi historique, d'autonomie. Certaines communes, comme Nantes, ont aussi développé une culture de la consultation citoyenne. Le niveau d'engagement associatif y est aussi très élevé. Par exemple, on compte beaucoup de réseaux de dirigeants d'entreprises. Au total, on a donc un terreau favorable à la transition.

La centralisation, très marquée en France, n'est-elle pas un frein au développement des territoires ?

Les habitants des territoires, élus locaux compris, ont souvent le sentiment de ne pas être compris par l'État et que ce dernier ne prend pas en compte leurs spécificités. Prenez l'objectif de Zéro artificialisation nette (ZAN) du plan Biodiversité : je ne remets pas en question le principe de cet objectif, loin s'en faut ! Il est essentiel. Mais sa mise en œuvre, sans variation possible d'une commune à l'autre, est problématique. Dans certaines, déjà très denses et où la population afflue, il est compliqué à respecter. Partout, j'entends une frustration des territoires, qui voudraient être davantage partie prenante de la planification. Dommage que l'État ne s'appuie pas plus sur cette énergie locale !

Vous présidez le GIEC Pays de la Loire. Quel est son rôle ?

Il s'inspire du GIEC international, réunit des scientifiques du territoire pour faire le diagnostic des impacts du changement climatique au niveau régional. Le but est d'éclairer les décisions des acteurs des Pays de la Loire pour atteindre l'objectif national de neutralité carbone en 2050. Nous avons publié un second rapport en avril. Nous préconisons de développer des formations approfondies pour les acteurs de la région, ajustées aux réalités du territoire : l'acceptation du changement et la volonté d'agir augmentent avec la connaissance. Il y a aussi des recommandations liées aux mobilités et à l'habitat, importantes ici, car on atteint un niveau d'étalement et d'artificialisation très élevé.

Vous avez aussi interrogé des entreprises au niveau national et recueilli 100 propositions pour accélérer la transition, dans un programme baptisé « Le Grand Défi ». Quel est le rôle des entreprises dans la transformation des territoires ?

Il est fondamental puisque l'essentiel des émissions de CO_2 est lié à la production et, plus largement, à notre modèle économique. Or, qui est le plus à même de faire évoluer ce modèle pour l'ajuster aux limites planétaires ? Les entreprises. D'autant que leur pérennité est aussi directement liée à leur capacité à s'adapter au changement climatique et aux limites planétaires. Elles peuvent réorganiser leur chaîne de valeur, voire rediriger leurs activités parce que certains produits ou services n'ont plus de sens à l'aune de la transition écologique. Et elles ont un rôle important à jouer dans la relocalisation de la production Elles ne pourront pas tout relocaliser. Et tous les territoires ne sont pas égaux, n'ont pas les mêmes ressources. Ils resteront dépendants des marchés extérieurs. Mais il est certain que la résilience d'une entreprise sera facilitée par son ancrage territorial. ◆

Patrice Normand/Opale

Virginie Raisson-Victor, présidente du GIEC Pays de la Loire.

Contributeurs

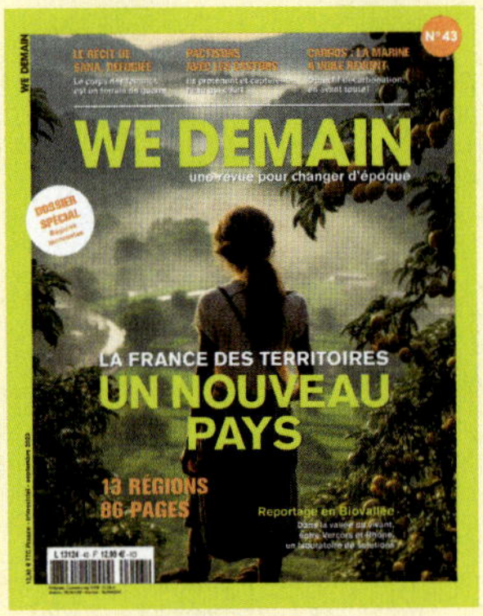

CONSEILLER

Navi Radjou

Essayiste, conseiller en innovation et leadership, Navi Radjou collabore, depuis une dizaine d'années, avec *WE DEMAIN*. Leur credo commun ? Mettre en avant les territoires. Dans notre numéro de février 2023, il disait déjà voir une opportunité dans la crise, notamment sanitaire, celle-ci ayant «*enclenché le processus d'autonomie* [desdits] *territoires, conscients désormais de la nécessité d'innover dans la sobriété*». Durant dix mois, Navi Radjou a sillonné nos régions françaises, à la rencontre des initiatives locales qui ont permis de développer des solutions frugales et durables. Il nous a inspiré ce dossier et l'a nourri.

DIRECTEUR ÉDITORIAL

Gérard Leclerc

ENQUÊTES, REPORTAGES

Armelle Oger
Vincent Rondreux
Florence Santrot
Éric Tariant
Emmanuelle Vibert

ÉDITRICE

Isabelle Jacques

ILLUSTRATIONS

Anna Parraguette

ICONOGRAPHIE

Patricia Couturier

PORTFOLIO

Frédéric Stucin

Le réveil des fêtes de village
– Portraits et paysages –

Les menhirs, l'œuf, l'ours, les grands pieds, la tomate, les basses-cours, la force basque, des mots d'amour… Tout est prétexte à la fête. En France, les bals, foires, carnavals, ferias, ducasses et autres manifestations festives locales ne se sont jamais aussi bien portées qu'au tournant des années 2010-2020, juste avant la pandémie. Le pays en compte plus de 20 000, certaines apparues récemment, d'autres revitalisées, redevenues populaires auprès des jeunes tandis que fermaient bars et boîtes de nuit. La crise sanitaire a marqué un coup d'arrêt. Aujourd'hui, la renaissance se prépare au sein des comités des fêtes qui ont arrêté leurs dates pour le printemps, l'été et l'automne 2022. Plutôt qu'un reportage classique, Frédéric Stucin a sous-titré ma proposition «Portraits et paysages» car la fête locale célèbre une identité, celle d'un territoire et de ses habitants. Cette identité, j'aimerais la retranscrire au travers de portraits de participants et en photographiant les lieux que la fête fait vivre.
(p. 126, p. 142, p. 158, p. 168, p. 174, p. 186).

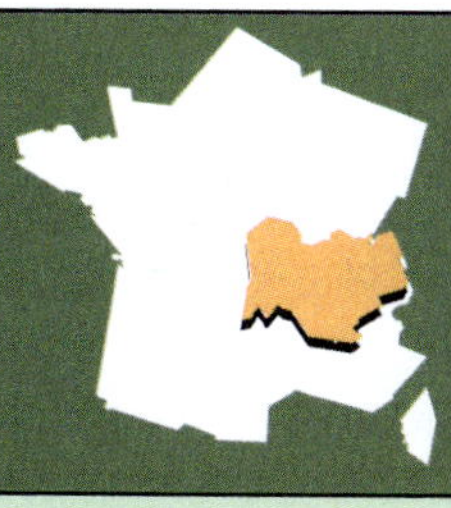

Auvergne-Rhône-Alpes

SUPERFICIE :
69 711 km²

HABITANTS :
8 153 000 (Insee 2022)

CHEF-LIEU : Lyon

DÉPARTEMENTS : 12

NOTA BENE :
2e région la plus peuplée de France, juste après l'Ile-de-France

GRENOBLE > Capitale verte de l'Europe en 2022, décernée par la Commission européenne

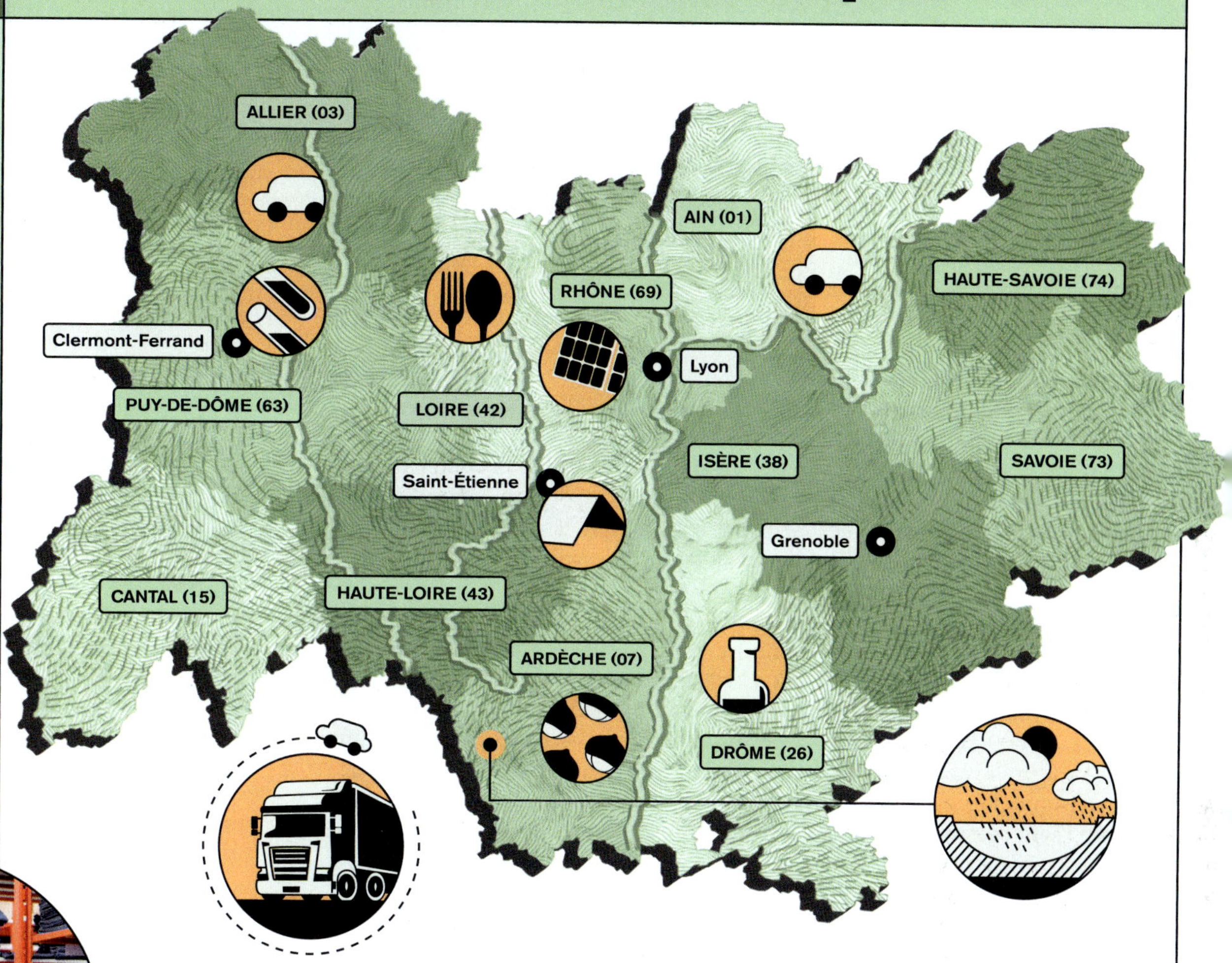

Thomas Huriez

MONSIEUR DENIM 100 % FRANÇAIS

Drôme, Romans-sur-Isère (26) — Il existe un jean qui relie les territoires et qui les booste. C'est celui de 1083, la marque de Thomas Huriez lancée en 2013, à Romans-sur-Isère. Son pari ? Fabriquer un vêtement *made in France*. Entre le tissage, la coupe, la fabrication des rivets, etc., un jean conventionnel parcourt en moyenne 65 000 km. Chez 1083, tout est concentré dans 30 ateliers répartis dans tout l'Hexagone, à l'exception de la culture du coton. Mais en 2016, Thomas rencontre l'ingénieur agronome Joris Roux, décidé à lancer la culture du coton en France. Thomas se met à rêver d'un jean 1083 100 % français. Le rêve s'est transformé en réalité cette année : 1,8 t de coton a été récoltée sur 3 ha dans le Gers et la Drôme. Ce coton, mélangé à des fibres qui donnent leur couleur bleu clair aux vêtements (pas besoin de teinture !), va permettre de confectionner 1 000 pantalons et pousser le rêve du jean local encore plus loin. **1083.fr**

1083.FR

1re VILLE APPRENANTE FRANÇAISE

Puy-de-Dôme, Clermont-Ferrand (63)
Clermont-Ferrand devient la première ville française à rejoindre le réseau Unesco des « villes apprenantes ». Ce label signifie que chacun, quels que soient son origine sociale, son itinéraire, son âge, peut apprendre, se former tout au long de sa vie pour devenir et rester un citoyen libre et émancipé. Un apprentissage qui reconnaît et transmet les connaissances, académiques, professionnelles ou relevant de savoir-faire, et intègre les problématiques économiques, sociales et environnementales. À noter : la ville et le Massif central sont sélectionnés pour la finale de l'élection de la capitale européenne de la culture 2028. **clermont-ferrand.fr**

Première nappe phréatique artificielle

Ardèche, Beaumont (07) — Comment éviter les coupures d'eau quand votre village passe de 250 à 1 300 habitants en juillet-août, au moment où des sécheresses de plus en plus sévères tarissent l'unique source de la commune ? C'est l'équation qu'a dû résoudre le village sud-ardéchois de Beaumont, où sa rivière la Môle voit son débit quotidien passer de 200 m^3 en hiver à moins de 60 en été. La solution est venue de Madagascar ! Thierry Labrosse, ingénieur français installé dans ce pays, y a construit des dizaines de nappes phréatiques artificielles, avant que la technique soit promue par l'ONU et l'ONG Action contre la faim.

Un réservoir enterré de 600 m^3

Pourquoi ne pas faire de même à Beaumont *« pour éviter qu'à l'avenir, nous soyons contraints de rationner l'eau à certaines heures de la journée »*, questionne l'ancien maire Pascal Waldschmidt, à l'origine du projet. Un réservoir enterré de 600 m^3 a été creusé avec, à l'intérieur, une bâche géante et un dérivé du sable, la pouzzolane. Cette roche volcanique filtrante extraite de carrières proches permet d'éliminer les bactéries et de conserver la potabilité de l'eau, comme dans une nappe phréatique naturelle. *« Les civilisations antiques avaient déjà découvert le procédé »*, précise Pascal Waldschmidt. Le réservoir se remplira pendant l'hiver et le printemps, quand la moitié du débit de la source n'est pas consommée et sera utilisée l'été, à raison de 10 à 15 m^3 par jour.

Le coût de l'investissement se limite à 84 000 euros, financé par l'État et le département. La nappe phréatique artificielle de Beaumont est une première en France. Avec son coût réduit et le changement climatique, ses initiateurs ne doutent pas qu'elle fasse école. **pays-beaumedrobie.com**

PRIORITÉ PHOTOVOLTAÏQUE

Rhône (69) — Au nom de la souveraineté énergétique et de son engagement pour le développement durable, le conseil départemental a voté un plan axé sur le photovoltaïque, qui le met en tête des départements français : *« Le soleil brille pour tout le monde, et nous allons utiliser cette richesse pour qu'en 2050 nous atteignions environ 36 % d'autoproduction sur nos territoires »*, assure le président du département, Christophe Guilloteau. Des panneaux photovoltaïques vont être installés sur une trentaine de bâtiments départementaux, sur les ombrières de parkings et les délaissés de voieries, afin d'assurer la neutralité des emprises départementales. Idem pour les toits des collèges et logements sociaux. Le secteur privé est invité à s'associer à la démarche. **rhone.fr**

COMME EN FAMILLE

Loire, Riorges (62) — Le concept de pension de famille, maison d'hôtes où l'on prend les repas en commun, permet à des hommes et femmes en difficulté de vivre chez eux. Chacun a son appartement, sans toutefois être seul (espaces collectifs pour cuisine et loisirs). Le plus : des travailleurs sociaux sur place pour les aider au quotidien. À l'initiative de l'association Phare en Roannais accompagnée par Habitat et Humanisme, une seconde pension de famille a ouvert à Riorges. **habitat-humanisme.org**

TRANSPORT À LA DEMANDE

Allier, Saint-Pourçain Sioule Limagne (03) — La Communauté de communes de Saint-Pourçain Sioule Limagne (34 400 habitants, 60 communes) a créé, en 2017, un service de transport à la demande. Les usagers sont pris en charge chez eux. Le trajet coûte 5 €. Pour encourager la réduction de CO_2, une remise de 1 euro est accordée à ceux qui coordonnent leurs trajets avec d'autres. **comcom-ccspsl.fr**

Mathieu Dupont / Tourisme Ardèche, Mairie Beaumont, N. Guyonnet / Hans Lucas

HABITAT SOCIAL DANS UNE CHÂTAIGNERAIE

Ardèche, Beaumont (07) — Ces six maisons en matériaux biosourcés ont une vue saisissante sur les montagnes ardéchoises. Leur forme et leur nom (Les Bogues du Blat) s'inspirent des châtaigniers qui les entourent. Ces logements sociaux sont une expérience architecturale et humaine unique en son genre. Lancée en 2012 sur la commune de Beaumont (250 habitants), elle a embarqué les habitants qui ont participé au chantier, donné leur avis sur les aménagements intérieurs. Aujourd'hui, ils partagent un jardin potager, travaillent ensemble pour certains… Initiés par les élus municipaux et conçus par l'architecte Patrick Bouchain, ces habitats ont attiré des jeunes sur cette commune rurale, dont la moitié des logements étaient des résidences secondaires. Résultat : Beaumont a pu garder son école de 25 élèves. **nouveauxcommanditaires.eu**

1er BUDGET ÉCOLOGIQUE CITOYEN FRANÇAIS

Puy-de-Dôme (63) — Lancé en 2020, le BEC est le premier budget participatif français initié par un département en faveur de la transition écologique, et piloté à 100 % par les citoyens. *« Ce sont eux qui proposent, votent et réalisent la maîtrise d'œuvre »*, souligne Jean-Philippe Perret, vice-président du département. Deux éditions ont permis de développer 130 projets verts (deux par canton) pour un montant de 4 millions d'euros. Les citoyens (particuliers, collectifs ou associations) déposent sur une plateforme leurs propositions qui doivent concerner l'une des six thématiques de la transition : eau, déchets, mobilité, solidarité, alimentation et patrimoine environnemental. Les projets récompensés peuvent obtenir un financement départemental allant de 3 000 à 60 000 euros. Parmi les premiers lauréats désignés par 45 000 votes citoyens, la plantation d'une miniforêt (Cébazat), un centre de soins pour la faune sauvage (Chamalières), un restaurant solidaire (Issoire), une épicerie solidaire (Riom), des box à vélos Bobox (Ambert), la mutualisation de chevaux pour l'écopâturage (Thiers)… **puy-de-dome.fr**

CONSIGNE ET PRODUCTEURS LOCAUX

Drôme, Chabeuil (26) — « Ma bouteille s'appelle reviens » allie les vertus de la consigne à celles des circuits courts. L'association, devenue société coopérative en 2022, a inauguré sa laveuse à Chabeuil (Drôme), en 2019. Elle travaille avec plus de 70 producteurs (bière, vin, jus, yaourts, cosmétiques…) de la vallée du Rhône et gère une cinquantaine de points de collectes situés chez les commerçants. 575 000 bouteilles et autres contenants ont été lavés et réemployés en 2022. En 2023, « Ma bouteille… » passe à la vitesse supérieure en s'associant avec deux acteurs locaux de la consigne : Alpes Consigne (Isère, Savoie) et Rebooteille (Ain, Loire, Rhône). **ma-bouteille.org**

N. Guyonnet / Hans Lucas, Loïc Julienne / S.P., Patrick Allard / REA

VIVRE AVEC TOIT

Loire, Saint-Étienne (42) — Pour lutter contre la crise du logement, cette plateforme propose aux propriétaires de céder temporairement à un tiers l'usufruit d'un bien à réhabiliter. Sur une période de trois à neuf ans, en contrepartie de la rénovation, la personne acquiert l'usage du logement à un prix modique ou nul. À elle de choisir d'y vivre ou de le louer pour en tirer profit. **cheztoichezmoi.com**

ENZYME MANGEUSE DE PLASTIQUES

Puy-de-Dôme, Clermont-Ferrand (63) — L'entreprise Carbios a mis au point une technologie unique au monde. Elle consiste à introduire des enzymes dans les chaînes de valeur de l'industrie plastique afin d'en dégrader les matériaux. Autrement dit, les enzymes « digèrent » les déchets plastiques, en l'occurrence ceux en PET (polyéthylène téréphtalate). Et ce, de façon peu gourmande en énergie. À la fin du processus, le plastique obtenu, de grande qualité, peut lui-même être recyclé de nombreuses fois par le même procédé. Une seconde usine ouvrira ses portes en 2025, à Longlaville (54), et sera capable de traiter 50 000 t de déchets à l'année, l'équivalent de 2 milliards de bouteilles. **carbios.com**

COVOITURAGE RURAL

Ain (01) — La mobilité de demain est l'affaire des citoyens et des collectivités. Thomas Matagne, président fondateur d'Ecov, start-up développant des lignes de covoiturage dans les territoires ruraux, en est convaincu. Environ 50 lignes existent déjà sur tout le territoire, dont l'Ain. Et pour que la voiture ne soit plus une fatalité, l'appli de certification des trajets covoiturés FranceCovoit permet aux automobilistes de toucher la prime de covoiturage lancée par le gouvernement en 2023. **ecov.fr**

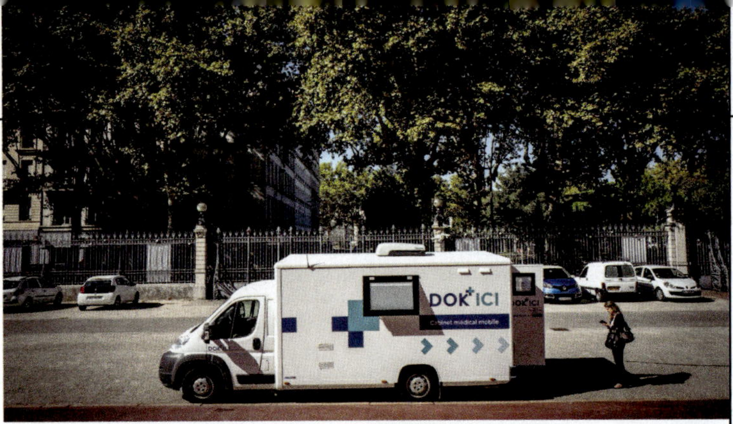

La camionnette revient dans nos villages

Le 15 juin, Elisabeth Borne annonçait, dans le cadre du plan France Ruralités, l'octroi aux régions de 100 bus médicaux. Une santé « itinérante » lancée depuis des années par les territoires à l'instar de nombreux autres services ambulants.

Image a priori désuète de la vie villageoise du début du XXe siècle, les marchands ambulants connaissent un regain d'activité avec une multitude de bus, camions et camionnettes, neufs ou recyclés, sillonnant les territoires. Objectif: aller à la rencontre de ceux qui n'ont pas accès aux services publics, à certains commerces ou encore à la culture.

Multi-activité, innovant, ce commerce itinérant fait revivre des métiers oubliés, rémouleurs, écrivains publics ou en revisite d'autres: l'épicerie devient bio et solidaire à l'image de la Conserverie mobile de Romans-sur-Isère; la coiffeuse du Cocoon Bus qui a longtemps officié en Isère avant de parcourir la Bourgogne accompagne ses shampooing-coupe et soins bien-être.

Les librairies ont aussi pris la route: *« Si la culture ne vient pas à nous, c'est à nous de la faire passer malgré tout »*, explique Pascale Girard, créatrice il y a huit ans du Mokiroule *(lemokiroule.fr)*, librairie mobile desservant une dizaine de communes ardéchoises. Et chaque semaine, il y a queue sur la place du village où le bibliobus coloré propose à l'achat ou à la commande romans, essais, BD et coups de cœur perso de la libraire. Installée à Saint-Laurent-du-Pape, la jeune femme propose des ateliers philo pour enfants et ados: son carnet d'inscription est déjà plein.

Accès aux soins et au numérique

Quelle que soit l'activité, *« la demande est très forte »*, note Françoise Combier, qui a installé Fil et Couture, son atelier de retouches, dans un fourgon Renault Trafic. Basés à Avenas, une commune de 120 habitants du Haut-Beaujolais, ses clients sont des personnes âgées *« qui ne voient plus très bien, mais aussi la jeune génération qui ne sait pas faire un ourlet »*.

Lorsque l'isolement géographique se double d'un isolement numérique, l'accès aux services publics passe par l'itinérance: une autre organisation des services publics initiée par France services et développée par les conseils départementaux à l'instar des bus CyberCantal ou La Bourbon'Net qui sillonnent l'Allier pour aider les citoyens dans leurs démarches administratives mais aussi leur proposer des formations numériques.

Reste qu'au sein de la diagonale du vide, le problème primordial est celui de l'accès aux soins. Bus obstétrical, Opti'soins permet le suivi des femmes enceintes dans le Puy-de-Dôme, la Haute-Loire, le Cantal et l'Allier. *« Le retour du médecin près de chez soi »*, c'était l'idée du Dr Sitbon, fondateur des unités mobiles de santé Dok'ici: des camions hyperéquipés présents dans plusieurs régions. *« Basé à Vichy, le service dispose de deux véhicules dans l'Allier »*, précise Marion Demontès, PDG de Dok'ici. Et il n'est pas question de médecine au rabais: *« Le médecin peut passer quarante minutes avec une personne âgée. Cela participe au vivre-ensemble. »* Son rêve: *« Que ces médecins ambulants aient envie de poser leur plaque dans la région qu'ils ont découverte et aimée… »* ◆ ***Armelle Oger***

MAXPPP, N. Guyonnet / Hans Lucas, Coq en vrac, J.P. Ksiazek / AFP

La consommation version ressourcerie

Retrouvez la carte intéractive de votre région ICI

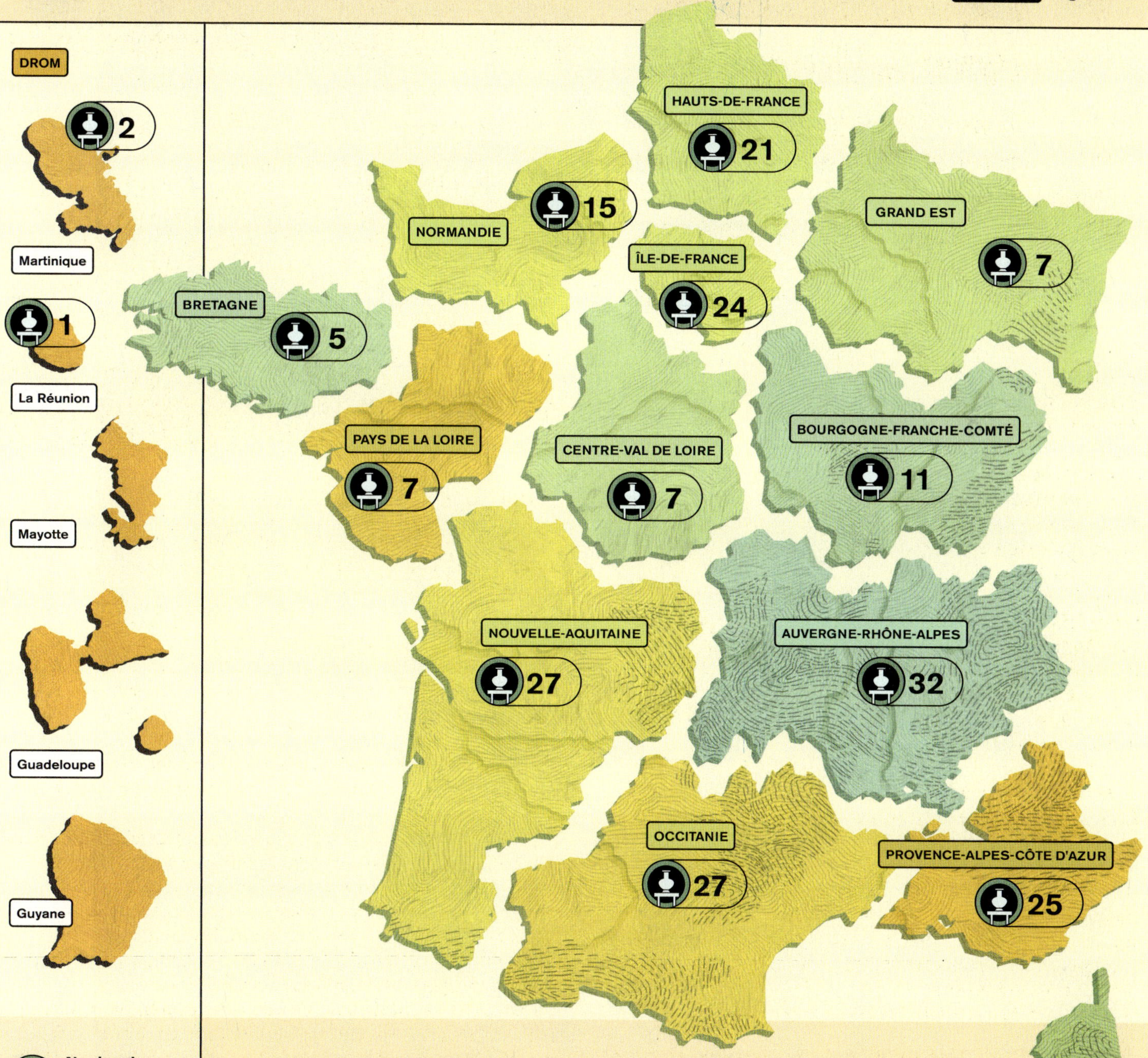

Nombre de ressourceries par région

Collecter des appareils ménagers et électroniques, des meubles, des vêtements, des chaussures, du linge de maison dont les gens se séparent, mais aussi des déchets industriels… Les trier, envoyer les produits non exploitables vers des filières de valorisation, nettoyer ou réparer les autres afin de les redistribuer à bas prix… C'est le concept des ressourceries, ou recycleries. Depuis les années 2000, elles sont également devenues des lieux de sensibilisation aux problèmes d'environnement et de gestion des déchets. Des structures d'accompagnement vers l'écocitoyenneté en somme. Avec un angle social marqué. Plus de 200 adhérents sont répertoriés par le Réseau national des ressourceries. **ressourceries.info**

Louna – Fête des Grands Pieds Bulle (Doubs), juillet 2022. Photo Frédéric Stucin.

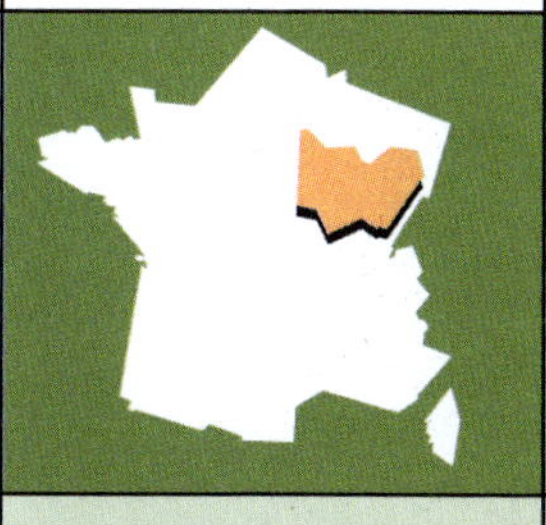

Bourgogne-Franche-Comté

SUPERFICIE :
47 783 km²

HABITANTS :
2 785 000 (Insee 2022)

CHEF-LIEU : Dijon

DÉPARTEMENTS : 8

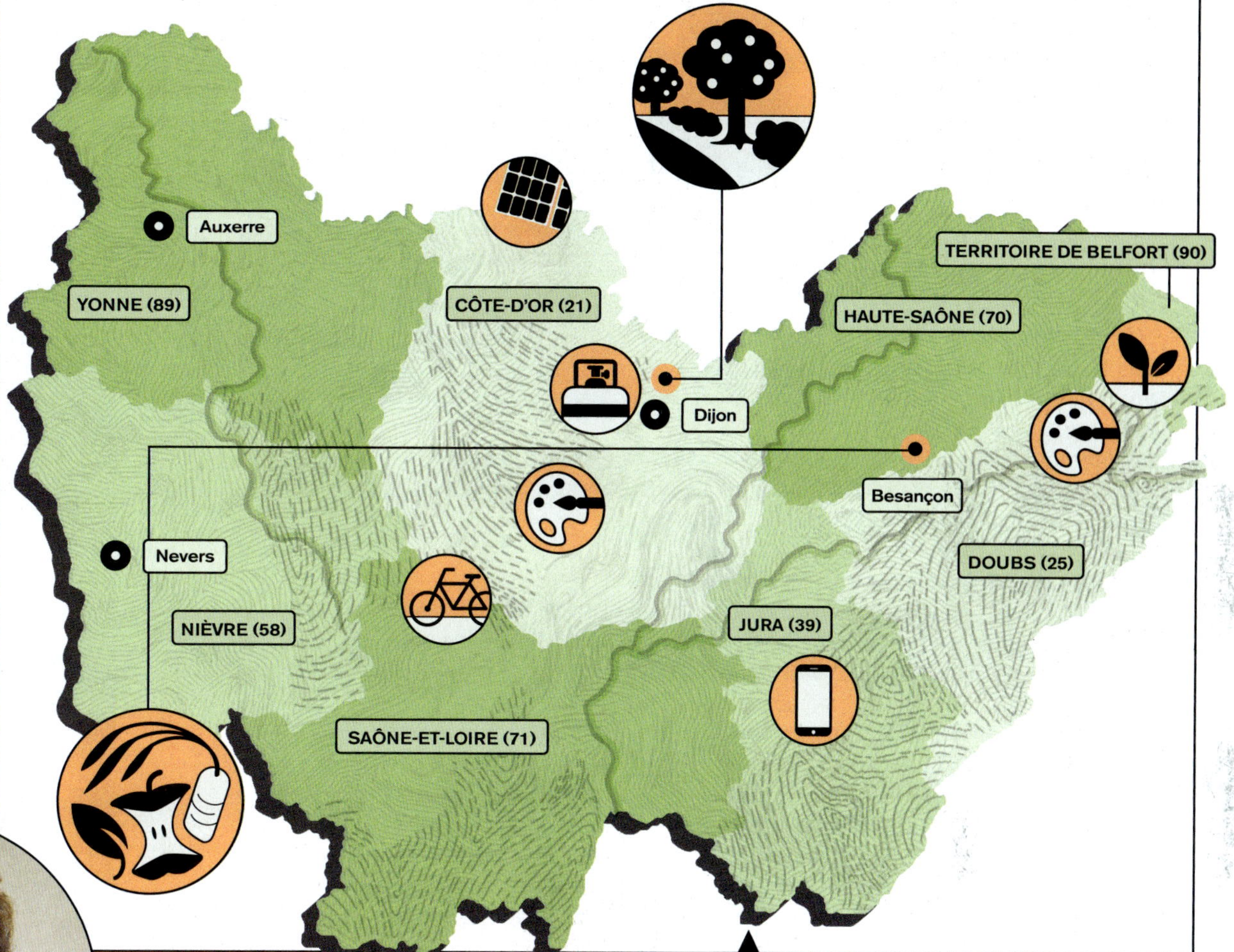

Marine Jacques-Leflaive
CRÉATRICE DE L'ATELIER ZÉRO CARBONE ARCHITECTES

Côte-d'Or, Nuits-Saint-Georges (21) – Issue d'une famille de vignerons travaillant en biodynamie à Nuits-Saint-Georges, Marine Jacques-Leflaive crée, en 2009, son cabinet d'architecture biosourcée, engagée et responsable : *« En Angleterre, Bill Dunster, un pionnier de l'écologie, m'a ouvert l'esprit sur l'innovation dans le bâtiment pour réduire l'empreinte carbone. »* L'Atelier Zéro Carbone Architectes (AZCA) décide de construire avec la pierre, la terre, le bois et les fibres végétales comme la paille ou le roseau. Des matériaux naturels et bruts pour économiser l'énergie. *« Mais cela ne suffit pas. Ils sont contrôlés en laboratoire car ils peuvent être pollués par les activités humaines. La paille ou le bois qui ont été traités avec des pesticides peuvent altérer le vin d'une cuverie ou affecter la santé des enfants. »* Écoles, résidences seniors, maisons individuelles : L'Atelier construit durablement, dans sa région, mais aussi dans les Pays-de-la-Loire, en Corse, à Saint-Pierre-et-Miquelon. **atelierzerocarbone.com**

Atelier Zéro Carbone

1er CENTRE DE SANTÉ DÉPARTEMENTAL

Saône-et-Loire (71) – En quatre ans, 70 médecins généralistes ont été recrutés dans 28 lieux de consultations en zones urbaines comme rurales, 260 000 consultations ont été réalisées et 24 000 patients ont retrouvé un médecin traitant ; 80 % des habitants du département se situent désormais à moins de quinze minutes d'un lieu de consultation. Les formalités financières et administratives sont prises en charge par le département. Le centre mise sur la télémédecine et les partenariats avec les établissements hospitaliers et les Ehpad. Le modèle fait des émules : 40 départements sont venus découvrir ce centre de santé. **centredesante71.fr**

Le verger des Potes

Côte-d'Or, Bretigny-les-Norges (21) – Les Potes, pour Pionniers ordinaires de la transition énergétique, sont 500 en Bourgogne-Franche-Comté à se réunir régulièrement afin de partager leurs expériences, leurs réalisations, leurs projets autour de l'écologie sociale et solidaire. Parmi leurs actions, le soutien à l'association « Plantons le décor » dans la création d'un verger conservatoire à Bretigny-les-Norges. Les habitants y partagent des parcelles de potagers, des cueillettes de fruits, des récoltes de miel. Le verger conservatoire a permis de reconstituer des zones fraîches et humides face aux effets du dérèglement climatique.

L'une des 50 étapes de la Route des potes

« Des lotissements auraient pu sortir de terre ici, nous avons relié les deux parties du village par une trame verte, boisée. C'est devenu une vraie place du village où les gens se rencontrent, où la dynamique se crée et où la problématique de la biodiversité est diffusée. De nombreuses initiatives sont nées autour de ce site: valorisation des déchets verts, poulailler collectif, fresque du climat, collecte de coquille d'huîtres pour les volailles… », explique Aurélien Trioux, adjoint au maire chargé du cadre de vie.

Ce verger conservatoire sera l'une des cinquante étapes de la « Route des potes », un circuit qui permettra de découvrir les lieux originaux et les initiatives inspirantes de la transition écologique en Bourgogne-Franche-Comté, à l'image des célèbres routes des vins touristiques. **routedespotes-bfc.fr**

PRÉFÉRER LE VÉLO

Saône-et-Loire, Le Creusot (71) – Les petits trajets représentent environ un quart des déplacements en France. Sur le territoire de la Communauté urbaine du Creusot et de Montceau-les-Mines, l'association Mines de rayons, créée par le mouvement « Creusot-Montceau en transition », s'attache à stimuler l'usage du vélo et à fédérer les usagers. Elle anime des vélos-écoles, des ateliers de réparation, ou encore des commissions « aménagement cyclable ». **cm-en-transition.fr**

L'ACADÉMIE VERTE DE HAUTE CÔTE-D'OR

Côte-d'Or, Montbard et Châtillon-sur-Seine (21) – Il y a cinq ans, EDF fait part de l'absence de formation en techniciens de maintenance des centrales solaires et de son besoin de recruter 800 personnes d'ici dix ans. Les Communautés de communes du Montbardois et du Pays châtillonnais saisissent la balle au bond et créent un Contrat de transition écologique (CTE). Une formation en un an, au lieu de quatre, est mise en place au lycée Eugène-Guillaume de Montbard, avec l'ambition de générer un pôle d'excellence à l'échelle nationale dans le photovoltaïque. D'autres cursus suivent, comme les deux modules méthanisation proposés dans le cadre du bac technologique et du BTS au lycée La Barotte de Châtillon. **lyc-eguillaume-montbard.eclat-bfc.fr**

Le verger des Potes, Mines de rayons

Besançon, ville pionnière du « zéro déchet »

Limiter les émissions de CO_2, tel était l'objectif de Besançon en développant le tri des détritus organiques. Et les Bisontins peuvent être fiers car, depuis 2008, leur poubelle grise a diminué de moitié.

Eric Chatelain / Ville de Besançon, Jean-Charles Sexe / Ville de Besançon

Depuis quinze ans, la préfecture de Franche-Comté s'est engagée dans la réduction des déchets à la source : campagne de sensibilisation au tri, compostage de proximité, redevance incitative… Et les résultats sont au rendez-vous : le Grand Besançon, qui regroupe 68 communes, a réduit de moitié ses déchets ménagers résiduels, tous ceux qui finissent dans la poubelle grise. Ils ne représentent plus que 136 kg par an et par personne, contre 254 en moyenne en France où près du tiers est encore incinéré et participe à hauteur de 4 % aux émissions de CO_2 du pays.

Vers des pratiques plus responsables

Dès 2008, la municipalité installe 300 sites collectifs de déchets organiques en bas des immeubles et construit dans les différents quartiers onze chalets de compost gérés par des agents spécialisés. Au bout de plusieurs mois, le fertilisant obtenu est mis à la disposition des familles pour servir d'engrais. Chaque ménage reçoit un petit bac vert pour l'aider à mettre de côté ses épluchures. 70 % de la population a ainsi accès au compostage.

Autre incitation, la mise en œuvre, dès 2012, d'une redevance avec un système de pesée permettant de faire payer chaque ménage en fonction du poids de sa poubelle. Un système repris par de nombreuses communes rurales, mais Besançon demeure la plus grande ville à avoir fait ce choix.

L'objectif du zéro déchet passe également par la diminution des emballages. En 2016 ouvrait à Besançon la première épicerie de vrac, Le Vrac, bientôt imitée par trois autres communes de l'agglomération. Une association « Zéro Déchet Besançon » s'est créée en 2018, pour informer les citoyens, faire évoluer les modes de vie et encourager les décideurs vers des pratiques plus responsables et antigaspillage. ◆ *Gérard Leclerc*

zerodechetbesancon.fr

325 HABITANTS ET UN CINÉMA DE 212 PLACES

Doubs, Charmoille (25) – Avec ses 325 habitants, c'est le plus petit village de France à avoir son propre cinéma. Un vrai, en dur, créé en 1962 par la municipalité grâce à ses confortables revenus forestiers de l'époque et aux subventions de l'État pour amener la culture à la campagne. En 2022, un festival de dix-sept jours (du 31 octobre au 6 novembre) a célébré les 60 ans de ce cinéma classé arts et essais en 2003. Au programme, des films en avant-première, des séances musicales, des projections de copies anciennes. L'occasion de revoir le premier film qui fut à l'affiche, *Le Tigre du Bengale* de Fritz Lang, et de tester les 212 sièges rouge vif flambant neuf de la salle entièrement rénovée. Présidée par Véronique Binet, l'association «Cinéma de Charmoille» gère la programmation, très variée. Pour le grand bonheur de ce village et des communes alentour. **cinema-charmoille.fr**

DE L'URBAIN OUBLIÉ AU JARDIN COLLECTIF

Doubs, Montbéliard (25) – Investir les espaces urbains délaissés afin d'y installer des parcelles de jardin collectif, dont la production est ensuite en libre-service et totalement gratuite. Cette idée, sur laquelle s'appuie le mouvement citoyen des «Incroyables Comestibles», a essaimé en dix ans dans toute l'agglomération de Montbéliard. À savoir, Audincourt, Bethoncourt, Étupes, Exincourt, Hérimoncourt, Seloncourt, Valentigney, Vandoncourt, Voujeaucourt, ou encore Villars-lès-Blamont. **lesincroyablescomestibles.fr**

DE L'HYDROGÈNE POUR LES TRANSPORTS

Côte-d'Or, Dijon (21) – Produire de l'hydrogène par hydrolyse à partir d'une usine d'incinération de déchets ménagers dont la chaleur est transformée en électricité : c'est le projet développé par Dijon Métropole en collaboration avec le groupe local Rougeot Energie, à travers Dijon Métropole Smart Energhy (DMSE). L'hydrogène sera utilisé localement dans les transports. Une première station doit être mise en service fin 2023 pour une production initiale de 440 kg d'hydrogène par jour. Une seconde est prévue en 2025, tout comme un site de stockage. DMSE fait partie des projets «Écosystèmes territoriaux d'hydrogène» de l'Ademe afin de développer la production et la distribution locales de ce carburant. **metropole-dijon.fr**

TERRITOIRES INTELLIGENTS ET DURABLES

Jura, Lons-le-Saunier (39) – La Région accompagne les collectivités, en particulier rurales, qui s'engagent dans le numérique et le durable. Il s'agit de conjuguer le bien-être du citoyen dans son accès aux services publics et marchands, le développement et l'attractivité du territoire, et la préservation de ses ressources naturelles. À Lons-le-Saunier, une application «Lons dans ma poche» regroupe démarches administratives, démocratie participative, informations culturelles ou économiques. Granges (521 habitants) développe aussi une application participative axée sur la sensibilisation des citoyens à la préservation du patrimoine naturel. **bourgognefranchecomte.fr/**

MICRO-FOLIES MUSÉES NUMÉRIQUES

Côte-d'Or, Chassagne-Montrachet (21) Cinq Micro-Folies ont éclos dans la région, dont une itinérante, ArtKaravane, domiciliée à Chassagne-Montrachet. Ces musées numériques «hors les murs», lancés par le ministère de la Culture et l'établissement public de La Villette, et soutenus par la région, rassemblent des images et des vidéos en haute définition issue des collections de douze établissements publics nationaux. Aujourd'hui, près de 1 750 œuvres sont accessibles, accompagnées de supports pédagogiques et de contenus immersifs en réalité augmentée. La visite s'effectue de manière libre ou dans le cadre d'animations scolaires ou auprès de résidents d'une maison de retraite. **Instagram : @microfolie_artkaravane**

Cinéma Charmoille, Micro-Folies

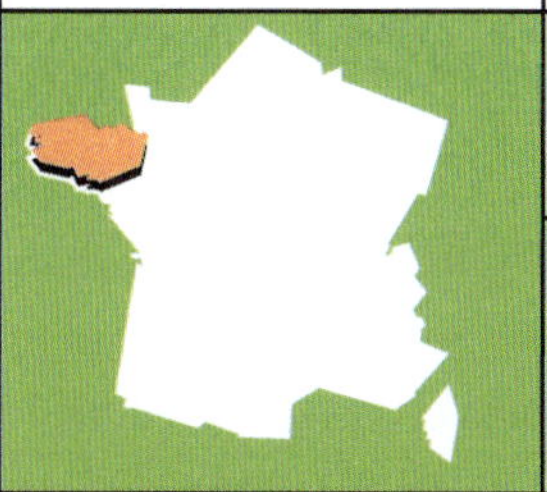

Bretagne

SUPERFICIE :
27 208 km^2

HABITANTS :
3 402 900 (Insee 2022)

CHEF-LIEU : Rennes

DÉPARTEMENTS : 4

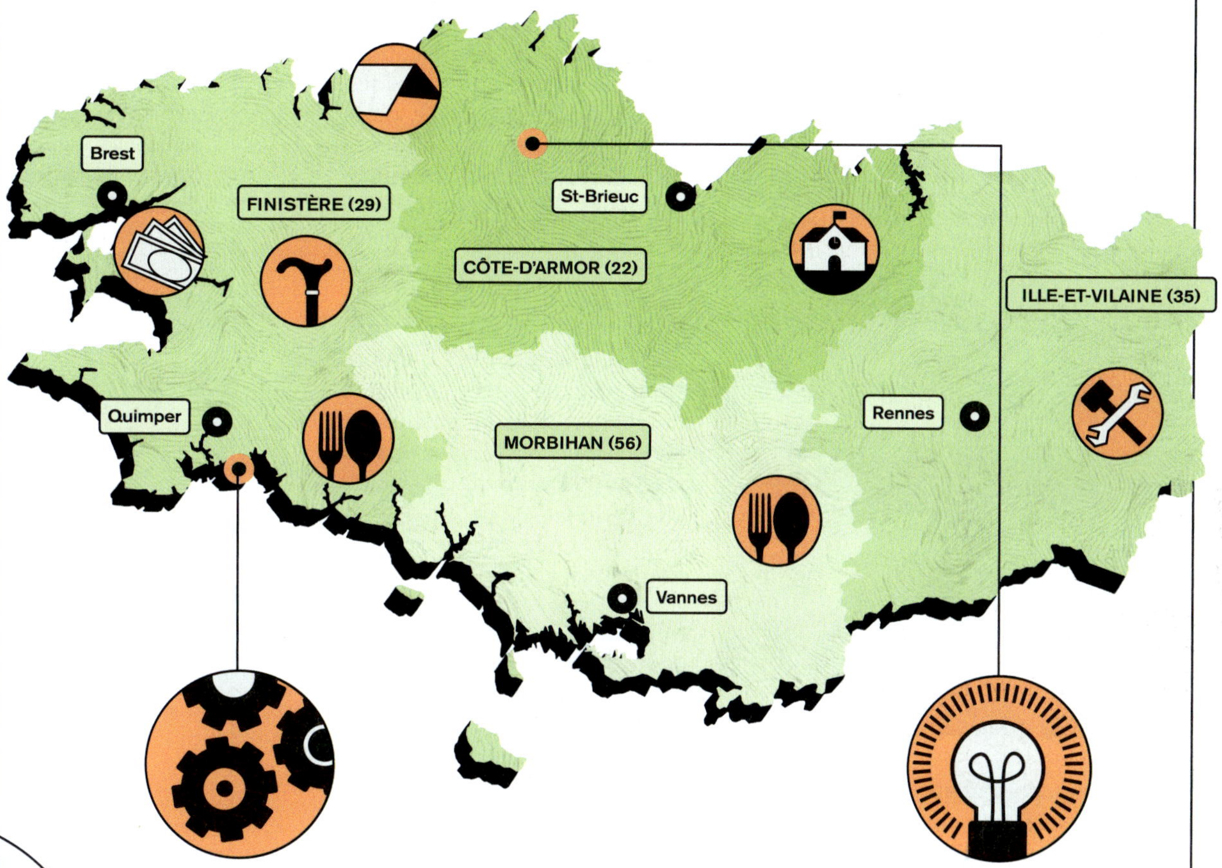

Hélène Vauché

Juliette Muchielli
AU SERVICE DU TRAVAIL PARTAGÉ

Morbihan (56) et Loire-Atlantique (44) – À 35 ans, en 2021, elle prend la direction de Vénétis, groupement de plus de 300 entreprises spécialiste du partage de salariés dans le Morbihan et la Loire-Atlantique. Autrement dit, une association qui remplace le travail précaire en temps partiel par des CDI en temps partagé. Elle, c'est Juliette Mucchielli, diplômé d'une école de commerce et qui a posé ses valises dans le Morbihan dans les années 2010. Avant, elle coordonnait Entreprendre au féminin Bretagne, association accompagnant les femmes dans leur parcours professionnel. *« Privilégiant l'humain au service d'une performance socialement responsable »*, elle est aujourd'hui à la tête de plus de 160 salariés qui ont choisi le temps partagé : ressources humaines, communication ; marketing, comptabilité ; gestion, qualité ; hygiène ; sécurité ; environnement de l'entreprise. Sa mission : développer l'activité de Vénétis dans la cybersécurité, la formation… **www.venetis.fr**

ENTREARTISANS, PLATEFORME POUR LE BTP

Ille-et-Vilaine, Vitré (35) – Lancée par un plombier chef d'entreprise et une directrice commerciale (Akoya SAS, basée à Vitré), EntreArtisans est une plateforme qui met en relation les employeurs du secteur du bâtiment afin de favoriser l'entraide. Elle permet de faciliter leurs recherches en main-d'œuvre ou en sous-traitance pour la mise à disposition de compétences, ou encore dans le prêt de salariés de manière à optimiser les plannings selon la charge de travail. Une manière de maximiser l'emploi et de sécuriser les chantiers dans la construction et le bâtiment et travaux publics. **entreartisans.com**

Kerlotec, un labo du futur pour les entreprises

Côtes-d'Armor, Guingamp (22) – Kerlotec se définit comme un écosystème d'entreprises, dont l'objectif est de se développer en respectant les limites planétaires : énergie, ressources naturelles, climat, biodiversité, etc. À l'origine de ce *« démonstrateur de soutenabilité réelle »*, la famille d'Armelle et Alan Fustec, deux ingénieurs agronomes de formation, experts en stratégies de développement durable. Avec son agence de labellisation RSE Lucie, Alan a créé un label pour permettre aux entreprises de *« s'engager sur cette voie »* du respect des limites planétaires.

Pour une autonomie énergétique

Une dizaine d'organisations – ce qui représente une quarantaine de personnes – s'activent à Kerlotec pour atteindre ce *« modèle de vie plus sobre et résilient »* qui s'applique *« aussi bien aux organisations qu'aux particuliers »*.

Sur 50 ha, le château de Brélidy accueille le siège de Kerlotec. Soit un parc d'activités durables abrite actuellement une ferme de maraîchage en permaculture destinée à assurer l'autonomie alimentaire du lieu, un laboratoire et une école low-tech – la première en France –, une université de la RSE, des activités culturelles, artistiques et d'insertion… En attendant la fin de la construction d'une centrale de production d'électricité et de chaleur, qui doit allier l'énergie solaire, le bois et le biochar low-tech. Pour une autonomie énergétique. **kerlotec.com**

ACCOMPAGNER LES AÎNÉS

Finistère (29) – Face au vieillissement de sa population, les plus de 75 ans vont passer en cinq ans de 100 000 à 190 000 individus, le département investit 100 millions d'euros dans l'accompagnement des aînés, notamment avec la construction de résidences intermédiaires : un nouveau type d'habitat pour des personnes autonomes, associant logements individuels (studios ou deux pièces adaptés) et espaces consacrés à la vie collective : restauration, blanchisserie, salles de réunion, etc. Les résidences offrent toutes sortes de services d'aides à domicile (aide ménagère, portage de repas…), favorisant ainsi le lien social. **finistere.fr**

HABITAT RÉVERSIBLE

Finistère, Plouigneau (29) – Ce bourg, situé à 10 km de Morlaix et 15 km de la mer, a lancé cette année un appel à projets pour créer un hameau léger dans le cadre de la redynamisation de son centre. Une initiative en partenariat avec l'association « Hameaux légers ». Ce lieu de vie participatif accueille un petit nombre d'habitats réversibles (démontables et déplaçables) et accessibles aux foyers à ressources modestes. Ici, c'est un terrain communal de 4 800 m² qui sera aménagé et mis à disposition par un bail emphytéotique de 99 ans. Objectif : accueillir sept habitats réversibles, ainsi que des espaces communs (buanderie, cuisine partagée, salle commune, chambre d'amis…) aménagés dans une maison de caractère rénovée par la municipalité. **hameaux-legers.org**

Kerlotec, Hameaux léger du Placis

TY POUCE : ACCUEILLIR LES SINGULARITÉS

Finistère, Quimperlé (29) – Microferme urbaine, café-restaurant, espace de formation, TY Pouce est un lieu d'échanges avec un mantra : l'inclusion. *« Une bulle de respiration pour certains,* explique Elsa Cerese, sa coordinatrice et animatrice. *Et une bulle de bienveillance vis-à-vis de toutes les singularités : pouvoir aller au restaurant avec son enfant polyhandicapé en toute sérénité, cela change le quotidien d'une famille. »*

Lieu d'expérimentation ouvert à tous, ce tiers-lieu, qui accueille des stagiaires en insertion professionnelle et sociale, attend son agrément pour devenir, en janvier, un espace de vie sociale. Objectif : développer, avec les usagers et les habitants, des initiatives renforçant les liens sociaux et familiaux, et plus largement les solidarités de voisinage.
typouce.fr

REVENU MINIMUM ÉTUDIANT

Finistère, Plougastel-Daoulas (29) – Tout part d'une conversation entre le maire Dominique Cap et une administrée, dont la fille rêvait de devenir sage-femme : *« La maman ne gagnait pas assez pour financer ses études, et ses revenus ne lui permettaient pas de toucher une bourse. »* La municipalité vote, en 2012, un coup de pouce financier pour les jeunes étudiants de la ville (13 500 habitants) en créant un revenu minimum étudiant (RME). En dix ans, 400 jeunes en ont bénéficié. Le montant varie de 100 à 4 000 euros (1 500 euros en moyenne). Certains, notamment un ostéopathe junior, sont revenus exercer ensuite dans la commune. Une cinquantaine de villes, petites ou moyennes, ont adopté ce RME. **ville-plougastel.bzh**

LES NOURRITURES TERRESTRES... MAIS PAS QUE !

Morbihan, Augan (56) – En lisière de la forêt de Brocéliande, le Champ commun est un lieu pluriel *« pour lutter contre les fatalismes : la déshérence des campagnes, la disparition du lien rural, des commerces de proximité, l'offre limitée de vie culturelle... »*, explique son cogérant, Henri-Georges Madeleine. Ici, on trouve de quoi se sustenter et les produits sont locaux et issus de l'agriculture biologique. Un restaurant et une auberge qui accueillent des séminaires et formations liés aux enjeux de transition sociale et écologique, et qui peuvent aussi héberger des demandeurs d'asile, comme ce fut le cas après la demande de l'association Coallia. Lieu pluriel, a-t-on dit, organisé en coopérative. C'est aussi une microbrasserie, un point de vente de gaz, un relais postal depuis que la Poste a fermé, et un comptoir de change pour le galais, la monnaie locale. Pourvoyeur en nourritures terrestres, le Champ commun l'est aussi en culture : dans son Estaminet, on peut assister à des improvisations théâtrales, des concerts de rock ou de musique de chambre. Projet partant d'un constat politique et environnemental, il a déjà fait des émules. *« Notre objectif est d'encourager d'autres vocations »*, dit son cogérant.
lechampcommun.fr

UNE ÉCOLE PIONNIÈRE EN TRANSITION

Côtes-d'Armor, Trébédan (22) – *« Un projet citoyen, éducatif, artistique, social et écologique. »* En décidant, il y a quelques années, de réaménager son école Le Blé en herbe, la petite commune de Trébédan (420 habitants) a coché toutes les cases d'une démarche réussie de transition. Sur la forme – des bâtiments bioclimatiques dessinés par Matali Crasset – comme sur le fond avec une pédagogie mêlant pour le meilleur Montessori et Freinet. Replacée au cœur de la vie du village, l'école est devenue lieu d'écoute et de partage transgénérationnel, avec une cantine accueillant le club des retraités, un préau abritant diverses activités sportives, une bibliothèque pour tous. *« Créer l'envie du collectif et d'agir en territoire »*, tel était alors l'objectif des trois institutrices, dont Nolwenn Guillou, devenue directrice de l'école et aujourd'hui première adjointe chargée de la transition à la mairie de Dinard. Dans la même énergie et animé par la Fabrique d'énergie citoyenne de Trébédan, un café associatif, dont les chaises ont été réalisées par les écoliers, a pris le relais du dernier bistrot fermé il y a des années avec concerts, cafés littéraires, ateliers de musique *« afin que les habitants aient droit, eux aussi, à l'art et à l'innovation. »* **classe-de-demain.fr**

Champ commun, Philippe Piron / Studio Matali Crasset

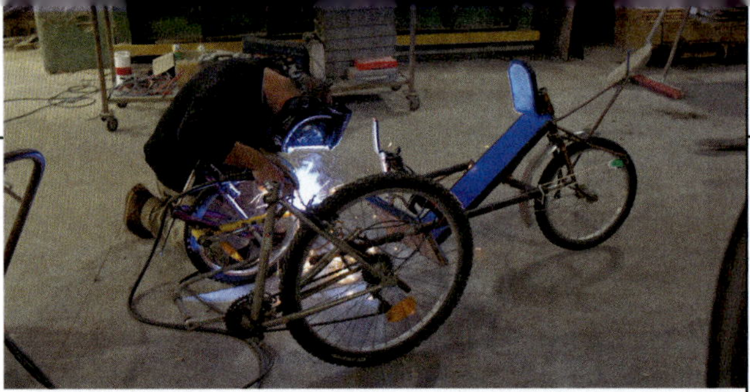

Concarneau à la pointe du low-tech

Toutes les approches low-tech réunies sur une plateforme. Mais aussi des outils collaboratifs, des expérimentations et bien sûr un réseau de communautés locales. Bienvenue au Low-tech Lab.

« Pour un avenir low-tech ! » C'est le titre du manifeste du Low-tech Lab. Basée à Concarneau, cette association trouve son origine dans les expéditions maritimes de Corentin de Chatelperron et de ses partenaires, sur le *Tara Tari*, le *Gold of Bengal*, puis le *Nomade des Mers*... à la recherche de solutions techniques utiles, accessibles et durables. *« Depuis 2013, nous avons constaté que de nombreuses réponses low-tech existent déjà un peu partout et que les initiatives individuelles ou collectives émergent spontanément. Et ce, aux quatre coins du monde »*, assurent les globe-trotters.

L'agglomération s'engage

Biodigesteur domestique, four solaire, ordinateur low-tech, marmite norvégienne, aliments et boissons fermentés, mur en paille, pompe manuelle, pare-soleil, lessive à la cendre, camp low-tech, frigo du désert... Aujourd'hui, le Low-tech Lab, c'est une riche plateforme destinée à trouver, partager, tester, documenter, valider et à faire connaître les approches low-tech et leur potentiel de développement. C'est également un réseau de communautés locales (de Grenoble à Bordeaux, en passant par Marseille, le Vercors, la Touraine, la Côte d'Opale...), des outils collaboratifs. Et bien sûr, encore et toujours des expérimentations, qui intéressent de plus en plus les élus et l'Etat.

Ainsi, l'Ademe, la Région Bretagne et Concarneau Cornouaille Agglomération soutiennent le Low-tech Lab et le bureau d'études Indiggo dans l'actuelle opération d'accompagnement de vingt organisations locales dans des démarches low-tech. Parmi ces structures, l'agglomération de Concarneau elle-même – une première en France –, les mairies de Concarneau, Rosporden, Melgven, des fermes. Sans oublier le centre hospitalier local, le Muséum national d'histoire naturelle, l'auberge de jeunesse, un parc de loisirs, un hôtel, une brasserie... Au menu, l'évaluation des consommations, la mise en œuvre de solutions techniques et organisationnelles... Résultats prévus à la fin 2023. *« Une démonstration de référence inspirante pour d'autres communautés locales »*, espère le Low-tech Lab, qui entend bien *« amorcer un mouvement collectif »* vers la révolution low-tech. ◆ ***Vincent Rondreux***

lowtechlab.org

Julien Lemaistre, Low-tech Lab

Des hameaux légers pour tous

Retrouvez la carte intéractive de votre région ICI

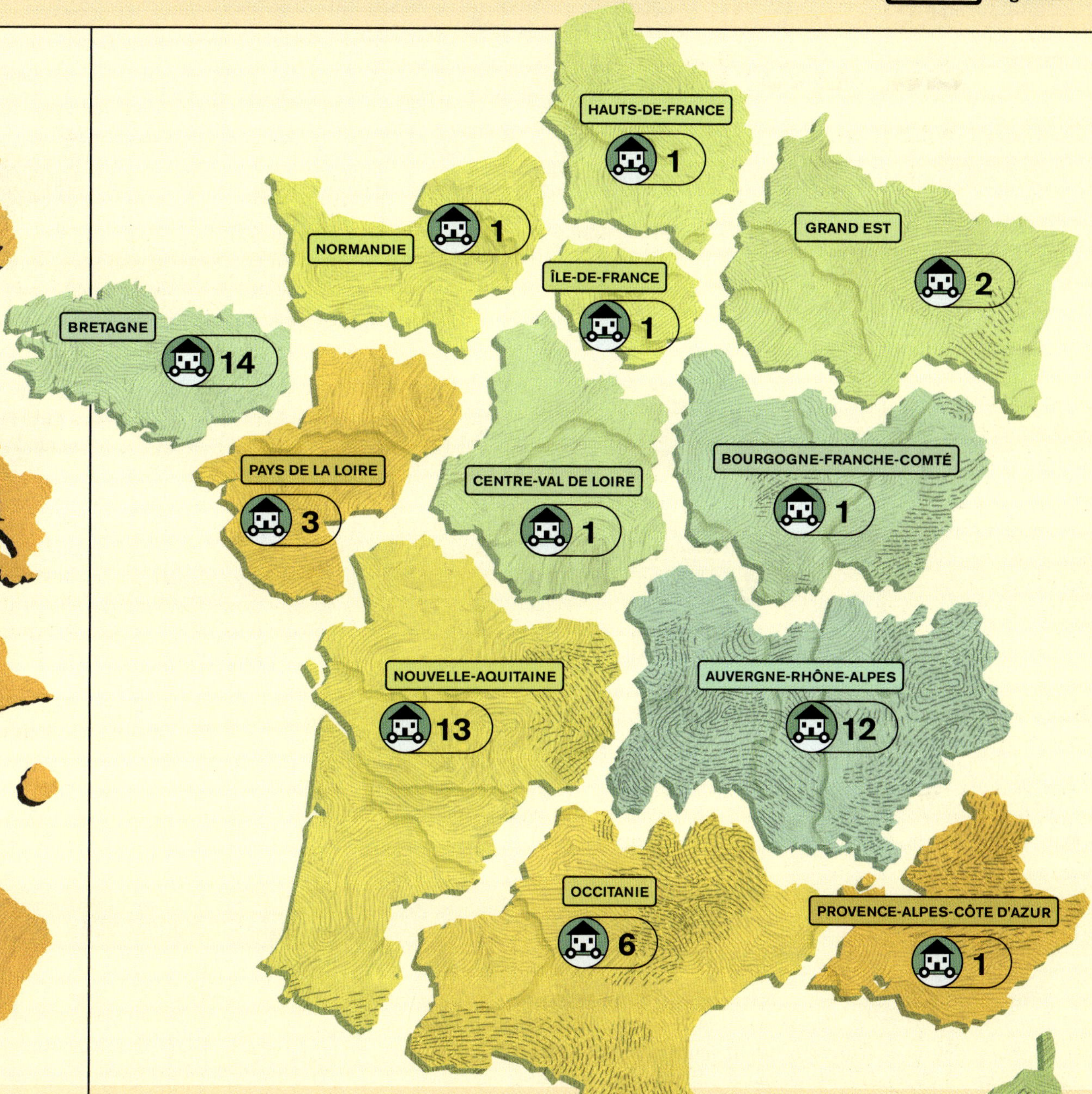

Nombre de hameaux légers par région

Tiny-house, tipi, yourte, dôme géodésique… Les habitats légers se veulent démontables ou transportables, en limitant les effets sur le sol. Et ils peuvent s'organiser en hameaux. L'association Hameaux légers a été créée en 2017, après la rencontre entre des architectes navals et la commune de Rocles, dans l'Ardèche, qui souhaitait accueillir de jeunes familles. Basée en Bretagne, l'association développe, en partenariat avec des communes (qui fournissent le terrain), des éco-hameaux dont les habitats sont accessibles à des personnes modestes, et installés sur le mode participatif. Un modèle avec lequel propriété de la terre et propriété de l'habitation sont séparées. D'autres hameaux légers se créent de manière autonome, sans l'accompagnement de l'association.
hameaux-legers.org

Centre-Val de Loire

SUPERFICIE :
39 151 km²

HABITANTS :
2 564 900 (Insee 2022)

CHEF-LIEU : Orléans

DÉPARTEMENTS : 6

Raphaël Ruegger
ET SES TRUCS QUI MARCHENT

Cher, Neuvy-sur-Barangeon (18) – Jeune conseiller municipal de 22 ans, Raphaël Ruegger est également consultant dans un cabinet de conseil en stratégie et communication. Il avait déjà remarqué des solutions locales duplicables mais qui restaient totalement inconnues. Alors, il a entamé un tour de France, en 2022, pour les répertorier et a fondé la Fédération française des trucs qui marchent (FFTM) pour les faire connaître. Il en a déjà sélectionné une centaine. Exemple : la fontaine sans structure permanente d'Epinay-sur-Seine (93), un îlot de fraîcheur l'été. Ou encore le remplacement, chaque année pendant quelques semaines, des pubs sur les panneaux d'affichage par des reproductions d'œuvres d'art à Saint-Dizier (52), devenant musées à ciel ouvert. Une initiative qui *« sera reprise en octobre 2023 par une dizaine de communes »*, se félicite le jeune élu. Qui continue son tour de France.
www.trucsquimarchent.fr

LA « GRANDE » MUSIQUE AU VILLAGE

Centre-Val de Loire – *« Lorsque le quatuor Modigliani, habitué des grandes salles de concert, joue dans le foyer rural d'un village de 200 habitants, c'est tout un territoire qui se dynamise »*, explique Rita Fahd, de l'association Les Concerts de poche. Toute l'année, des musiciens renommés se produisent en Centre-Val de Loire grâce aux concerts itinérants créés par la pianiste Gisèle Magnan. Démocratisant la musique classique en allant au plus près des publics éloignés ou empêchés, chaque concert fait l'objet d'un projet avec la commune : il est lié à un atelier musical *« pour un épanouissement de chacun à travers la* musique ». **concertsdepoche.com**

D.R.

De l'énergie grâce aux biodéchets

Loir-et-Cher, Lamotte-Beuvron (41) – Les biodéchets, ce sont les épluchures, les restes de repas et autres matières organiques fermentescibles jetés par les ménages ou les cantines. À défaut d'être triés, ils sont incinérés ou enfouis, alors qu'ils peuvent devenir une ressource énergétique. Lamotte-Beuvron a sur son territoire un site de la Fédération française d'équitation (FFE) prêt à valoriser le fumier de ses chevaux. D'où l'idée du maire, Pascal Bioulac, de créer une filière de méthanisation en mobilisant la population pour récupérer les biodéchets et produire du biogaz consommé localement et un engrais naturel.

3 300 m³ de biométhane

Quatre puis huit conteneurs, appelés Gaïa Box ont été installés pour y déposer les déchets. Ils seront bientôt douze pour mailler tout le territoire. Y ont déjà accès les restaurants de la FFE, un Ehpad, un collège, une école et 130 habitants volontaires. *« Tous ont accès à un portail numérique, ce qui leur permet de visualiser leurs dépôts, donc de réduire le gaspillage alimentaire et de suivre leur transformation »*, précise Nicolas Thibault, en charge de l'opération. La ville a investi dans une unité de méthanisation qui, en trois ans, a transformé 33 t de biodéchets en 3 300 m³ de biométhane directement injectés dans le réseau communal, et 26 t de fertilisants naturels pour amender les terres agricoles. Certaines villes comme Cannes ont déjà reproduit l'expérience lamottoise, et d'autres devraient suivre étant donné l'obligation pour tous de trier les déchets alimentaires prévue en 2024.
urbanisme@lamotte-beuvron.fr

D.R., Cyril Chigot / Divergence

ROULER AU GAZ NATUREL

Cher, Agglomération de Bourges (18) Bourges a acquis quinze ans d'expérience dans la filière GNV (gaz naturel véhicules), avec 15 millions de km effectués par ses bus : sur un parc de 63, 31 roulent au GNV. Un déploiement unique en France, justifié par l'écologie : le bus GNV réduit le bruit et les vibrations du moteur, il émet 50 % d'émissions d'oxydes d'azote en moins et 95 % de particules fines en moins que le gazole. Sa consommation est réduite grâce au système hybride (moteur électrique alimenté par l'énergie cinétique du véhicule). **gaz-mobilite.fr/deploiements/bus-gnv/bourges-6/**

CITÉ ÉDUCATIVE RURALE

Indre-et-Loire, Montrésor (37) – Dix maires de l'ancien canton de Montrésor se sont associés pour faire de leur ex-canton un *« labo rural d'innovation autour du collège »*. Développer une communauté apprenante accompagnant l'enfant de ses *« mille premiers jours jusqu'à sa sortie du collège »*, tel est l'enjeu du projet Terrecole : développer les ressources numériques dès le plus jeune âge, repenser l'espace de vie scolaire font partie du projet lauréat de l'appel à l'innovation scolaire France 2030 lancé par la Banque des territoires. **terrecole.fr**

PARTAGE DE RESSOURCES

Tours Métropole Val de Loire (37) – Mise en place, avec France Relance, cette plateforme collaborative pour tout acteur contribuant à la dynamique économique du territoire est effective depuis 2022. Objectifs : valoriser les savoir-faire ; trouver des partenaires, fournisseurs, ressources, compétences ; favoriser la recherche d'emploi. **hubeco.tours-metropole.fr**

Maison de la transition

La Maison de la transition pour cultiver la résilience

À Châteauneuf-sur-Loire, on partage les idées et les savoir-faire pour se préparer à un avenir marqué par la raréfaction des ressources.

Un café associatif La Baleine *« géré par une équipe de bénévoles intergénérationnels »*, avec bière bio locale, Beauce Cola ou encore café éthique ; une bibliothèque de la transition ; des moments de découverte de la transition, des concerts, spectacles, expositions, soirées jeux ; des ateliers participatifs d'autoréparation de vélos et de petits électroménagers ; un jardin partagé *« cultivé par des bénévoles pour apprendre les techniques et partager des savoir-faire »* ; des repas partagés ; un espace de coworking, le Co-Gîto, *« dédié à l'accueil des professionnels indépendants, télétravailleurs, étudiants et associations dans un esprit de partage et d'échanges »*. Sans oublier des formations, des ateliers solidaires tricot, couture, ainsi que différents services en collaboration avec la Caisse d'allocations familiales…

Des projets communs

Nous sommes à la Maison de la transition de Châteauneuf-sur-Loire (8 000 habitants), ouverte en 2018, au cœur du bourg. À première vue, un tiers-lieu comme ils en poussent un peu partout dans les milieux ruraux. Mais ici, il a été mis en place par un collectif indépendant de citoyens : « Châteauneuf-sur-Loire en transition », inspiré par le mouvement des Villes en transition du Britannique Rob Hopkins, et également par Benoît Thévard, un citoyen du cru, ingénieur pendant des années et blogueur (avenir-sans-petrole.fr). Bref, une poignée de personnes au départ et des centaines aujourd'hui. Et un objectif commun : *« Favoriser une dynamique locale en vue de se préparer à la raréfaction des ressources et à ses conséquences. »* En somme, développer la résilience locale en cas de déclin de la société dominante.

Prochains projets : des ateliers autour du thème de la parentalité. Ou encore l'ouverture d'une cuisine collective, espérée en 2024, qui permettrait d'accueillir des ateliers cuisine, des ateliers de transformation de légumes et de surplus de jardin, et réalisation de repas thématiques… Toujours sur le mode du partage et de la transmission de compétences. ◆ *Vincent Rondreux*

csl-transition.fr

Des écolieux pour vivre autrement

Retrouvez la carte intéractive de votre région ICI

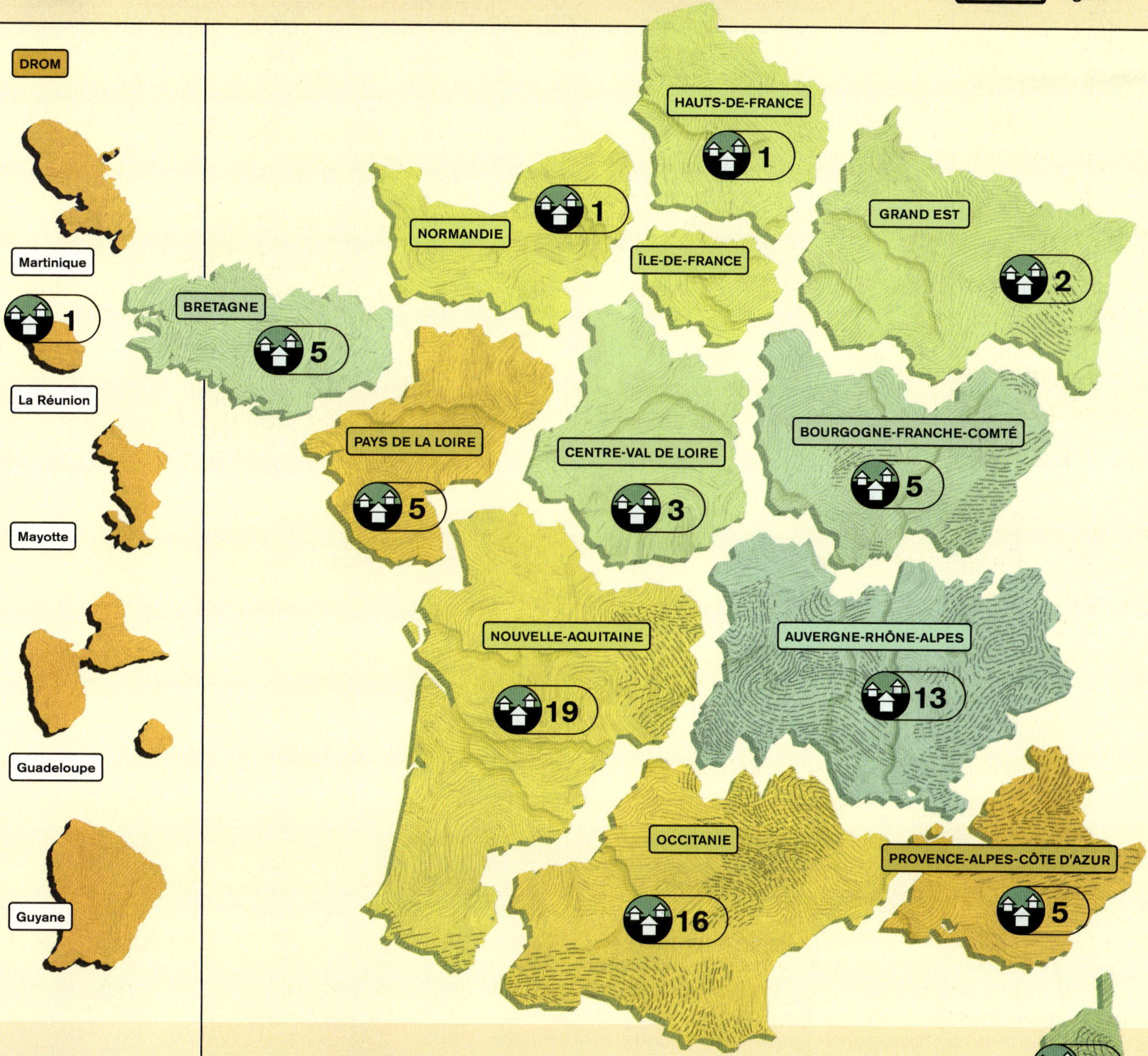

Nombre d'écovillages par région

Vivre en communauté, plus simplement et en plaçant l'être humain et l'environnement au centre des priorités, en s'éloignant de l'individualisme et de la surconsommation, sans forcément vivre en vase clos : c'est l'ambition des éco-hameaux, écovillages et autres écolieux. Habitats écologiques, modes de vie à travers lesquels sont repensés les fondamentaux (se nourrir, se loger, s'organiser…), recherche d'autonomie (alimentaire, énergétique), activités culturelles, bien-être, partage de savoirs… Chaque écolieu possède sa propre personnalité en fonction de ses membres. Mais tous veulent montrer qu'une autre façon de vivre est possible. Ils se comptent par dizaines, notamment dans la moitié sud de la France.

toitsalternatifs.fr

Corse

SUPERFICIE:
8 722 km^2

HABITANTS:
345 900 (Insee 2022)

CHEF-LIEU: Ajaccio

DÉPARTEMENTS: 2

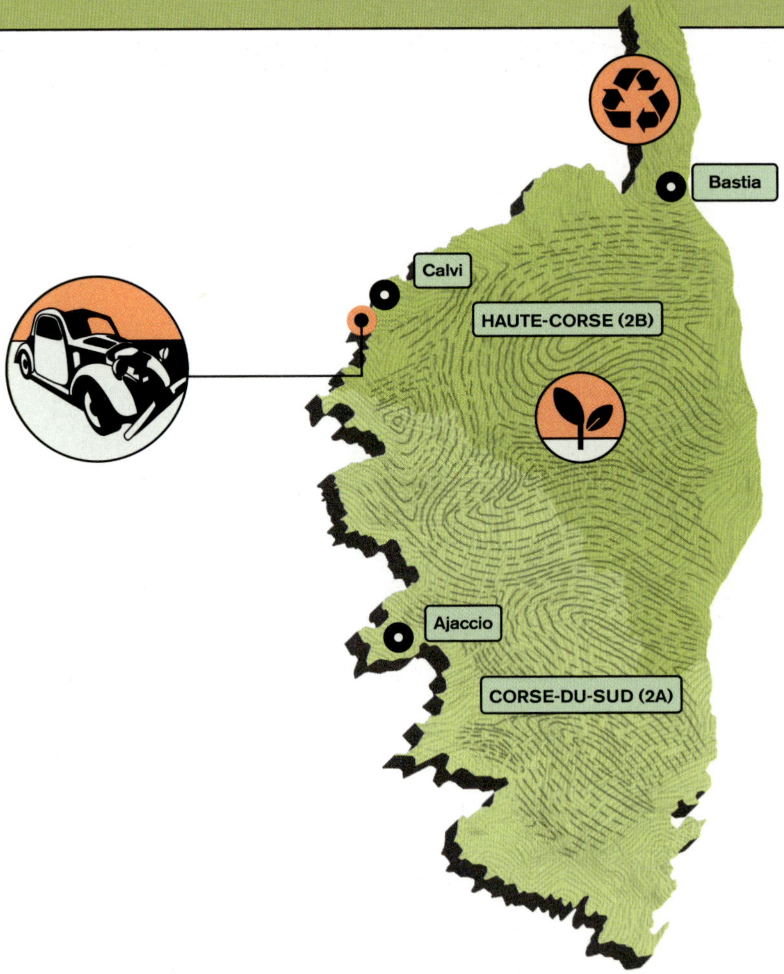

Maxime de Rostolan

1er TRANSPORTEUR DE PASSAGERS CORSE-CONTINENT À LA VOILE

De la Corse au continent — Au départ, un entrepreneur passionné d'écologie, Maxime de Rostolan, qui a fait un tour du monde en camion et voilier il y a quinze ans et ne prend plus l'avion depuis neuf ans. Son ambition: changer notre rapport au temps et au voyage en offrant une alternative décarbonée aux modes de transports polluants. En 2022, il crée une société coopérative et inaugure la traversée, quotidienne cet été, entre Saint-Raphaël (Var) et Calvi (2B). Deux voiliers de 50 pieds peuvent embarquer 8 passagers en cabine simple ou double, et 2 membres d'équipage pour une traversée de quinze à vingt-quatre heures au tarif de 240 €, 3 repas végétariens bio compris. *« On est sur une véritable rupture en décarbonation, avec 95 % d'énergie économisée »*, se félicite Maxime de Rostolan. Sans compter l'expérience vécue par les passagers: l'an dernier, 80 % ont vu des dauphins et 50 % des baleines. L'hiver, le voilier effectue des rotations transatlantiques vers les Antilles. **sailcoop.fr**

SailCoop, Belle Aventure

Pour une mobilité solidaire et sociale

Lorsqu'il quitte, en 2015, son emploi de mécanicien dans les travaux publics pour ouvrir un garage avec Marie-Florence, sa femme, Philippe Andréani est bien décidé à apporter sa quote-part aux problèmes de mobilité de l'île de Beauté. Pour les plus précaires plus particulièrement.

Location, vente de véhicules d'occasion, réparations : le garage solidaire Attellu Mubilità propose les services d'un garage classique mais à moindre coût, et en faisant appel à des employés en chantier d'insertion. Un objectif social – le couple a aussi mis en place un transport d'utilité sociale pour faciliter le quotidien de personnes fragilisées ou isolées – doublé d'une préoccupation environnementale : *« Au garage, le nettoyage des véhicules se fait sans eau ni produits corrosifs »*, précise Marie-Florence Dabrin-Andréani, coordinatrice du groupe de travail ESS Corse en faveur de la mobilité durable et inclusive. *« L'objectif dans une logique d'économie circulaire est de permettre aux véhicules d'être plus durables. En accompagnant les clients lors de leurs achats, en les formant à l'écoconduite, en ayant une fonction de sensibilisation et d'apprentissage. »*

L'association Solideria (50 salariés) gère aussi deux recycleries, trois boutiques citoyennes, un chantier numérique d'insertion, une conciergerie de territoire *« afin de favoriser la dynamique territoriale »*. Pour Marie-Florence et Philippe, *« l'engagement associatif et social est viscéral, impossible d'être sereins vis-à-vis de notre fille si nous ne faisons pas notre part »*. **solideria.corsica**

MISSION CORSEACARE CONTRE LE PLASTIQUE

Corse, Pinu, cap Corse (2B) – Créée par deux étudiants corses en 2016, la plateforme écocitoyenne Mare Vivu se mobilise contre la pollution plastique en Méditerranée en promouvant le zéro déchet et la préservation de la biodiversité marine. Tous les ans, elle organise le CorSeaCare : un tour de l'île par petites embarcations pour collecter des données sur la pollution et les espèces littorales et marines. Lors des escales, des ateliers pédagogiques sont proposés aux adolescents. Des conférences et projections de films visent à susciter une prise de conscience auprès du grand public sur la pollution des mers. Et pourquoi pas, trouver des solutions en amont. **mare-vivu.org**

PERMACULTURE & CHANTIERS PARTICIPATIFS

Haute-Corse, Corte (2B) – Il y a six ans, Julie et Bruno Tomasi choisissent de se reconvertir dans le maraîchage et l'arboriculture bio. Les Terrasses de Lutriani, sur le lieu-dit de Pont'a Ghjunta, s'épanouissent sur 5 ha cultivés, 1 000 m^2 sous serre pour l'hiver et 15 ha de forêt. Plus de 80 variétés de fruits, légumes et plantes aromatiques sont cultivées à la main, sans travail du sol ni équipement mécanique, avec des semences paysannes, et vendues en circuit court. L'exploitation élabore ses sauces tomate, caviars d'aubergine, ratatouilles, vendus en bocaux ou en bouteille. Les Terrasses de Lutriani propose aux clients, aux stagiaires et aux scouts de participer aux sessions d'agriculture écologique et chantiers participatifs. **lesterrassesdelutriani.fr**

Solideria, Terrasse de Lutriani

Fêtes de Brassac (Tarn) – Tir à la corde interrives *(l'une catholique, l'autre protestante, dit-on)*

Août 2022. Photo Frédéric Stucin.

Grand Est

SUPERFICIE :
57 441 km²

HABITANTS :
5 542 100 (Insee 2022)

CHEF-LIEU :
Strasbourg

DÉPARTEMENTS : 10

NOTA BENE :
Strasbourg > Prix de la capitale européenne de la biodiversité en 2021 (European Green Capital Award)

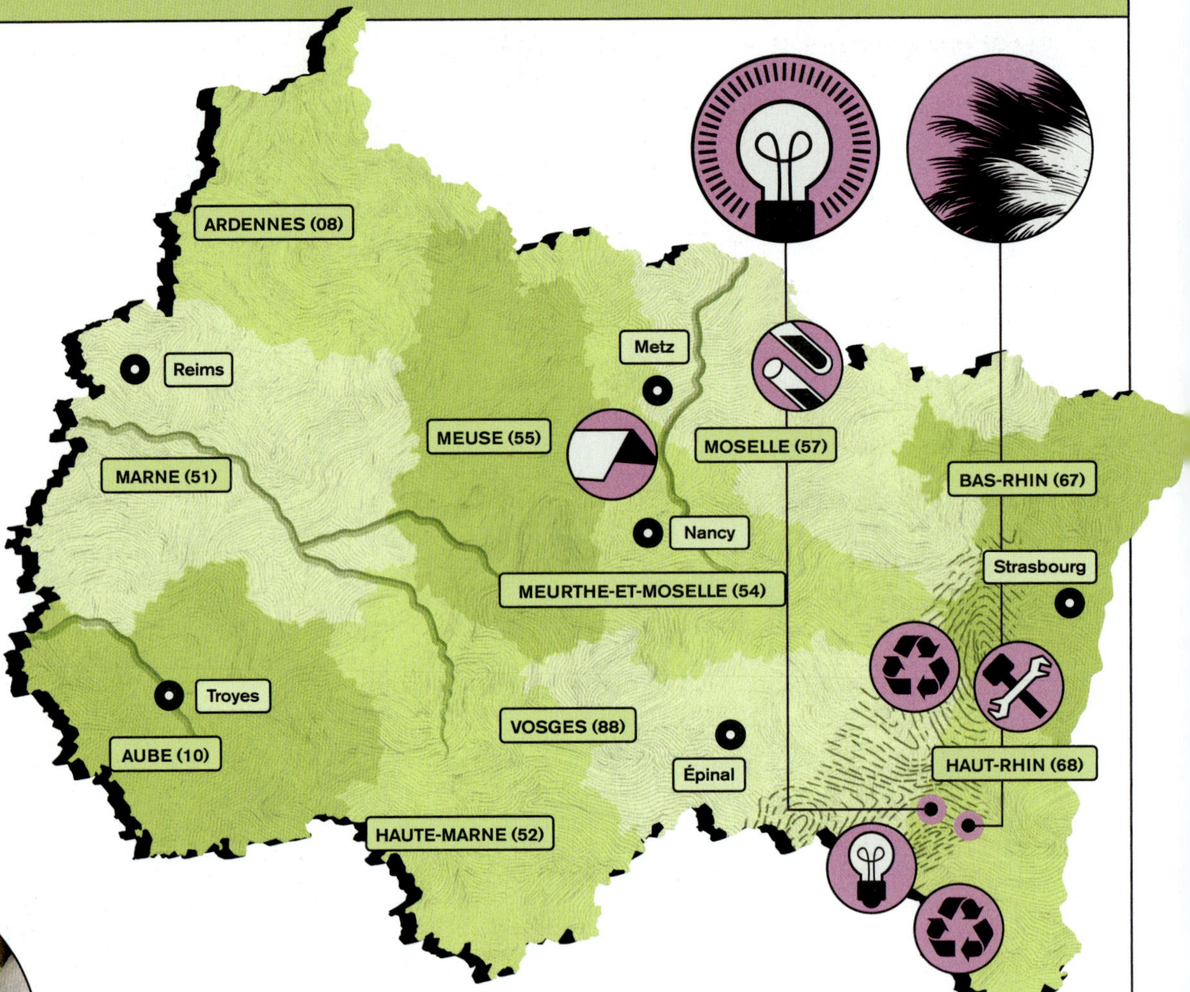

Michel Fournier
MAIRE DES VOIVRES

Vosges, Les Voivres (88) – Maire depuis 1989 de ce village de 330 habitants, Michel Fournier est le porte-voix d'une ruralité entreprenante. Vice-président de l'Agence nationale de la cohésion des territoires (ANCT) et président de l'Association des maires ruraux (AMRF), il ose et innove. Et de façon exemplaire. Il a sauvé l'école (9 élèves fin 1970, contre 85 aujourd'hui avec la commune d'Auxbois). Second objectif : loger ses concitoyens grâce à une opération de rénovation-location de corps de ferme (20 logements sociaux). Enfin la création d'emplois : une cinquantaine grâce aux quatre entreprises (exploitation laitière, design sur bois, emballages industriels, système de récup' de déchets pour barrages). À son actif, une association d'artisans d'art, un centre d'éducation à l'environnement pour classes vertes et séminaires (hébergement de 55 lits). *« Le tourisme vert doit faire partie du processus de revitalisation d'un village »*, souligne l'élu, très fier d'avoir réussi à imposer l'idée de Villages d'avenir dans le respect des espaces naturels. **agence-cohesion-territoires.gouv.fr**

RECYCLER LES CHAUSSÉES

Alsace (67 et 68) – Le département est réputé pour la qualité de son réseau routier, dense et très fréquenté. Mais il faut le rénover régulièrement, ce qui produit de grandes quantités d'agrégats de béton bitumineux. La collectivité d'Alsace les recycle, afin de limiter les impacts sur l'environnement (consommation d'énergie et de ressources fossiles, déchets…). Les travaux sur l'A35 ont réutilisé jusqu'à 40 % des agrégats d'enrobés pour la chaussée, ainsi que des granulats fracturés pour le terre-plein central. Également recyclés 10 000 m³ de béton. L'Alsace entend systématiser le recours aux matériaux recyclés pour tous les travaux routiers. **alsace.eu**

Eric Thiebaut / Maxppp

Ungersheim, étendard des villes en transition

Haut-Rhin, Ungersheim (68) – Ungersheim, son écomusée d'Alsace en plein air, son rôle pionnier dans le mouvement des Villes en transition, ses 21 actions pour le XXIe siècle (aujourd'hui réalisées), son titre de Capitale française de la biodiversité, son transport d'enfants en calèche… Sans oublier son maire emblématique, Jean-Claude Mensch, à la tête de la commune depuis 1989, où *« la dynamique se poursuit toujours »*, nous dit-il. Pour preuve, la mise en service d'une unité de méthanisation dès la fin de l'été pour alimenter chauffage et process divers, tandis qu'une cinquième centrale photovoltaïque est en cours d'installation. Accompagnées d'une campagne de sobriété énergétique, les installations d'Ungersheim doivent ainsi *« couvrir l'autonomie énergétique de la commune dès 2024… Chauffage, eau chaude sanitaire et industries inclus »*, souligne l'édile.

Souveraineté alimentaire

Côté alimentation, 650 repas quotidiens bio sont désormais servis aux scolaires. La commune s'investit également dans un vaste projet Terre résiliente, afin de préserver la ressource en eau et les espaces naturels. Alors que la majorité de la surface agricole utile du territoire est à l'origine consacrée à la culture du maïs, il s'agit, en particulier, de développer la filière locale bio, *« de la graine à l'assiette »*… Objectif : la souveraineté alimentaire.

Les actions de Jean-Claude Mensch ne se limitent pas à la commune. Le maire pilote de plus le Plan climat-air-énergie (PCAET) de Mulhouse Alsace Agglomération, voté fin 2022, et a créé *« un fonds de 2 millions d'euros par an pour alimenter les projets des communes »*. La liste ne serait pas complète si l'on omettait ses nombreuses interventions, des Alpes-Maritimes à la Vendée, pour montrer l'exemple de son village. Un infatigable fer de lance de la transition. **mairie-ungersheim.fr**

Pascal Bastien / Divergence, Thomas Louarpe / Divergence, Divergence, Smictom

SOBRIÉTÉ FONCIÈRE

Bas-Rhin, Muttersholtz (67) – L'objectif Zéro Artificialisation nette (ZAN) n'est pas du goût de toutes les communes qui désirent toujours se développer et ainsi s'étendre. À Muttersholtz (2 198 habitants), où la demande de locations est importante malgré les 8 % de logements inoccupés – soit une soixantaine dans le bourg – , la commune a trouvé la solution : elle a décidé d'accompagner les propriétaires de bâtis vacants *« afin de créer des logements rénovés thermiquement et accessibles à tous »*. En cinq ans, cette démarche sobre a permis de créer l'équivalent d'un lotissement. Sans artificialisation. Et en redynamisant le centre historique. **muttersholtz.fr/projets**

BIODÉCHETS ET MÉTHANISATION

Alsace, entre Bas-Rhin et Haut-Rhin (67-68) – Les quelque 130 000 habitants des 90 communes gérées par le Syndicat mixte de collecte et de traitement des ordures ménagères (Smictom) d'Alsace centrale (entre Strasbourg et Colmar) bénéficient, depuis 2020, d'une collecte volontaire de biodéchets, « complémentaire du compost ». Un service qui devrait se généraliser en 2025. Objectif : détourner un quart des ordures ménagères de l'incinération (épluchures, pain, coquilles d'œufs, os, arêtes de poissons…), soit 32 kg par an et par habitant. Les biodéchets sont ensuite méthanisés pour produire de l'énergie, tandis que les restes issus du méthaniseur (digestat) servent à amender les sols. Reste à méthaniser les biodéchets en Alsace centrale. Ce à quoi s'emploie le Smictom.
smictom-alsacecentrale.fr

Bernwiller se chauffe au miscanthus

Plus besoin de gaz, de fioul ni d'électricité ! Bernwiller, à une quinzaine de kilomètres de Mulhouse (Haut-Rhin), et ses 1 200 habitants se chauffent désormais au miscanthus, une plante écologique et économique.

L'herbe à éléphant, appelée encore eulalie, est une graminée rhizomateuse originaire d'Asie qui ressemble à du roseau ou de la canne à sucre. Importée par le Danemark en 1935, elle n'apparaît en France que soixante-dix ans plus tard. En 1993, l'ancien maire d'Ammertzwiller, fusionnée aujourd'hui avec Bernwiller, en plante une première parcelle pour ses vertus assainissantes : il s'agit alors d'abaisser le niveau de nitrate de l'eau de la commune. Vingt ans plus tard, la commune a l'idée de récolter et d'utiliser le miscanthus sous forme de copeaux de biocombustible dans deux chaufferies communales. Doté d'un pouvoir calorifique bien supérieur, il remplace avantageusement les plaquettes de bois. *« Tous les bâtiments de la commune, les écoles et les églises sont chauffés au miscanthus. Soixante-dix logements ont demandé à être raccordés, et ils ne le regrettent pas »*, se félicite l'actuel maire Patrick Baud. Et pour cause : à 0,077 centime le kilowatt, on est très loin des prix des autres énergies… Damien Monnier, propriétaire d'une maison de 180 m², ne paie pour le chauffage et l'eau chaude que 1 500 euros par an, abonnement compris : *« Nous étions un peu inquiets au départ, mais nous avons fait une bonne affaire, c'est le meilleur rapport qualité-prix que je n'ai jamais eu »*, expliquait-il à l'*AFP*.

Et ce n'est pas tout. La plante permet d'autres usages. Le maire souhaite l'utiliser aussi comme isolant en rénovation de bâtiment – un cimentier a même déposé un brevet pour du béton de miscanthus, à l'instar du chanvre. Citons également le paillage horticole, les litières ou encore l'alimentation animale.

Une culture sans engrais ni produits phytosanitaires

D'autres débouchés industriels se profilent. Au-delà de la dépollution des friches industrielles grâce au système racinaire très dense de cette plante, capable d'absorber les métaux lourds, le miscanthus pourrait devenir un biocarburant de deuxième génération plus performant que le blé ou le colza, et être incorporé dans certains bioplastiques.

Dernier avantage, et non des moindres, l'herbe à éléphant pousse seule, sans engrais ni produits phytosanitaires. Une douzaine d'agriculteurs la cultive sur 27 ha à Bernwiller, attirant les visites d'élus et d'exploitants voisins. Selon l'association France Miscanthus, ce sont 11 000 ha qui sont aujourd'hui cultivés en France, une surface qui a doublé en cinq ans. ◆ *Gérard Leclerc*

france-miscanthus.org

Patrick Hertzog / AFP, Vincent Voegtlin / Maxppp

UNE BIORAFFINERIE PAS COMME LES AUTRES

Moselle, Carling-Saint-Avold (57) – La société Afyren, start-up de la bioéconomie née à Clermont-Ferrand, souhaitait ancrer l'industrie dans les territoires et valoriser les ressources au plus près des marchés. C'est chose faite avec l'inauguration, en 2022 avec Bpifrance, d'Afyren-Neoxy, une bioraffinerie d'un genre nouveau. Implantée à Carlin-Saint-Avold, cette usine transforme des coproduits de la betterave sucrière cultivée dans la région et produit une gamme d'acides organiques habituellement issus du pétrole. Ces derniers sont utiles aux secteurs de la nutrition humaine et animale, des arômes et parfums, de la cosmétique et de la chimie fine. Production prévue en 2024 : 16 000 t. **afyren.com**

Olivier Lievin / Afyren, D.R.

AIDE AU LOGEMENT ET À LA CULTURE CITOYENNE

Meurthe-et-Moselle, Maxéville (54) – *« Vous aussi, vous avez votre rôle à jouer »* : c'est ce que dit Nicolas Château, créateur et animateur de l'association Si Toit Lien, lorsqu'il va à la rencontre des plus précaires. *« Notre objectif est de favoriser la solidarité et l'inclusion autour de l'habitat et aussi de la citoyenneté, et la culture est un vecteur primordial d'émancipation »*, explique celui qui milite dans l'économie sociale et solidaire depuis vingt ans. L'association, qui emploie quatre salariés, a ainsi organisé, en juin dernier, à Vandœuvre-lès-Nancy, le festival citoyen Toi Toit mon Toit !, autour du logement. Au programme, théâtre, musique, spectacle de marionnettes. Espace de partage, d'écoute, d'aide aux démarches en matière de logement, la caravane MobilLogement œuvre aussi pour la prévention. Pour exemple particulièrement d'actualité, la prévention contre les punaises de lit, abordée à travers des ateliers ludiques, qui fera l'objet, en novembre, d'une BD réalisée par une dessinatrice du magazine *Fluide glacial*. **sitoitlien.fr**

UNE JOURNÉE CITOYENNE DEVENUE INCONTOURNABLE

Haut-Rhin, Berrwiller (68) – Créée en 2008 par Fabian Jordan, maire de Berrwiller, bourgade de 1 200 habitants, la Journée citoyenne est reprise aujourd'hui par plus de 2 500 communes. Le principe ? Chaque année pendant une journée, les habitants d'une commune et d'un quartier se mobilisent bénévolement pour réaliser ensemble des projets qu'ils ont eux-mêmes proposés. Pour Fabian Jordan, président depuis 2017 de Mulhouse Alsace Agglomération et de l'Observatoire national du développement et de l'action sociale (Odas), cette implication collaborative avait pour but d'améliorer le cadre de vie et le mieux-vivre ensemble, et aussi de favoriser le lien social et la proximité entre habitants et élus : un objectif devenu une priorité dans une société où l'individu prime sur le collectif et où la défiance des citoyens vis-à-vis des élus devient de plus en plus radicale. **journéecitoyenne.fr**

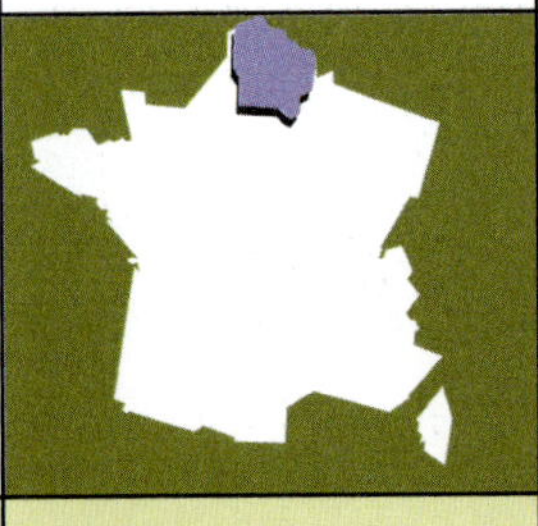

Hauts-de-France

SUPERFICIE :
31 813 km²

HABITANTS :
5 987 200 (Insee 2022)

CHEF-LIEU : Lille

DÉPARTEMENTS : 5

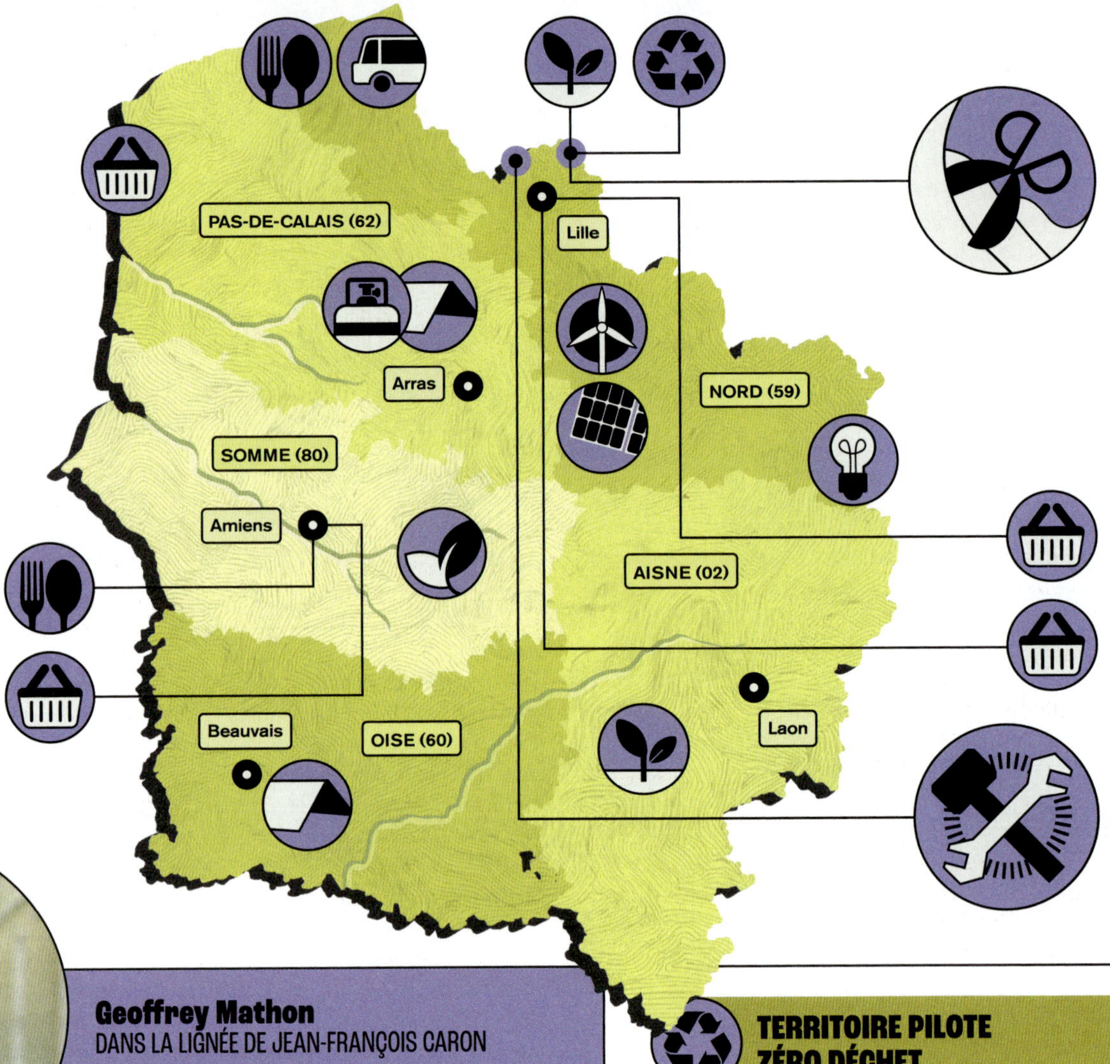

Geoffrey Mathon
DANS LA LIGNÉE DE JEAN-FRANÇOIS CARON

Pas-de-Calais, Loos-en-Gohelle (62) — Alimentation, énergie, culture, biodiversité, cadre de vie : *« Ce qui fait modèle à Loos, c'est une approche globale pour chaque projet, en tenant compte de toutes les externalités. Et en impliquant systématiquement les citoyens. »* Début avril, Geoffrey Mathon a pris la suite de Jean-François Caron à la tête de cette commune passée *« du noir au vert »*, à la fermeture des mines de charbon. Et devenue un *« laboratoire-pilote »* pour de multiples territoires. Ancien directeur général des services de la Ville, le quadra a été choisi *« à l'issue d'une élection sans candidats »*, et s'inscrit dans la lignée de son inspirant prédécesseur, dirigeant aujourd'hui la Fabrique des Transitions, outil national mutualisant les expériences pionnières. Geoffrey Mathon veut maintenant *« massifier les actions »*. Dans son village, mais aussi dans l'agglomération Lens-Liévin et au-delà. *« Avec tous ceux qui le veulent. »*
fabriquedestransitions.net

TERRITOIRE PILOTE ZÉRO DÉCHET

Nord, Roubaix (59) — Faire des économies, préserver sa santé grâce à des produits naturels, agir pour la planète en évitant les emballages… Trois bonnes raisons de devenir une famille zéro déchet. À Roubaix, la municipalité a lancé, depuis 2015, un défi à ses habitants : réduire leur production de déchets, en leur expliquant tous les bienfaits qu'ils peuvent en tirer. Au programme, des ateliers variés pour favoriser les changements de comportements : cuisine, plantation, low-tech, autofabrication… Depuis, des centaines de familles se sont engagées, ainsi que des commerces, écoles, entreprises.
roubaixzerodechet.fr

D.R.

1er immeuble 100 % solidaire

Nord, Wervicq-Sud (59) – Ce sera une première en France. Familles Solidaires lancera, début 2024, les travaux d'un immeuble solidaire inventant *« une nouvelle façon de vivre ensemble »*, explique Christophe Léger, directeur de l'association pour les Hauts-de-France. Fruit d'une expérience d'une décennie en habitat inclusif, cette colocation solidaire, au cœur de cette commune proche de Lille, accueillera, en 2025, *« des malades souffrant d'Alzheimer, des personnes à mobilité réduite, âgées, isolées et des jeunes majeurs issus de l'ASE (Aide sociale à l'enfance) »*.

Ces femmes et ces hommes fragilisés par ce que l'on nomme pudiquement les accidents de la vie, l'âge, le handicap, seront accompagnés par des travailleurs sociaux. Des *« locataires comme les autres »*, tient à préciser Christophe Léger : ils vivront chacun chez eux, mais pourront partager des espaces de convivialité et un grand jardin. En outre, ils définiront ensemble un projet de vie sociale commune. Un immeuble solidaire qui permettra de vivre *« une vie de famille »*, de soulager des aidants souvent épuisés, en créant une synergie sociale positive avec des professionnels de santé, des bénévoles, des voisins… **familles-solidaires.com**

Familles solidaires, Les Robin.e.s des bennes

LA DÉPANNEUSE, ÉPICERIE SOCIALE ET MOBILE

Somme, Amiens (80) – *« La Dépanneuse n'est pas une distribution alimentaire. On est des clients comme les autres ! »* Et payer ses emplettes, même un prix symbolique (3 cents pour un yaourt), efface la honte. Initiée par l'association Coallia, créée par Stéphane Hessel, l'épicerie solidaire qui sillonne la ville est aussi *« un lieu de rencontre pour rompre l'isolement »*, explique Marie Delafosse, jeune conseillère en économie sociale et solidaire familiale. *« Les clients participent à des ateliers de prévention santé, de cuisine ou d'inclusion numérique.* "Un temps rien que pour eux", *nous disent-ils. »* En projet, une seconde épicerie mobile dédiée aux territoires ruraux autour d'Amiens. **coallia.org**

ALIMENTATION PARTAGÉE

Somme, Amiens (80) – Le *Dumpster Diving*, consistant à fouiller les poubelles pour récupérer et redistribuer des produits consommables, est à l'origine de Robin.e.s des bennes. Les actions de cette association vont au-delà du simple don alimentaire : friperies, frigo partagé, récupération et distribution de plantes, parcelle en permaculture… Et le tout est gratuit. **lesrobinesdesbennes.fr**

REDYNAMISATION

Nord, Fourmies (59) – Rev3 comme 3e révolution industrielle : c'est le nom donné à la redynamisation de cette ancienne ville textile. Lancé en 2015 et accompagné par l'Ademe (Agence de la transition écologique) dans le cadre des démonstrateurs nationaux de la conduite du changement, le programme vise l'autonomie énergétique d'ici 2050. Au sommaire aussi, un tiers-lieu sur plus de 2 000 m² dans un ancien supermarché. Coconstruit avec les habitants et intégrant des matériaux biosourcés, il a été inauguré cet été et réunit culture, fabrication numérique, low-tech. **fourmies.fr**

UN PARC DE 170 000 PANNEAUX PHOTOVOLTAÏQUES

Nord, Cambrai-Niergnies (59) – Grâce à un investissement public-privé de 50 millions d'euros, Cambrai a installé, sur les 74 ha d'une ancienne base de l'Otan, 170 000 panneaux solaires produisant 60 MWc, l'équivalent de la consommation électrique de 27 000 foyers. C'est l'un des plus importants parcs de France et le premier relié au réseau éolien qu'il viendra suppléer en été. Quatre-vingts collectivités du Cambrésis se sont engagées à multiplier par 2,5 la production d'énergie renouvelable afin de couvrir 40 % des besoins du territoire. **agglo-cambrai.fr**

TRANSPORTS GRATUITS

Nord, Dunkerque (59) – Septembre 2018, le réseau des bus devenait gratuit, 7 J/7, pour les 200 000 habitants des 17 communes de l'Agglomération. Dunkerque était une pionnière en France et en Europe. *« Un choix lié à l'urgence sociale et climatique. Vous montrez aux gens qu'on peut adopter un comportement plus écologique sans les contraindre et en leur redonnant du pouvoir d'achat »,* explique le maire Patrice Vergriete. Dès la première année, la fréquentation des bus a presque doublé, profitant aux commerces de centre-ville. Une quarantaine de collectivités en France ont adopté la gratuité, mais en la limitant au week-end (Nantes) ou aux moins de 18 ans, à Strasbourg. Montpellier annonce la gratuité totale pour fin 2023. **ville-dunkerque.fr**

SYNDICAT MIXTE DU SCOT GRAND DOUAISIS

Nord, Douai (59) – Les plans climat-air-énergie territoriaux (PCAET) sont des déclinaisons locales de la stratégie nationale bas-carbone. Ils fixent des objectifs locaux dans le domaine des énergies renouvelables, des transports… Le Syndicat mixte du Scot (Schéma de cohérence territoriale) Grand Douaisis, rassemblant Douaisis Agglo et la Communauté de communes de Cœur d'Ostrevent, va plus loin. Son objectif transversal, adopté en 2020, est la sobriété dans tous les domaines : utilisation des matières premières, structuration de l'espace, organisation collective… Et pour sensibiliser aux nécessaires changements de comportements, un jeu développé par l'association Virage Énergie. **grand-douaisis.com**

FRUITS ET LÉGUMES : MÊME LES MOCHES SONT BONS !

Nord, Lille (59) – Maigrichons, tordus, bosselés ou trop nombreux… 5 % des fruits et légumes sont écartés des circuits de distribution pour non-conformité. Et autant de pertes pour les agriculteurs. Après l'Ile-de-France, Lyon et Marseille, la start-up Hors Normes débarque à Lille et propose des paniers bio « moches » 30 % moins chers. Outre l'aspect économique tant pour les agriculteurs que pour les consommateurs, la démarche, impliquant 150 producteurs locaux, permet de réduire le gaspillage et donc l'impact environnemental. **benebono.fr**

ÉLOGE DU SAVOIR-HABITER

Oise, Beauvais (60) – Imaginé par Tandem Immobilier, agence à vocation sociale, le projet Eco'Logis (école du logement) promeut le *« savoir-habiter »*. Objectif : sensibiliser les ménages en fragilité aux économies d'énergie et de fluides, à la sécurité domestique, au confort de vie… Une interface entre les besoins des personnes et les intérêts des propriétaires. **tandem-immobilier.fr**

LES ÉTUDIANTS LOGÉS À LA CAMPAGNE

Pas-de-Calais, Béthune (62) – Ce sont trois agriculteurs de Béthune qui ont lancé le concept en 1995 : rénover des bâtiments de ferme inoccupés et en faire des logements pour étudiants. L'association Campus vert met en relation exploitants agricoles et étudiants. Les premiers rénovent leurs bâtiments inoccupés pour les louer et avoir ainsi un complément de revenus, les seconds bénéficient d'un cadre agréable et d'un loyer modéré, souvent à proximité des universités en périphérie de ville. Plus d'une centaine d'agriculteurs de la région proposent quelque 800 studios. L'expérience s'est étendue à la Bretagne et à l'Ile-de-France. **campusvert.com**

RÉINSERTION À LA FERME

Aisne, Coucy-le-Château-Auffrique (02) – Après plus de vingt ans d'existence, la ferme bio de Moyembrie conserve toute son originalité : offrir une réinsertion à des détenus en fin de peine à travers l'agriculture : maraîchage, élevage, fabrication de fromages et yaourts, entretien des bâtiments, des véhicules et des machines, cuisine… Un lieu de travail et de vie en communauté. La permaculture fait partie de l'activité de cette structure qui accueille chaque année une cinquantaine de personnes, en moyenne pour neuf mois. **fermedemoyembrie.fr**

Campus vert, C. Lefebvre/Maxppp, Alexandre Alloul

Fashion Green Hub, une mode d'avance

« *Ensemble, on va plus loin* » : une formule qui convient parfaitement à cette association, réseau d'entreprises pour une mode plus durable.

« Mettre en lien tous les acteurs du secteur de la mode et du textile de la région pour dynamiser la production et l'innovation locales. » Telle est l'idée du trio formé par Annick Jehanne, Arielle Levy et Jean-Michel Castaing, trois professionnels du secteur, lorsqu'ils imaginent, en 2015 à Roubaix, le réseau d'entreprises Fashion Green Hub (ex-Nordcréa). On y trouve des grandes entreprises, des créateurs, des écoles, des chercheurs, des fabricants, des start-up… pour une filière plus durable et plus éthique.

Le programme vise à décrypter les solutions et à partager les bonnes pratiques de manière à *« réduire l'impact environnemental et social de la filière mode et textile »*. Soit des forums de l'innovation durable (Fashion Tech Days) et de la mode circulaire (Fashion Green Days), comme ceux organisés à Lyon, les 19 et 20 septembre, et à Nantes, les 16 et 17 novembre.

L'association coordonne aussi des groupes de travail thématiques afin d'accélérer l'essor de la mode circulaire : réduction du plastique, renforcement de l'évaluation environnementale, développement de la fabrication à la demande et de l'upcycling, rentabilité de la réparation… Sans parler de la Fashion Green Room, boutique mutualisée et éphémère.

Recyclage et conception 3D

En 2018, Fashion Green Hub a ouvert, au sein de l'ancienne usine Tissage Roussel à Roubaix, le premier tiers-lieu textile des Hauts-de-France : Plateau fertile. Il permet aux entreprises et porteurs de projets de travailler ensemble, d'expérimenter le recyclage ou encore la conception 3D, de réaliser des petites séries de produits. Il dispense également des formations : écoconception, lancement d'une activité… Ce réseau d'entreprises rassemble depuis pas moins de 450 membres sur tout le territoire et se structure à l'échelle nationale. Deux associations régionales ont été constituées depuis l'an passé : à Paris (Grand Paris), où un deuxième Plateau fertile a été ouvert, fin 2022, dans l'hôtel industriel Berlier du 13e arrondissement, et à Lyon (Lyon Aura), où un troisième tiers-lieu doit être lancé. ◆ *Vincent Rondreux*

fashiongreenhub.org

Fashion Green Hub, Delphine Chenu

LES CANTINES 100 % BIO

Nord, Grande-Synthe (59) – Dans cette ville sinistrée où le chômage frappait 23 % de la population, le passage au bio relevait de l'urgence sanitaire et sociale, selon l'ancien maire Damien Carême : *« Les publics fragilisés socialement sont plus sensibles aux mauvaises pratiques alimentaires, le repas scolaire servi en collectivité apporte donc des garanties quant à l'équilibre alimentaire des enfants. »* Grande-Synthe s'est donné les moyens de ce 100 % bio : une microferme communale d'un demi-hectare ; six maraîchers professionnels bio, installés sur la commune ; sept jardins populaires à disposition des habitants. Mais encore la Fabrique de l'autonomie pour apprendre à faire son pain et ses produits ménagers. **ville-grande-synthe.fr**

1er CAMPUS 3ZÉRO

Oise, Autrêches (60) – *« Devenir un acteur 3zéro, zéro exclusion, zéro carbone, zéro pauvreté, en boostant innovation écologique et technologique »* : c'est l'objectif de Jean Karinthi qui, avec son frère Mathieu, a créé l'Hermitage, tiers-lieu d'innovation rurale installé entre terres agricoles et bois. Premier campus 3zéro, il accueille des séminaires écoresponsables (Terre solidaire), des entrepreneurs ruraux, étudiants, retraités, associations et tous ceux qui souhaitent répondre aux défis climatiques et sociaux : *« En reprenant le contrôle de leur vie de citoyen, numérique entre autres : nous travaillons avec les Petits Débrouillards, association d'éducation populaire à la culture scientifique et technique. »* Ici, on peut se former, se reconvertir, partager des projets en open source et expérimentations en fablab ou sur le terrain avec une ferme d'agroécologie qui fournit une centaine de légumes par semaine aux Amap (Associations pour le maintien d'une agriculture paysanne). Ou se rencontrer au Café-cantine. **hermitagelelab.com**

LE PANIER DE LA MER

Pas-de-Calais, Boulogne-sur-Mer (62) – Lutter contre le gaspillage alimentaire, accompagner les personnes éloignées de l'emploi, permettre aux plus démunis de manger : tels sont les buts des Paniers de la mer, association qui récupère chaque matin les invendus des criées. Lesquels sont ensuite transformés dans des ateliers d'insertion, puis surgelés et livrés à des associations caritatives. Créé en 2002, l'atelier de Boulogne accompagne vingt salariés en insertion pour environ une centaine de tonnes de poissons distribuées. Il existe également des Paniers de la mer à Fécamp, Lorient, Penmarc'h, Saint-Malo. **panierdelamer.fr**

LAURÉATS DU CONCOURS NATIONAL DES PRATIQUES AGROÉCOLOGIQUES (CATÉGORIE PLANTATION)

Somme, Bayonvillers (80) – Sylvain Deraeve et sa sœur Inès, agriculteurs de l'EARL Plaine de vie, plantent des haies arbustives et des arbres de haut jet sans relâche, avec des essences locales. Leurs 10 km de linéaires plantés en 2006 et en 2012 ont reçu, en 2021, le premier prix du Concours national des pratiques agroécologiques (catégorie plantation). Une reconnaissance pour ces exploitants bio, vendant local, qui consacrent 10 % de leurs 42 ha aux haies. **fermeplainedevie.fr**

SUPERMARCHÉ COOPÉRATIF

Nord, Lille (59) – Modèle alternatif à la grande distribution, basé sur l'adhésion et le recours au bénévolat, les supermarchés coopératifs et participatifs se développent. Le Super-Quinquin, dans le quartier de Fives, a fêté ses 6 ans avec 2 000 sociétaires, 1 000 membres actifs et une trentaine de fournisseurs locaux. Essaimages prévus vers Wasquehal, Lomme-Lambersart… **superquinquin.fr**

VILLE NOURRICIÈRE

Nord, Roubaix (59) – Jardins partagés, jardins familiaux : la commune de Roubaix compte une dizaine d'hectares de terrains gérés par des associations pour des cultures potagères. Ici, l'agriculture urbaine est érigée en politique locale et répond à trois enjeux : offrir une alimentation saine de qualité, transformer des friches industrielles en jardins ou champs, développer de nouvelles activités économiques. Dernier projet en date : une ferme urbaine en centre-ville sur un terrain de plus de 6 000 ha, où il a fallu reconstituer un sol fertile. Actuellement en phase de test et suivie par des scientifiques. **ville-roubaix.fr**

CHAUFFAGE AU GAZ DE MINE

Pas-de-Calais, Béthune (62) – En 2017, l'ancienne ville minière transforme son réseau de chauffage urbain en remplaçant le charbon par le gaz de mine, ou le grisou, gaz inflammable à la sinistre réputation toujours présent dans les galeries, qu'elle associe à la valorisation énergétique des déchets. Ce réseau permet de chauffer l'hôpital, la gare, un centre commercial et 1 700 foyers à un tarif 30 % moins cher. L'expérience intéresse d'autres villes du bassin minier. Ce réseau de chauffage parmi les plus écologiques et compétitifs de France a valu à Béthune le prix Territoria d'or. **bethune.fr**

Hermitage, Ville de Roubaix

Des bistrots de pays et tiers-lieux

Retrouvez la carte intéractive de votre région ICI

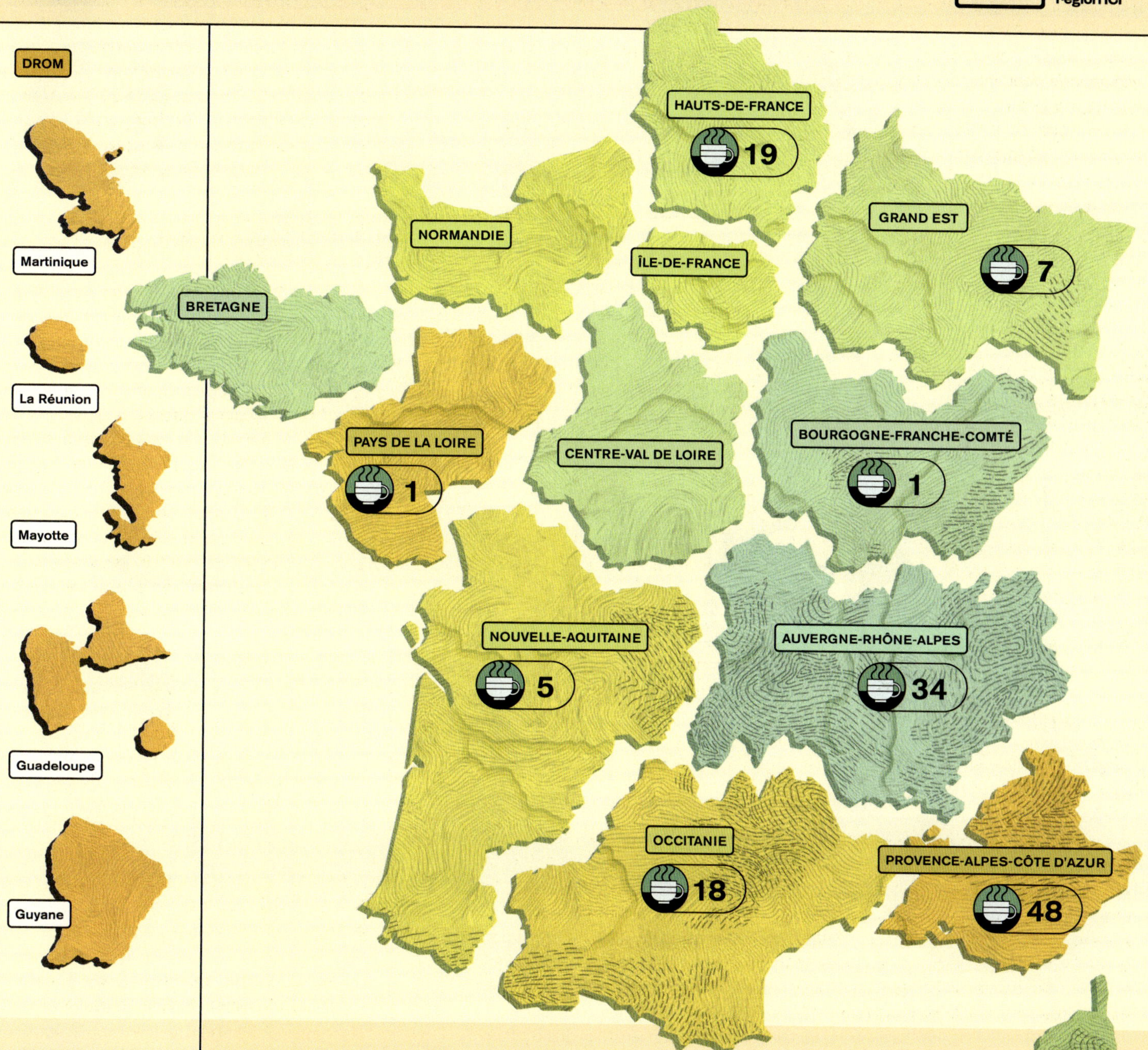

Nombre de bistrots de pays également tiers-lieux par région

La France perd 1 000 bistrots par an, alors que ces cafés-restaurants sont souvent les seuls services de proximité encore présents dans les villages. C'est pour les défendre, pour résister, que le label « Bistrot de pays » a été créé en 1993, à l'initiative de Bernard Reynal, actuel maire d'Astaillac, en Corrèze. Il s'adresse à des commerçants indépendants de communes de moins de 2 000 habitants. Au menu : convivialité, produits locaux, circuits courts, services de proximité… À la manière des tiers-lieux. Cent vingt établissements sont répertoriés sur une trentaine de départements. Un appel à candidatures a été lancé, cette année, par la Fédération nationale des bistrots de pays, pour en labéliser trente nouveaux. Avec le soutien de l'Agence nationale de cohésion des territoires.
bistrotdepays.com

Ile-de-France

SUPERFICIE :
12 012 km²

HABITANTS :
12 395 100 (Insee 2022)

CHEF-LIEU : Paris

DÉPARTEMENTS : 8

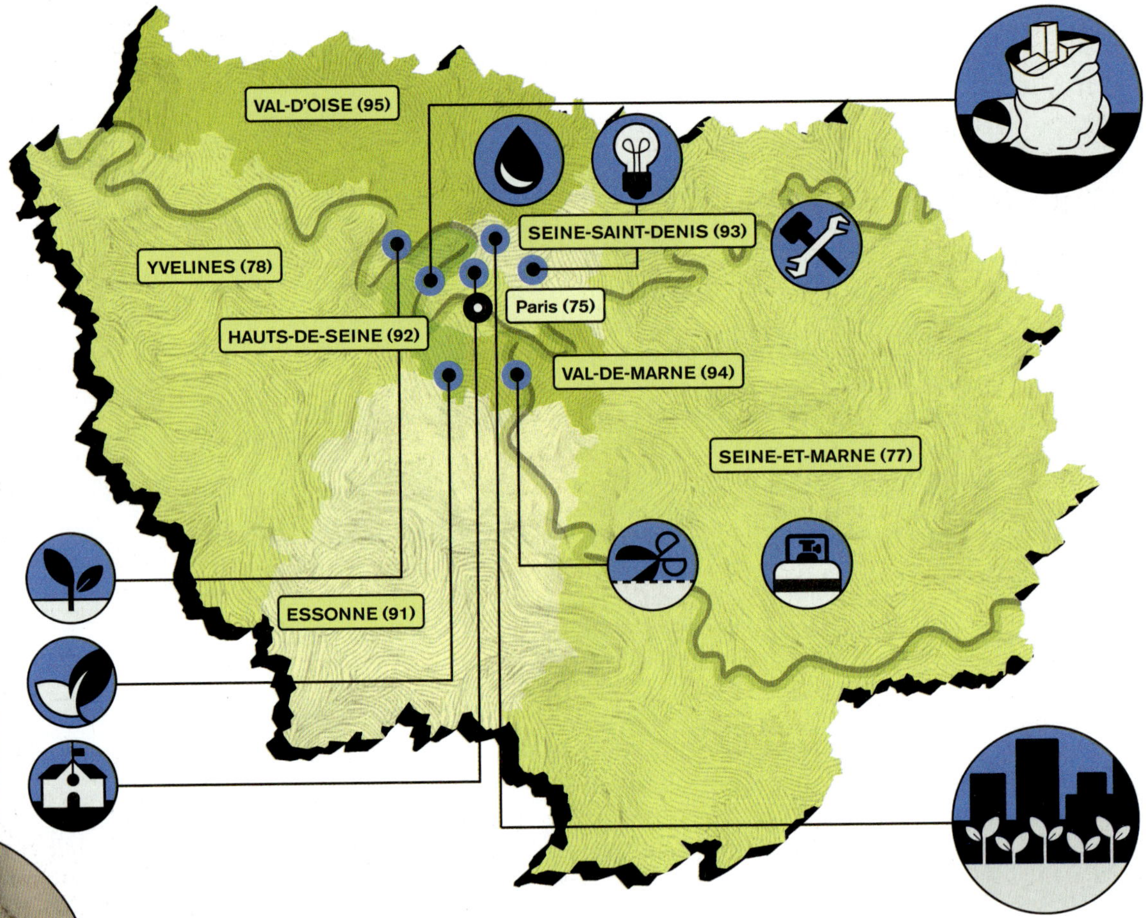

Jean-Pierre Rozenczveig
PRÉSIDENT D'ESPOIR CFDJ

Val-d'Oise, Montmagny (95) – Président jusqu'en 2014 du tribunal pour enfants de Bobigny, Jean-Pierre Rozenczveig gère depuis quatre ans, en tant que président de l'association Espoir-CFDJ (Centres familiaux de jeunes), la ferme de la Butte-Pinson qui accueille des jeunes en insertion et des condamnés à des peines de travaux d'intérêt général (TIG). Encadrés par des éducateurs, ils ont réhabilité 114 ha qui étaient devenus une décharge sauvage et un coupe-gorge. C'est désormais une ferme pédagogique avec vaches, ânes, moutons, chèvres, lapins. Cette «niche verte», coincée entre une aire d'accueil de gens du voyage sédentarisés et les banlieues de Villetaneuse et Pierrefitte-sur-Seine, est ouverte aux écoles et aux familles le week-end : 14 000 enfants l'ont découverte en 2022. *«Un projet innovant mais complexe car il associe insertion des jeunes, dépollution et revitalisation d'un territoire. Les résultats sont bons, mais le projet n'a pas trouvé son modèle économique et est en déficit»*, regrette Jean-Pierre Rozenczveig. **espoir-cfdj.fr**

CAPTER L'EAU EN IMITANT LE LÉZARD

Val d'Oise, Gonesse (95) – Pour des villes plus vertes et respectueuses de la biodiversité, Molocan apporte une réponse au stress hydrique lié au réchauffement climatique. Il s'agit d'une structure qui génère ses propres réserves en eau de façon autonome et de la mettre à disposition des écosystèmes et de ses usagers. Comment ? En captant les eaux de pluie, la condensation et l'humidité de l'air. Le système s'inspire de la pomme de pin (qui s'ouvre et se ferme selon la météo) et d'un lézard australien, le diable cornu (Moloch horridus), dont la peau collecte l'eau par capillarité et la conduit vers les coins de la bouche à travers des microsillons. **linkedin.com/compagnie/molocan/about/**

Cycle Zéro : l'appli pour récupérer gratuitement des matériaux de chantier

Hauts-de-Seine, Levallois-Perret (92) – L'application Cycle Zéro facilite la récupération gratuite des matériaux de construction encore utilisables sur les chantiers, réduisant ainsi le gaspillage et l'empreinte carbone. Lancée il y a un an, elle vise à promouvoir l'économie circulaire dans le secteur de la construction. Les chefs de chantier répertorient les matériaux disponibles sur la plateforme, et les particuliers peuvent les réserver avant de venir les récupérer gratuitement. Avec plus de 110 000 téléchargements, l'application ne cesse de gagner en popularité.

Économiser les coûts liés à l'élimination des déchets

Cette initiative bénéficie à l'environnement en évitant l'incinération ou l'enfouissement de matériaux en bon état. En France, 68 % des déchets produits dans l'Hexagone proviennent du BTP… *« Ce système permet aux chefs de chantier d'économiser sur les coûts liés à l'élimination des déchets, tout en aidant celles et ceux qui ont peu de moyens pour leurs travaux »*, souligne Karima Lebsir, cofondatrice de l'application. Créée par une équipe d'architectes d'Ile-de-France, Cycle Zéro se déploie peu à peu sur l'ensemble du territoire (Marseille, Grenoble, Lyon, Bretagne…). Et des groupes, tels Bouygues et Vinci, se montrent intéressés par cette solution ingénieuse. **cyclezero.fr**

Caroline Paux / Hans Lucas, Adrien Roux, D.R.

CONTRE LES VIOLENCES CONJUGALES

Seine-Saint-Denis, Noisy-le-Sec (93) – En novembre 2022, une campagne d'affichage sur les panneaux municipaux interpelle les habitants : *« Je ne recommencerai pas… Mais elle l'avait vraiment cherché ! »* Si vous avez déjà pensé cette phrase, appelez le numéro renvoyant à une ligne d'écoute spécialisée. *« Il s'agissait de dénoncer la banalisation, d'interpeller sans jouer sur la culpabilisation »*, explique le maire de Noisy-le-Sec Olivier Sarrabeyrouse. La ville a engagé toute une série d'actions contre les hommes violents : aucune plainte ne doit rester sans suite, campagnes de sensibilisation dès la maternelle, messages sur les sacs de baguettes de pain, logements d'urgence pour femmes en danger. Un millier d'agents municipaux sont formés à la lutte contre les violences conjugales. **noisylesec.fr**

LA RECYCLERIE, CŒUR DU QUARTIER

Paris, porte de Clignancourt (75) – Installé dans l'ancienne gare d'Ornano, ce tiers-lieu a vu le jour à l'été 2014. Près de dix ans plus tard, son ancrage dans le quartier est plus que jamais une réalité. *« Chaque jour, les voisins viennent nous déposer leur compost et récupérer les œufs de nos poules. Nous avons dû revoir toute notre gestion des biodéchets, car nous avons été dépassés par le succès »*, souligne Simon Rossard, responsable de la programmation écoculturelle. Chaque année, ce sont 7,2 t de déchets qui sont valorisés en compost. Avec plus de 600 adhérents, 300 événements organisés par an (la plupart gratuits), des ateliers de réparation et de bricolage, des fresques du climat, son café-cantine écoresponsable, la Recyclerie est l'un des plus importants, si ce n'est le plus important, tiers-lieu de France. **larecyclerie.com**

ÇA JARDINE EN SOL MAJEUR

Yvelines, Sartrouville (78) – Les Jardineurs, réunion des mots jardiniers et bricoleurs, veulent *«sensibiliser leurs concitoyens aux bonnes pratiques environnementales et au recyclage, sur une base de lien social»*, explique leur vice-président Christophe Herbrecht. En 2020, la mairie leur confie une friche de 5 000 m² qu'ils renomment Sol majeur et qu'ils transforment en écolieu. Les Sartrouvillois y agradent le sol en élaborant du compost à base de résidus de brasserie et de crottin des chevaux de Maisons-Laffitte. Le sol devient un espace de maraîchage et un refuge pour la biodiversité: une vingtaine d'espèces d'oiseaux, deux couples de hérissons et un renard! De nombreuses classes visitent le site. **lesjardineurs.fr**

UNE PIONNIÈRE DE LA MÉTHANISATION

Seine-et-Marne (77) – Il y a trois ans, le conseil départemental a signé la charte CapMétha77 pour le développement de la méthanisation. Objectif? Couvrir 75 % des besoins résidentiels en gaz du territoire d'ici à 2030, avec un gaz 100 % renouvelable produit localement, soit 2 500 GWh/an. Ce sont 290 000 ménages (plus d'un sur deux) qui devraient en bénéficier pour le chauffage et les autres usages domestiques. Quarante méthaniseurs sont déjà installés, dont l'unité Equimeth à Moret-Loing-et-Orvanne qui valorise déchets alimentaires, fumier équin et poussières de céréales, et alimente six communes. **equimeth.cvegroup.com**

RÉINSERTION PROFESSIONNELLE ET CIRCULAIRE

Val-de-Marne, Choisy-le-Roi (94) – Airbag, bâche publicitaire, toile enduite, tissu de scénographie, fond de stand, kakémono, voile de bateau, drapeau, maillot de sport, uniforme, autant de matériaux devenus inutiles qui sont récupérés chez Bilum, puis transformés en sacs, accessoires, articles de papeterie, pièces de mobilier, etc., bref, en objets utiles. Cette entreprise, née en 2005 à Choisy-le-Roi, fait appel aux artisans français, souvent basés en Ile-de-France, et régulièrement installés sous forme d'ESAT (Établissement et service d'aide par le travail) ou d'EA (Entreprise adaptée). Une entreprise emblématique de l'upcycling made in France. **www.bilum.fr**

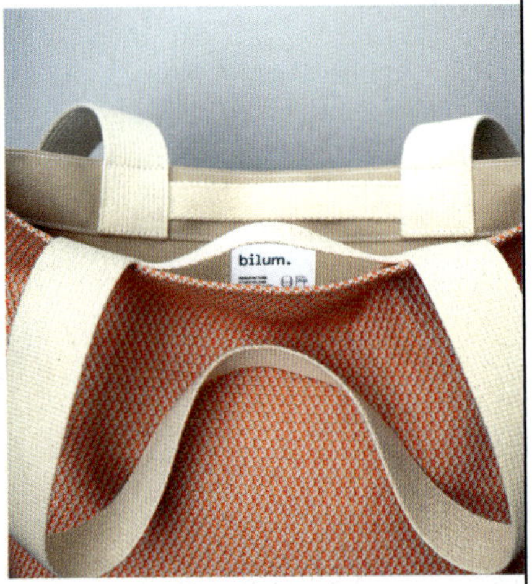

LOGEMENT SOCIAL LABELLISÉ BIOSOURCÉ

Seine-et-Marne, Trilport (77) – C'est la première fois qu'un collectif social de trois étages est réalisé, en France, avec la technique du béton de chanvre projeté (architecte Zetta Green). Le bailleur social a eu recours à des producteurs locaux, dont Planète-Chanvre, usine située à moins de 20 km. À terme, l'écoquartier l'Ancre de lune doit accueillir 450 logements mettant en œuvre des matériaux biosourcés, afin de minimiser les impacts des constructions sur l'environnement. **construire-en-chanvre.fr**

NON AUX PESTICIDES!

Hauts-de-Seine, Sceaux (92) – Si leurs arrêtés ont échoué devant les tribunaux, les quelque cent maires antipesticides, menés par Daniel Cueff (Langouët, Ille-et-Vilaine) et Florence Presson (adjointe à Sceaux, présidente de leur collectif), ne désarment pas. Et font école. Cet été, ils ont écrit à la Première ministre et aux ministres de la Santé, l'Environnement, l'Agriculture, l'Economie. Leur requête? Agir contre les dangers reconnus des pesticides pour la santé humaine. Comment? En stoppant l'autorisation, fin 2025, pour les cultures qui le peuvent; en développant d'ici là les recherches d'alternatives et de compensations quand ce n'est pas possible, et en accompagnant les agriculteurs dans leur transition.
maireantipesticide.fr

Les Jardineurs sartrouvillois, S. Lanez / Bilum, François Lepage / Hans Lucas

Un laboratoire de création à ciel ouvert

Zone sensible/Saint-Denis est une micro-utopie locale. Une ferme urbaine, un centre d'art et de nourriture, un espace ludique d'apprentissage et de reconversion professionnelle pour qui veut se reconnecter au vivant.

C'est une oasis au milieu du béton. À 500 m du métro Saint-Denis-Université, dans ce jardin permacole d'un hectare, les légumes et les fleurs poussent au milieu d'œuvres d'art. Une horloge à légumes low-tech en bois, cuivre, acier et zinc, est alimentée en électricité selon le principe découvert par le physicien Alessandro Volta (1745-1827). Les cinq roues d'une sculpture cinétique en forme de sapin, en acier, toile et ficelle, s'agitent mollement au gré du vent. Ce havre de verdure, de paix et d'hospitalité est aussi un centre d'éducation et de résistance.

La ferme, espace politique des temps futurs

Ce mercredi après-midi estival, un groupe de femmes, de tous âges et nationalités, discute avec deux animatrices du « collectif enoki », une plateforme de réflexion sur les rapports entre art, nature et alimentation. Il est question de résilience et d'autosuffisance alimentaire en temps de crise, et de sécurité sociale alimentaire. Un peu plus loin, Eva, en formation agricole pour six mois, s'active sous une serre, les mains dans la terre.

« Ici, nous articulons nature, culture et nourriture avec l'idée de créer des liens », raconte Olivier Darné, plasticien et apiculteur à la parole vive et foisonnante. Il a ouvert le lieu au public en 2017, après avoir remporté l'appel à projet lancé par la mairie. *« C'était la dernière ferme de Saint-Denis, un parking à salades qui était cultivé jusque-là en agriculture conventionnelle par René Kersanté, héritier gouailleur de trois générations de maraîchers d'origine bretonne »*, s'amuse le nouveau locataire du lieu. Au XIXe siècle, Saint-Denis était le garde-manger des Parisiens. Quelque 300 maraîchers officiaient sur la plaine des Vertus. Après avoir créé en 2008, en pleine crise financière, une Banque du miel et un Compte épargne abeilles, pour transformer l'argent mort en force de vie, Olivier Darné s'apprête à mettre sur pied un nouveau Commun du vivant. Il s'appellera « Trésor public ». *« Un lieu où l'on inventera collectivement des solutions locales de façon ludique. C'est dans les périodes de crise qu'il faut penser de nouvelles pratiques et façons de faire. »* Son credo ? La ferme est l'espace politique des temps futurs. ◆ *Eric Tariant* **parti-poetique.org**

Parti poétique

Bernard, l'aïeul du village (96 ans) – Fête du Bouquet Grandcamp-Maisy (Calvados), juillet 2022. Photo Frédéric Stucin.

Normandie

SUPERFICIE : 29 900 km²

HABITANTS : 3 307 300 (Insee 2022)

CHEF-LIEU : Rouen

DÉPARTEMENTS : 5

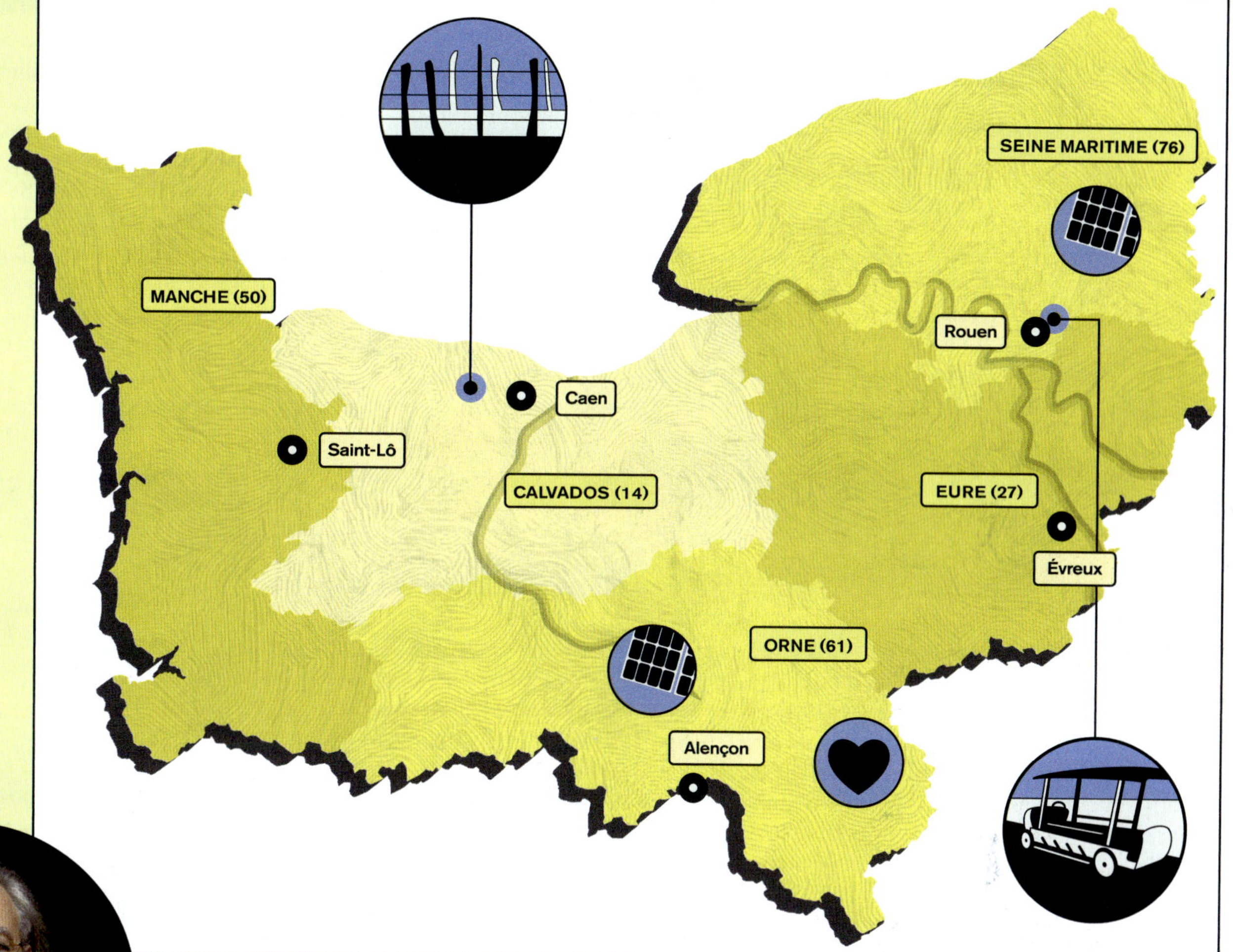

SIPA

Philippe Madec
ARCHITECTE VISIONNAIRE

Eure, Val-de-Reuil (27) – Pionnier de l'architecture écoresponsable, Philippe Madec est à l'origine du mouvement aujourd'hui international de la frugalité heureuse et créative, avec des groupes dans toutes les régions françaises. Pour lui, une construction ou une rénovation dépend avant tout de son environnement : conception, matériaux utilisés… Exemple sur les bords de l'Eure, à Val-de-Reuil : ici, l'écovillage des Noé (3 hameaux, une centaine de logements passifs, des matériaux pour la plupart géosourcés) a été conçu pour accueillir les crues de la rivière, tout en favorisant la mixité fonctionnelle, donc la cohésion sociale. Résultats : des jardins familiaux, une exploitation agricole bio, une frayère à brochets, une maison des jardiniers, une halle avec magasin bio, une gestion locale du compost, un réseau de chaleur bois, une blanchisserie coopérative, une crèche municipale… Une réalisation visionnaire récompensée par de nombreux prix. **atelierphilippemadec.fr**

AUTOCONSOMMATION COLLECTIVE

Orne, Argentan (61) – Tous à vos toits ! Frédéric Leveillé, maire et président de l'intercommunalité, a lancé une évaluation des surfaces de toitures des bâtiments publics et des entreprises : *« En autoconsommation collective, vous utilisez l'énergie dont vous avez besoin et remettez la partie supplémentaire sur un marché local. Vous en faites bénéficier l'entreprise qui est à côté, ou pour nous, collectivité, nos bâtiments. »* Il veut aussi développer les panneaux sur les friches et parie sur un mégawattheure de 80 à 100, contre 280 à 400 actuellement. Les particuliers pourraient, dans un deuxième temps, en bénéficier dans le cadre d'une communauté énergétique citoyenne. **argentan.fr**

Lauréats low-tech : le chemin des écoliers en vélobus

Seine-Maritime, Rouen (76) — Avec 23 projets présentés et 9 lauréats, le premier appel à manifestation d'intérêt, lancé en 2023 par l'Ademe, est un succès. Entre autres projets émergents, citons les bornes de recharge solaire pour deux-roues, la rénovation de matériel ancien (poêles, vélos, véhicules utilitaires légers), les outils solaires de cuisson, les *tiny houses* passives, la construction bois/paille… Ou encore un vélobus à assistance électrique pour le ramassage scolaire ! Un « minibus » à pédales de huit places, tout-terrain, qui a été conçu avec des matériaux locaux et des pièces interchangeables. Déjà testé à Louviers (Eure) dès 2017, ce mode de transport baptisé Waylibus est mené par Human-Mob, une entreprise créée en 2023 par Amaury Piquiot et son associé Guillaume Yrondelle. Il sera en service à Rouen dès 2024. **normandie.ademe.fr**

LA BOULANGERIE SOLAIRE

Seine-Maritime, Montville (76) — Installé à 10 km au nord de Rouen, ce boulanger n'a pas attendu la flambée du prix de l'électricité pour passer au four solaire. Depuis 2019, il a créé un atelier de production de pain doté d'un concentrateur solaire (69 miroirs en verre alignés sur 11 m², dont les faisceaux lumineux servent à chauffer le four). Résultat : jusqu'à 240 kg de pain cuits par jour en été. Et 110 kg en hiver. Sa société, NeoLoco, alimente huit boulangeries alentour. Seule contrainte : pas question de commencer la cuisson du pain à l'aube, il faut que le soleil soit suffisamment haut dans le ciel. Une bonne idée qu'il a voulu partager au travers d'un livre, *La Boulangerie solaire* (éd. Terre vivante, 10 €). **neoloco.fr**

MAMMOBILE : UN DÉPISTAGE PRÈS DE CHEZ SOI

Orne (61) — Le Mammobile, cabinet itinérant de radiologie aménagé pour réaliser des mammographies, effectue chaque année plus de 6 000 examens dans cinquante zones rurales de l'Orne. Ce qui permet d'accéder à un dépistage du cancer du sein qui peut être salvateur : en France, seulement 50 % des femmes le pratiquent. Lutter contre les inégalités sociales en matière de santé, tel est l'objectif d'Anticipe, unité de recherche interdisciplinaire pour la prévention et le traitement des cancers en interaction avec le CHU de Caen : le cancer (multiplié par deux depuis trente ans) est la pathologie où le constat de l'inégalité des soins est le plus frappant. En Normandie, les cabinets de radiologie sont quasiment tous installés en ville. Un second mammobile parcourt l'Eure, le Calvados, la Manche et sera en Seine-Maritime fin 2023. **crcdc-normandie.fr**

Émilie Sfez / Human Mob, Neoloco

Replanter des haies, une stratégie gagnante

Les monocultures et le remembrement des terres agricoles ont eu des effets dévastateurs sur les écosystèmes. Dans le Calvados, les agriculteurs de Thue-et-Mue ont autorisé la plantation de quatre kilomètres de haies sur leurs parcelles.

Depuis 1950, les bocages français ont perdu 70 % de leurs haies, du fait de leur arrachage lié au remembrement, à la mécanisation et au déclin de l'élevage au profit de la céréaliculture intensive. Une catastrophe pour les écosystèmes. Le Calvados a été particulièrement touché. L'équipe municipale de Thue-et-Mue, commune de 6000 habitants dans l'Orne, a décidé de réagir en répondant le projet « Plantons des haies » pour restaurer les paysages et favoriser la biodiversité et le ruissellement. *« Il a d'abord fallu convaincre les agriculteurs qui avaient touché des subventions pour arracher les haies ! »*, se souvient Valérian Thurotte, chef de projet. En 2022, deux d'entre eux se sont laissé convaincre pour la replantation de 4 km de haies avec une diversité d'essences locales : charme, érable, merisier, pommier, sorbier, aubépine, noisetier, cornouiller, fusain, néflier, viorne obier, sureau noir. L'année suivante, huit autres ont donné leur accord. Treize kilomètres sont en cours de replantation. Les propriétaires assurent l'entretien, tout comme la mairie pour les parties communales. Les haies bocagères protègent l'humidité et mettent les animaux à l'abri du vent et du soleil. Mais l'objectif est beaucoup plus large : il s'agit de favoriser la biodiversité locale, de contribuer à la préservation des paysages, à la restauration des écosystèmes verts, et de limiter l'érosion des sols. La municipalité prend en charge le financement de l'opération et a déjà reçu 67000 euros de la Direction régionale de l'alimentation, de l'agriculture et de la forêt (Draaf).

Compenser les arrachages

Des collectivités, des particuliers, en Normandie, en Bretagne ou encore dans les Pays-de-la-Loire, ont également lancé des programmes de replantations de haies au nom du développement durable. Mais ceux-ci ne compensent pas encore les arrachages, au rythme de 23000 km par an (contre 10000 dix ans auparavant) – avec toutes les conséquences que l'on sait sur les espèces animales, végétales et la régulation de l'eau. ◆ *Gérard Leclerc*

thueetmue.fr

Thue et Mue / Petites Villes de demain

Fête de la Blonde Sauveterre-de-Béarn (Pyrénées-Atlantiques), août 2022. Photo Frédéric Stucin.

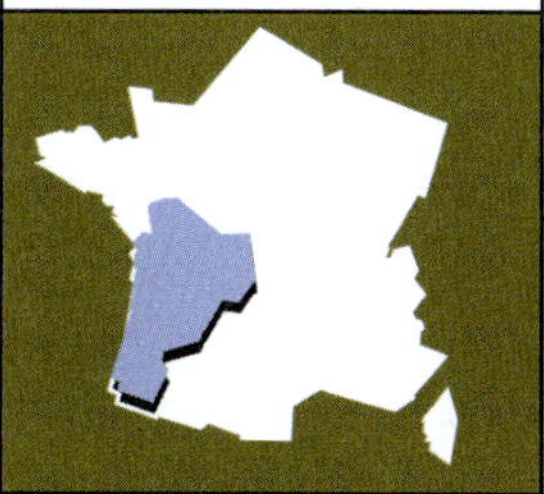

Nouvelle-Aquitaine

SUPERFICIE :
84 100 km²

HABITANTS :
6 082 000 (Insee 2022)

CHEF-LIEU : Bordeaux

DÉPARTEMENTS : 12

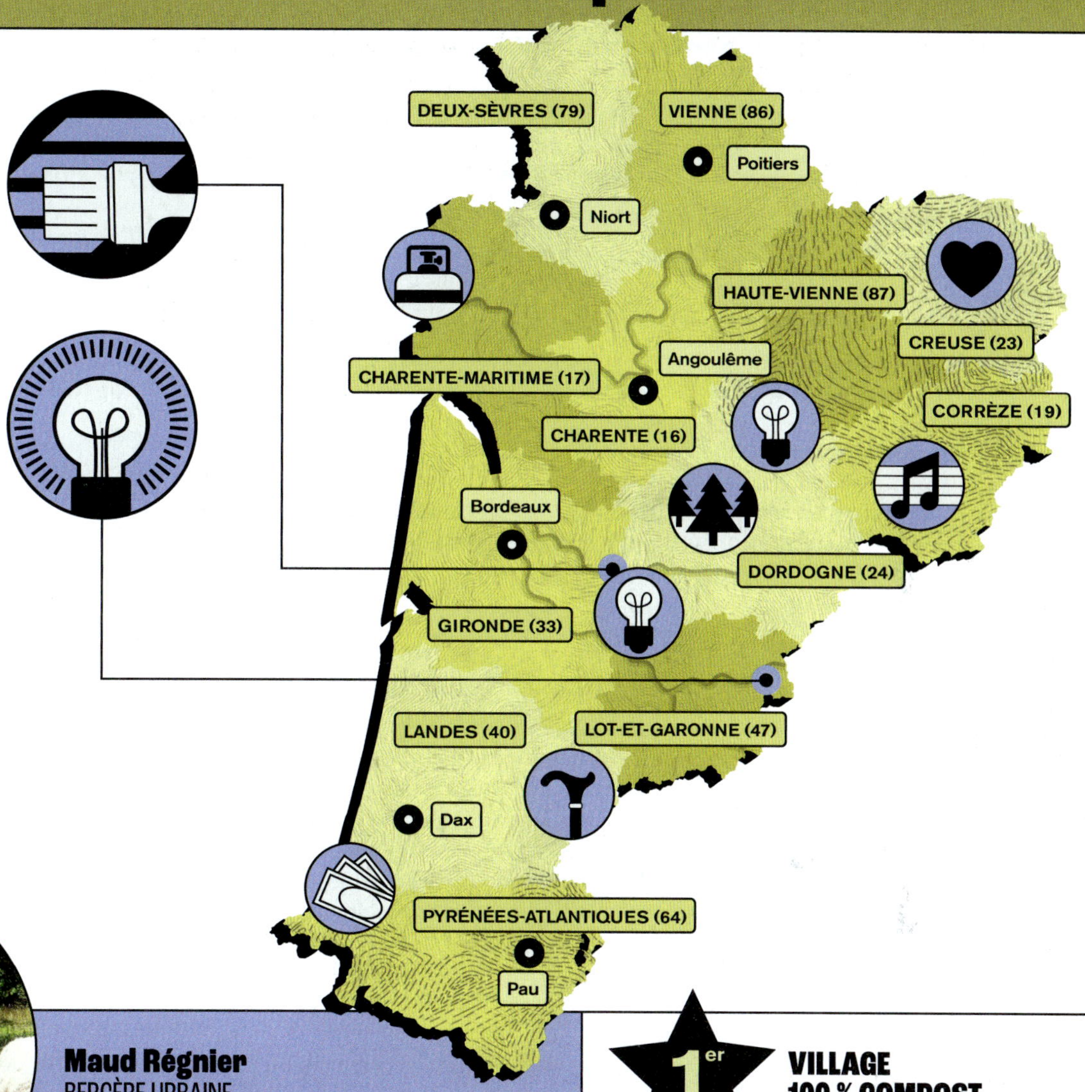

Maud Régnier
BERGÈRE URBAINE

Vienne, Poitiers (86) — Maud Régnier, 42 ans, était géographe avant de devenir paysagère, puis bergère. En 2019, elle crée Le Champ des possibles, entreprise d'écopâturage qu'elle qualifie de *« solution locale, écologique et économique »*, pour l'entretien des espaces verts et des jardins. Son troupeau, composé d'une centaine de moutons de race rustique, les Landes de Bretagne, et de chèvres poitevines, tond une trentaine de parcelles, dont celles de l'université de Poitiers, du centre hospitalier et d'une résidence de personnes âgées et d'entreprises privées. *« C'est apaisant, sans pollution atmosphérique, ça améliore la qualité des sols et favorise le développement de la biodiversité de la faune et de la flore »*, témoigne la bergère qui déplace ses brouteurs, aidée d'une salariée et de bénévoles. À l'université, le pâturage est devenu lieu d'échanges et d'études pour les étudiants. **lechampdespossibles.green**

Aline Felaco

1er VILLAGE 100 % COMPOST

Gironde, Coimères (33) — La commune de 1 100 habitants valorise ses déchets organiques depuis deux ans. Un défi, compte tenu d'une moyenne de 243 kg d'ordures ménagères par habitant, dont un tiers compostable pour les 85 communes du Sud-Gironde. Un objectif écologique et financier : le compostage permet d'alléger la facture de traitement des déchets. Un partenariat a été scellé avec le Syndicat des ordures ménagères, comprenant des broyeurs de végétaux prêtés aux particuliers, une formation ouverte à tous avec kit de compostage pour éviter les odeurs. Objectif atteint : Coimères a reçu l'attestation « Commune engagée 100 % compostage » ! **coimeres.fr**

La photoluminescence au service des cyclistes

Gironde, Castillon-la-Bataille (33) — Une peinture qui charge la luminosité du soleil la journée et la restitue la nuit. Comme les vers luisants, certains poissons ou algues ? Ce n'est pas de la science-fiction. Spécialiste des matériaux qui changent de caractéristiques selon les conditions de leur environnement, l'ancien chercheur du CNRS Jean-François Létard a fondé, en 2014, à Pessac, la société Olikrom pour industrialiser ce type de produits.

Quatre ans plus tard, premier test sur la piste cyclable d'un parc pessacais. La peinture est verte *« mais se voit blanche dans l'obscurité »*. Succès : *« Les retours ont démontré que cette peinture photoluminescente répond à un enjeu de sécurité pour les cyclistes, la nuit »*, souligne le chercheur qui la commercialise depuis pour les voies vertes, cyclables et autres cheminements piétons. *« Elle ne remplace pas l'éclairage public, mais sert de guide lumineux à faible intensité. C'est utile dans les endroits non électrifiés et pour les collectivités qui veulent limiter l'éclairage public sans nuire à la sécurité (43 % des communes de moins de 2 000 habitants éteignent leurs lampadaires une partie de la nuit selon l'Ademe). Elle s'avère un élément de sociabilité. Les petits villages peuvent retrouver une vie le soir avec elle »*, souligne le chef d'entreprise.

Autre argument : *« Son analyse de cycle de vie montre un bilan CO_2 de 25 kg annuels par kilomètre – et on la change tous les cinq ans –, contre 9 t de CO_2 par kilomètre, sans prendre en compte l'installation, pour l'éclairage public. »* Résultat : *« En 2022, nous avons réalisé un chantier d'un kilomètre en moyenne tous les deux jours. Environ 250 au total. Ils se sont développés sur simple bouche-à-oreille »*, commente-t-il. Désormais, cette peinture, dont une version à l'eau est à l'étude, balise des chemins et autres trottoirs du Pays basque à l'Alsace, de la Côte d'Azur au Nord-Pas-de-Calais. Et s'exporte en Afrique, au Canada, au Moyen-Orient, à Singapour… **www.luminokrom.com**

CONSULTATIONS À LA SEMAINE

Creuse, Ajain (23) — Depuis le départ, fin 2020, de son dernier généraliste, le bourg creusois de 1 200 habitants était un désert médical. Le collectif « médecins solidaires » et le mouvement citoyen « bouge ton coq » ont remédié à la situation : la commune, avec l'État et l'Europe, paie le cabinet et les frais annexes. Chaque semaine, le collectif recrute et rémunère 800 euros le médecin, hébergé dans un gîte privé. Le praticien peut être débutant, hospitalier, libéral, retraité, issu de toutes les régions de France, et surtout défenseur d'une médecine humaniste de proximité.
bougetoncoq.fr/medecins-solidaires

CARBONE LOCAL

Charente-Maritime, La Rochelle (17)
Un marché du carbone local pour financer des projets de séquestration dudit carbone et permettre aux émetteurs locaux de CO_2 d'acheter des crédits carbone ? C'est ce qu'ont créé, en 2020, la Communauté urbaine, la ville de La Rochelle, le port de commerce, le réseau Atlantech, l'université… Cette formule, qui finance la création de forêts ou des projets agricoles, est soutenue par la Banque des territoires et inspire Paris, Bordeaux… **larochelle.cooperativecarbone.fr**

REVITALISATION DU VILLAGE

Dordogne, Saint-Pierre-de-Frugie (24)
Au début du siècle, Saint-Pierre-de-Frugie est un village moribond du Périgord. En quinze ans, la politique de son maire, Gilbert Chabaud, a renversé la tendance : les habitants reviennent. École, épicerie bio, café-restaurant, tiers-lieu ont (r)ouvert. Le secret : se servir du bio et de la qualité de vie pour revitaliser l'espace rural. Au menu : jardins à but pédagogique, potager municipal sans pesticides, fabrication de nichoirs, écocentre, écohameau… **saintpierredefrugie.fr**

Olikrom/Alban Gilbert, Eiffage/Yves Chanoit, CoopCarbone

REBOISEMENT DES FORÊTS SINISTRÉES

Dordogne, Brantôme-en-Périgord (24)
Racheter des bois sinistrées ou des terres à l'avenir incertain pour les restaurer et les pérenniser. C'est dans cette optique qu'un expert de la gestion forestière et des milieux ruraux, Laurent Piermont, cofonde une société à mission : Le Printemps des terres. Il vient d'acquérir la forêt de Puyclaud (57 ha), où les châtaigniers malades feront place à des espèces plus adaptées. **leprintempsdesterres.fr**

MONNAIE LOCALE

Pyrénées-Atlantiques, Bayonne (64) — Quatre millions d'unités en circulation sur 158 communes du Pays basque, avec 4 000 particuliers et 1 300 professionnels… Créée en 2013 par l'association Euskal Moneta, avec une charte précise, l'eusko est aujourd'hui la plus importante monnaie complémentaire locale d'Europe. Elle soutient l'économie locale, défend le commerce de proximité, limite les transports de longue distance, favorise l'agriculture paysanne, permet d'extraire de l'argent du système financier (et donc de la spéculation), finance des associations et sauvegarde la langue basque, au cœur de ce projet. En France, 80 monnaies locales sont actuellement en circulation. **euskalmoneta.org**

VILLAGE ALZHEIMER

Landes, Dax (40) — 5 ha arborés, des maisonnées pour 120 résidents, un café-restaurant, une médiathèque, une épicerie, une miniferme, un jardin partagé : le Village landais Alzheimer promeut une approche non médicamenteuse, avec du personnel médical mais sans blouse blanche. Le but : maintenir au mieux les repères quotidiens et les liens sociaux. Une expérimentation devant devenir pérenne en 2027. **villagealzheimer.landes.fr**

Alain Guilhot / Divergence, Lucie Malfait

CASTILLON-LA-BATAILLE, TERRITOIRES ZÉRO CHÔMEUR DE LONGUE DURÉE

Gironde, Castillon-la-Bataille (33) — Faire de l'emploi un droit pour que chacun ait accès à un travail adapté à ses compétences, c'est l'objet d'une loi d'expérimentation lancée en 2016. Jacques Breillat voit tout de suite l'intérêt pour sa commune de 3 000 habitants du bassin viticole bordelais, où le chômage de longue durée touche 250 personnes : *« Plutôt que de s'escrimer à trouver des postes types, on inverse la perspective. On part des personnes et de leurs envies. Et on cherche à les faire correspondre à des besoins »*, explique-t-il au magazine *Maires de France*. Castilab, une entreprise à but d'emploi (EBE) est créée pour embaucher, en CDI et à temps choisi, 150 personnes en trois ans sur des postes socialement utiles pour les territoires : conciergerie de ville, fabrication de mobilier en palettes, confections en tissu recyclé… Le dispositif est financé par les prestations sociales existantes comme le RSA (revenu de solidarité active). **castillonlabataille.fr**

1re VILLE CYCLABLE DE FRANCE

Charente-Maritime, La Rochelle (17) — La Fédération française des usagers de la bicyclette (FUB) a décerné son trophée à La Rochelle dans la catégorie des villes moyennes. L'usage du vélo y représente 10 % des trajets en ville et 7 % dans l'agglomération, contre 2 % pour la moyenne nationale. Le territoire est doté de 280 km d'aménagements cyclables, dont plus de la moitié en site propre. Cent cinq stations en libre-service sont disponibles, avec 700 000 locations de vélos par an. La ville veut doubler l'utilisation de la petite reine d'ici à 2030, avec multiplication des voies cyclables sécurisées, actions programmées et campagnes de sensibilisation. Et elle reste fidèle à sa tradition : c'est elle qui, en 1976, avait lancé – en grande pompe bien sûr ! – le premier système de vélo en self-service *« pour désengorger la ville et lutter contre la pollution »*… **fub.fr**

GRIVE LA BRAILLARDE : QUAND LA CAMPAGNE DISJONCTE !

Corrèze, Aubazine (19) — Chaque année, en septembre, le paisible lac du Coiroux, près du village d'Aubazine, devient la scène d'un des festivals de musique français les plus créatifs. Le Disjoncté porte bien son nom ! Exit l'électricité, c'est à la lumière de milliers de bougies, torches, braseros ou lampadaires que les concerts ont lieu. Consacrée au classique, comme l'an dernier (avec piano à queue sur le lac !) ou, cette année, aux instruments rares pour lesquels neuf groupes ont répondu présents, *« la scénographie tient toujours une place primordiale »*, souligne Maud de la Chapelle qui, avec Rémi et Joan, a créé, en 2015, l'association Grive la Gaillarde : *« Au départ, on voulait ouvrir une salle de concert : Brive n'en a pas. Malgré tous nos efforts, on n'a pas réussi, alors on s'est dit qu'on allait mettre de la musique partout et tout le temps ! »* Pari tenu ! Au bowling, dans les bars, chez l'habitant, au skatepark, dans les rues, il y a désormais des concerts tout au long de l'année. Passionnés de musique, les trois amis à la créativité survoltée ont à leur actif deux autres festivals tout aussi disruptifs : Gender is over !, labélisé féministe, et le second consacré à l'art urbain. Et Brive est sacrément ragaillardie ! **grivelabraillarde.fr**

Revitaliser les campagnes en effaçant notre empreinte écologique

C'est un nouveau modèle de développement territorial, doublé d'un levier puissant pour faire face aux enjeux écologiques et sociétaux, que Tera propose dans le Lot-et-Garonne. Un modèle d'écosystème réplicable, qui pourrait séduire de nombreux Français désireux de s'installer au vert.

C'est bien une *« utopie réelle »*, une utopie visant à créer les conditions d'un monde meilleur, d'un futur plus ouvert et lumineux, qui est en train de prendre forme dans le Lot-et-Garonne, à cheval sur trois communes : Tournon-d'Agenais, Masquières et Trentels. Frédéric Bosqué, l'initiateur du projet, est un rêveur qui a les pieds sur terre. C'est lui qui a été le cofondateur du sol-violette, la monnaie citoyenne de la ville de Toulouse, du Mouvement français pour un revenu de base et aussi le délégué général du Mouvement Sol pour une réappropriation citoyenne de la monnaie. Il n'est donc pas étonnant que figure, au cœur du projet Tera qu'il a initié en 2013, l'idée de verser aux premiers résidents du futur quartier rural en transition, basé à Trentels, un revenu d'autonomie que ceux-ci recevront en abeille, première monnaie locale complémentaire de France, née en 2010 à Villeneuve-sur-Lot. Ce quartier rural, installé sur un terrain de 4 ha au bord du Lot, sera bâti autour de cinq pôles : alimentation, écoconstruction, énergie et mobilité, vivre-ensemble, écotourisme et transition. *« Le versement d'un revenu de base (autour de 896 euros) à chaque habitant et en monnaie citoyenne locale permettra d'irriguer le territoire de vie et empêchera que cet argent ne le quitte en direction des marchés financiers »*, souligne Frédéric Bosqué.

Un écosystème coopératif réplicable

C'est un véritable écosystème coopératif réplicable qui est en train de voir le jour. Ses objectifs ? Relocaliser 85 % de la production vitale. Abaisser l'empreinte écologique. Permettre aux habitants de choisir leurs activités. Et être facteur d'un développement soutenable et de cohésion sociale du territoire. Une soixantaine de personnes se sont installées sur ce territoire, qui accueille déjà une boulangerie, une microbrasserie, des formations à la permaculture, des ateliers de cuisine et transformation, une menuiserie, et une activité de culture de plantes aromatiques et médicinales. En 2026, les premières maisons du quartier rural devraient sortir de terre, pointe Marie-Hélène Muller, ex-chercheuse à l'INRA, joyeusement engagée à plein temps à Tera. ◆ *Eric Tariant* **tera.coop**

Ferme de Lartel/TERA/Kevin Simon

Des rivières sauvages à préserver

Retrouvez la carte intéractive de votre région ICI

DROM

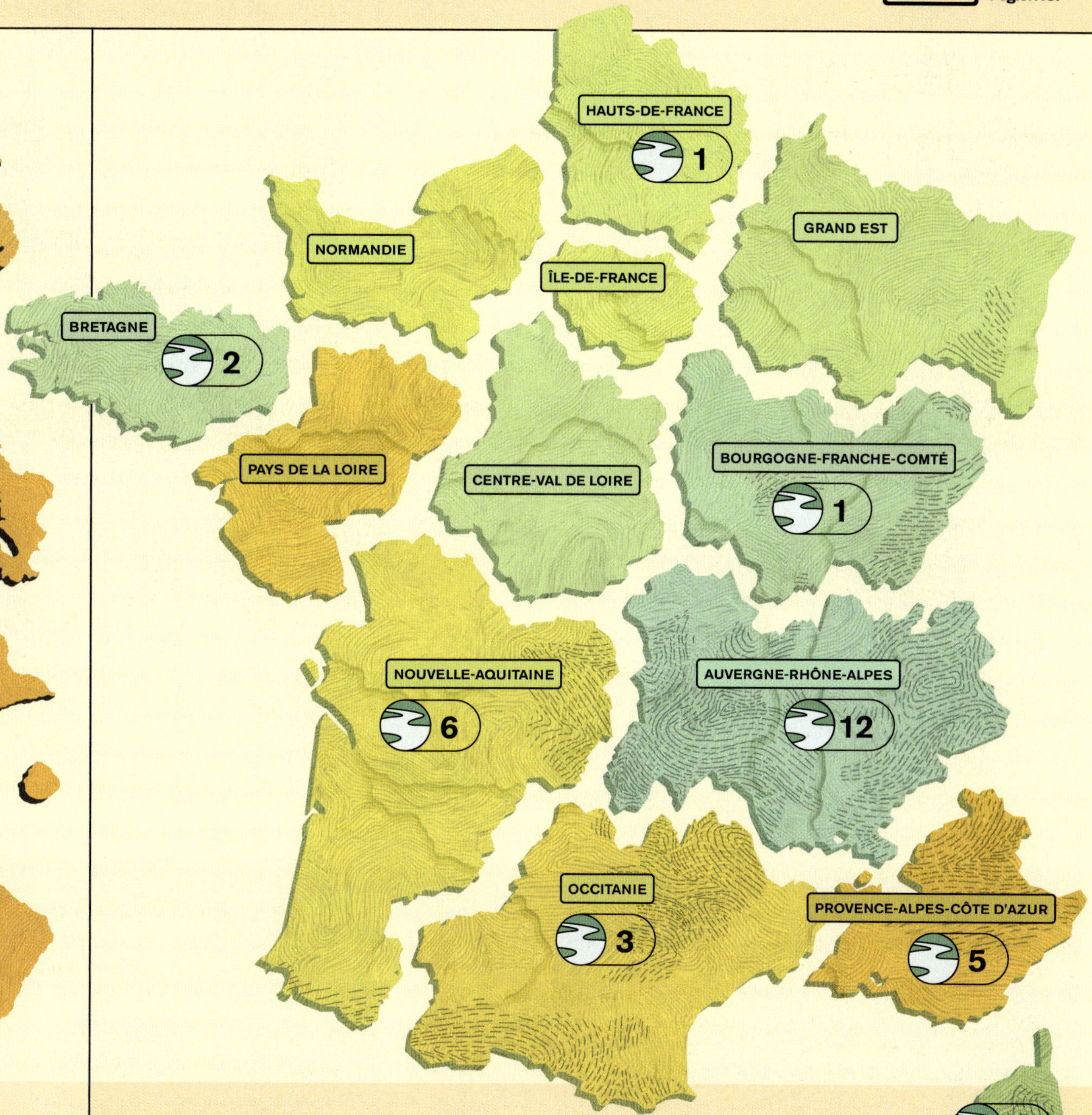

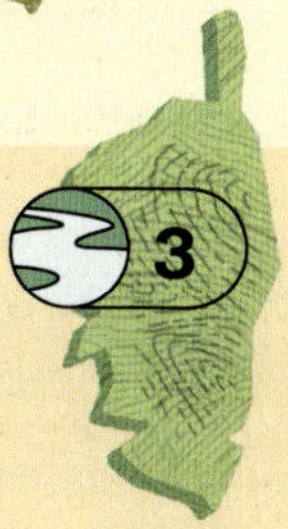

Nombre de rivières sauvages par région

Barrages, obstacles à la continuité écologique, artificialisation, pollution… En France, moins de 10 % des rivières sont considérées « en très bon état écologique » et un bon tiers serait « en bon état écologique ». Afin de renforcer la conservation des dernières rivières sauvages, le programme « Rivières vivantes » du WWF France a lancé en 2008, avec des naturalistes, scientifiques, pêcheurs et diverses ONG, un « Réseau rivières sauvages ». Celui-ci a abouti au label privé « Site rivières sauvages ». Sa grille d'évaluation identifie les cours d'eau les plus patrimoniaux, définit le niveau de leur caractère sauvage et envisage les solutions pour résorber les altérations anthropiques. Une trentaine de rivières ont jusqu'alors été labélisées (sur environ 500 rivières et fleuves), principalement dans les Alpes. **rivieres-sauvage.fr**

Niall – Fête du cochon Trie-sur-Baïse (Hautes-Pyrénées), août 2022. Photo Frédéric Stucin.

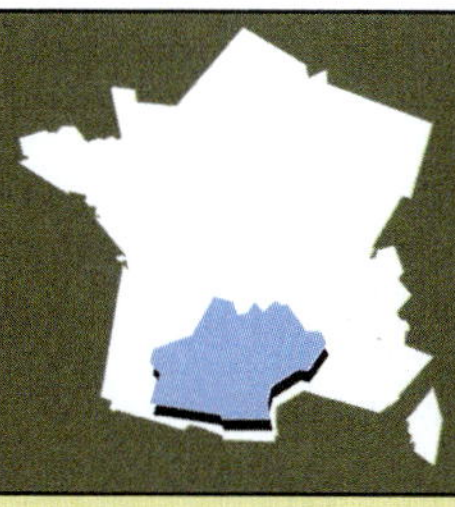

Occitanie

SUPERFICIE :
72 724 km²

HABITANTS :
6 053 500 (Insee 2022)

CHEF-LIEU : Toulouse

DÉPARTEMENTS : 13

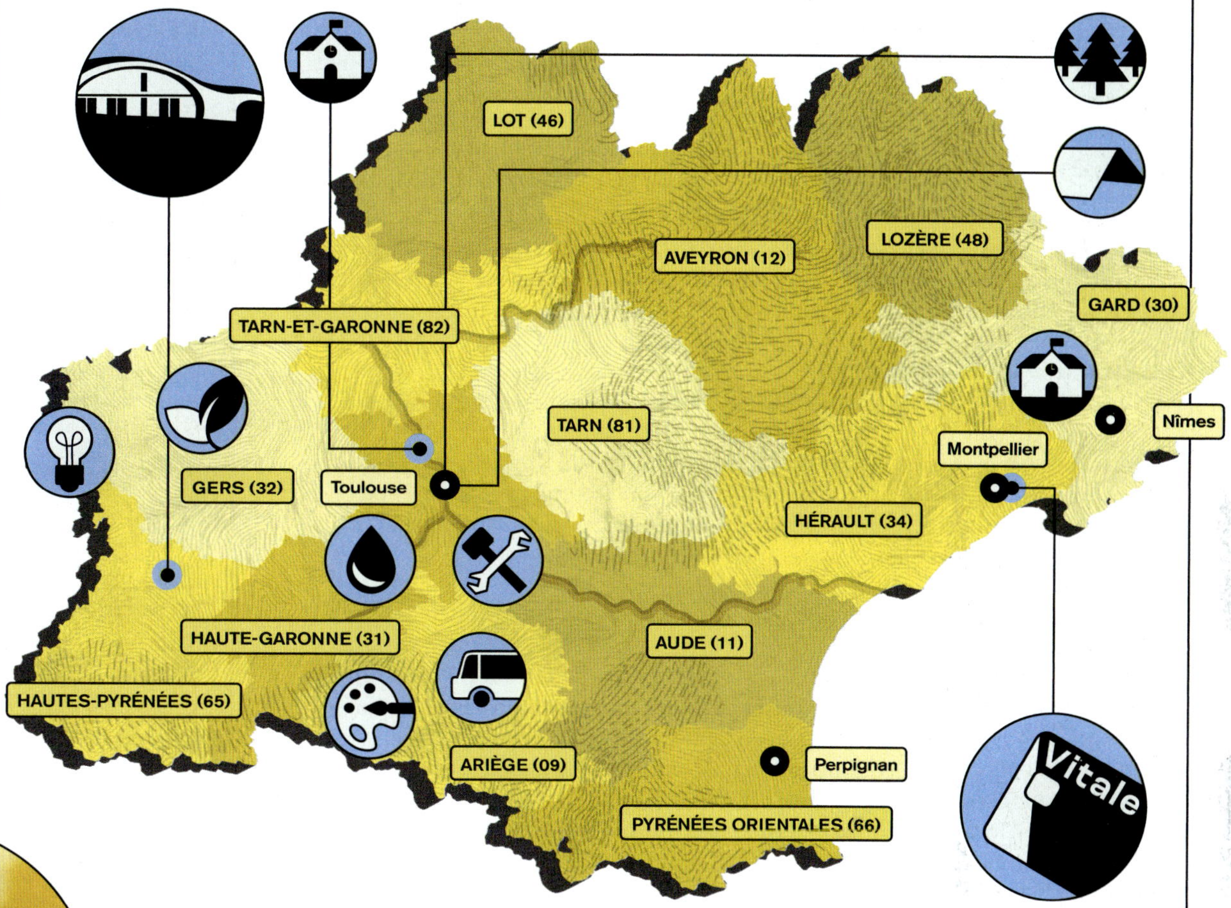

Jean-Michel Perret
MAIRE DE LA VILLE DU QUART D'HEURE

Saint-Hilaire-de-Brethmas (30) — Maire d'une commune de 5 000 habitants, près d'Alès, Jean-Michel Perret applique le concept du sociologue-urbaniste franco-colombien Carlos Moreno : faire en sorte que chaque habitant puisse en un quart d'heure aller de chez lui à son travail, aux commerces de proximité et à l'école de ses enfants, en utilisant dans la mesure du possible des mobilités douces. « *Cela passe par l'organisation de cheminements piétons et de pistes cyclables. Plus généralement, il faut repenser la ville en quartiers-villages concentrant chacun les besoins essentiels : travail, école, soins, loisirs, achat* », explique le premier édile. Pour la petite histoire, il a eu l'honneur de recevoir dans sa commune Carlos Moreno, heureux de voir que la ville du quart d'heure ne concerne pas seulement les mégalopoles, mais aussi les cités à taille humaine. **sainthilairedebrethmas.fr et moreno-web.net**

BUS INTERCOMMUNAUX

Ariège, Foix (09) — Les 42 communes de l'agglomération Foix-Varilhes font partie de ces territoires où les habitants sont captifs de leurs voitures. Pour faciliter les alternatives, les élus intercommunaux misent sur le développement d'infrastructures pour les vélos, mais pas seulement. Quatre lignes régulières de bus ont été ouvertes en 2022. Cet agglobus dessert gares TER, centre hospitalier, antenne universitaire, centres de formation, zones économiques… S'y ajoute un service de transport économique à la demande. S'effectuant sur réservation la veille du déplacement, il permet de rejoindre des marchés, parcs commerciaux, trains… **lagglobus.fr**

jmp

Sécurité sociale alimentaire pour tous

Hérault, Montpellier (34) — C'est l'idée disruptive qui, avec celle du revenu universel, fait son chemin doucement mais sûrement : depuis le début de l'année, 450 habitants de Montpellier, tirés au sort, testent la première expérience de Caisse alimentaire citoyenne. À l'initiative d'un collectif regroupant 5 associations – Centre d'initiatives pour valoriser l'agriculture et le milieu rural (Civam), Vrac & Cocinas, Union des épiceries solidaires, Secours catholique, réseau Cocagne – soutenues par la municipalité, le concept de caisse alimentaire commune, copié sur celui de Sécurité sociale santé, veut instaurer pour tous le droit fondamental à la sécurité alimentaire.

Lutter contre la malbouffe

Le principe est simple : chacun cotise selon ses moyens de 1 à 150 euros par mois et reçoit en contrepartie une allocation alimentaire mensuelle de 100 euros, déposés sur un compte numérique, à utiliser dans différents magasins conventionnés : épiceries solidaires, commerces bio, marchés paysans. Ces 100 euros seront distribués en monA, monnaie numérique créée spécialement pour l'expérimentation, en partenariat avec la graine, monnaie locale de Montpellier. Pas de justificatifs à fournir mais un guide d'autodétermination pour évaluer le montant de sa cotisation. Le tout géré par un comité citoyen.

L'objectif de cette sécu alimentaire est double : lutter contre la précarité alimentaire (en 2022, 16 % de nos concitoyens disent ne pas avoir assez à manger) et la malbouffe, en permettant aux plus modestes d'avoir accès à une alimentation bio, locale et donc plus saine mais aussi apporter une réponse à la précarité du monde agricole (18 % des agriculteurs vivent sous le seuil de pauvreté). Tout en aidant ces derniers à produire de façon plus durable.

L'idée essaime sur les territoires. En Gironde, un projet similaire a été lancé le 30 mai par le collectif Acclimat'action, le département et la ville de Bordeaux. Début de l'expérience : mars 2024. Le défi des expérimentations de Montpellier et de Bordeaux ? Intégrer l'alimentation dans le régime général de la Sécurité sociale au niveau national. **securite-sociale-alimentation.org**

UN PARLEMENT DES ENFANTS

Haute-Garonne, Cornebarrieu (31) — La commune s'est dotée d'un parlement des enfants : 24 parlementaires sont élus pour trois ans par les élèves de CE2, CM1 et CM2. Le parlement désigne chaque année, un président et un vice-président et renouvelle, une fois l'an, la moitié de ses membres. Elle est coordonnée par des animateurs du Centre de loisir. Les élus suivent une formation avec ateliers, échanges avec le maire, participation à des commissions et, en seconde année, réalisation de projets et organisation d'événements comme le Festival d'animation culturelle. Objectif : sensibiliser les enfants à la vie politique locale, au rôle des élus, et à leurs droits et devoir de citoyens. **parlementdesenfants.fr**

RECHARGE DES NAPPES PHRÉATIQUES

Haute-Garonne, Cazères-sur-Garonne (31) — Baptisée R'Garonne, l'opération vise à dévier pendant l'hiver, une partie de l'eau de la Garonne via le canal de Saint-Martory, quand le débit est au plus haut, avant de la diriger vers les nappes phréatiques où elle s'évapore beaucoup moins qu'en surface. Elle en ressortira en été quand le fleuve est au plus bas. La technique, utilisée par les Romains, est maîtrisée en Australie, Israël et aux États-Unis. En 2022, la rivière française a connu l'étiage le plus long de son histoire récente, au moment où le bassin est impacté par la croissance de sa population et les besoins en eaux domestiques, agricoles et industriels. Le projet doit s'étaler sur quatre ans pour être évalué. **site.fr**

CHANTIERS CITOYENS

Viellevigne, Haute-Garonne (31) — *« Venez nombreux avec brouettes, pelles, râteaux et votre bonne humeur, bien sûr ! »* C'est ainsi que Laurent Miquel, maire de cette commune de 330 habitants, invite ses administrés à participer aux travaux de la commune. *« Nous avions peu de moyens financiers. »* Et ça fonctionne ! Réfection d'un chemin, nettoyage de cours d'eau, peinture du foyer rural, plantation d'un verger… Avec à la fin, bien sûr, le verre de l'amitié. **mairie-vieillevigne-31.fr**

D.R.

« AUTRES DIRECTIONS » OU LA CULTURE ITINÉRANTE

Ariège, Le Couserans (09) — *«Aller au plus proche des habitants, c'est le but de notre espace culturel itinérant»*, explique Mélanie Mandouil, coordonnatrice de l'association «Autres directions» à l'initiative d'un bus culturel qui sillonne l'Ariège. *«Consacré aux arts visuels, dont la photo, cet espace mobile se veut un soutien aux artistes émergents de notre région, avec un principe de résidence d'action culturelle au sein du château de Seix – prêté par la communauté de communes de Couserans-Pyrénées – et d'ateliers d'éducation artistique.»* Depuis deux ans, l'association anime aussi le festival de photo de Seix. **autres-directions.fr**

ÉCOLE MATERNELLE DURABLE

Gard, Quissac (30) — Matériaux biosourcés (bois, laine de bois), panneaux photovoltaïques, chaufferie à plaquettes de bois local, éclairage à détection de présence, brasseur d'air, ventilation naturelle, gestion énergétique centralisée: estampillée «Bâtiment durable Occitanie niveau or», la nouvelle école maternelle Alice-Brun, à Quissac, se veut un modèle de résilience énergétique en milieu rural. Accueillant les élèves des six communes du Syndicat intercommunal de regroupement pédagogique du Coutach, elle se situe dans le centre de Quissac, ce qui dynamise le bourg. Cerise sur le gâteau: une cuisine de production placée au centre des bâtiments et qui fabrique sur place 250 repas bio par jour. Avec des producteurs locaux. **sirp-coutach.fr**

COLOCATION TEMPORAIRE ET INTERCULTURELLE

Haute-Garonne, Toulouse (31) — Environ 60 colocataires dans la résidence Phoebus, ancienne cité étudiante en voie de démolition, 7 au Petit Virebent dans une maison de 240 m^2... Ces jeunes, locaux ou réfugiés, ont trouvé à Toulouse bien plus qu'un toit. Caracol, première association à promouvoir la colocation temporaire, multiculturelle et solidaire, transforme des lieux inoccupés et prêtés par une mairie, une entreprise ou un particulier, en lieu de vie créateur de lien social. **caracol-colocation.fr**

COMMUNE 100 % BIO

Gers, Lagraulet-du-Gers (32) — Un an a suffi pour que le maire, lui-même agriculteur en bio, convertisse son village de 600 habitants au bio, très majoritairement local. Ainsi, les menus de la cantine scolaire sont composés avec des produits biologiques à hauteur de 98 % (seul le poisson de pêche est non certifiable). Des produits en circuit court, bien entendu: tous les producteurs se situent dans un rayon de 20 km (50 km pour la viande). Les 40 enfants dévorant 7 à 8 kg de légumes par jour, la commune a racheté une ferme de 10 ha cultivés par un employé municipal. Les écoliers participent à des «ateliers potagers». La mairie a aussi lancé un drive fermier et bio qui livre jusqu'à 80 paniers par semaine. La commune y a gagné en attractivité: sa population a doublé en quinze ans. **lagrauletdugers.com**

CONTRE L'ISOLEMENT RURAL

Gers, Termes-d'Armagnac (32) — Maintien des services publics, des écoles, et des commerces de proximité, lutte contre les déserts médicaux: les acteurs ruraux (élus, associatifs, artisans, entrepreneurs, paysans...) agissent et innovent avec souvent peu de moyens humains et financiers. Lancée en 2019, en Occitanie, mais active aujourd'hui dans toute la France (notamment dans la moitié sud et la Normandie), l'association InSite leur propose *«un programme d'accompagnement sur mesure et gratuit, leur permettant de se structurer, de mobiliser des forces vives et de pérenniser et valoriser leurs actions»*. Son originalité: la mise en place d'un volontariat rural permettant à des jeunes d'apporter leurs compétences par le biais du service civique. Actuellement, une centaine de villages sont sur les tablettes de l'association. **insite-france.org**

MICROFORÊT MIYAWAKI

Haute-Garonne, Toulouse (31) — Le collectif de citoyens «microforêt» a été créé en 2020, dans la capitale occitane. Objectif: planter une microforêt à quelques pas du périphérique toulousain selon la méthode du botaniste japonais Miyawaki, mise au point dans les années 1970. Aujourd'hui, on en dénombre une douzaine, représentant 18 000 arbres plantés. À Toulouse et dans le département, mais aussi dans la Loire, le Rhône. **cmft.fr**

Collectif Citoyen, Lagrauletdugers

NaturaDome : le terrain sur la maison et non la maison sur le terrain

Un entrepreneur du bâtiment a mis au point un habitat à partir de copeaux de bois de récupération, d'isolants issus du recyclage et de béton bas-carbone.

De prime abord, on pourrait penser à une maison de hobbits. D'aspect insolite, et qui pourtant s'insère parfaitement dans le paysage, ce logement bioclimatique présente bien des avantages. Benoît Darré, ingénieur de formation, a créé NaturaDome en 2015, à Lalanne-Trie, dans les Hautes-Pyrénées. Déjà à la tête d'une entreprise du bâtiment, il a souhaité explorer un nouveau type de construction. *« J'ai voulu repartir d'une page blanche en privilégiant l'économie circulaire et une architecture organique »*, explique-t-il. Un mélange de technologie low-tech et de bon sens qui a donné naissance à ces maisons à voûte géodésique, à très haute efficacité énergétique et à l'empreinte carbone réduite. Après avoir décaissé la terre du terrain, une épaisse couche de copeaux de bois récupérés sur des palettes ou auprès des déchetteries vient isoler le bâtiment du sol. Une biomembrane (30 % de bouteilles en plastique) assure l'étanchéité. Du béton bas-carbone et du métal récupéré en économie circulaire permettent de créer la structure. Celle-ci est ensuite recouverte de la terre décaissée. *« Ainsi, on ne retire rien au terrain et la végétation endémique repousse au-dessus de la maison. Avec ce système, je mets le terrain sur la maison et non la maison sur le terrain »*, se réjouit Benoît Darré.

Des brebis sur le toit

Dans l'Aubrac, une maison NaturaDome a été intégrée sur une prairie agricole où paissent des brebis. Les ovins grimpent désormais sur les pentes de l'habitat pour se nourrir, sans perte de surface pour leur nourriture.

Cette méthode de construction affiche un bilan carbone négatif grâce au CO_2 stocké par les copeaux de bois sous terre. Et la construction bénéficie d'une excellente inertie thermique, avec une température de 19 °C toute l'année. Avec deux côtés vitrés, une belle hauteur sous plafond et un système d'aération au niveau du toit, l'habitat est parfaitement ventilé, sans humidité. *« À date, nous avons construit une trentaine d'habitats un peu partout en France, notamment dans le grand Sud-Ouest. Le coût de la construction est similaire à une construction classique, mais bien moins cher que la création d'un bâtiment haute performance énergétique »*, affirme Benoît Darré. **naturadream.com/naturadome**

Nowoonatura

Des monnaies locales sans spéculation

Retrouvez la carte intéractive de votre région ICI

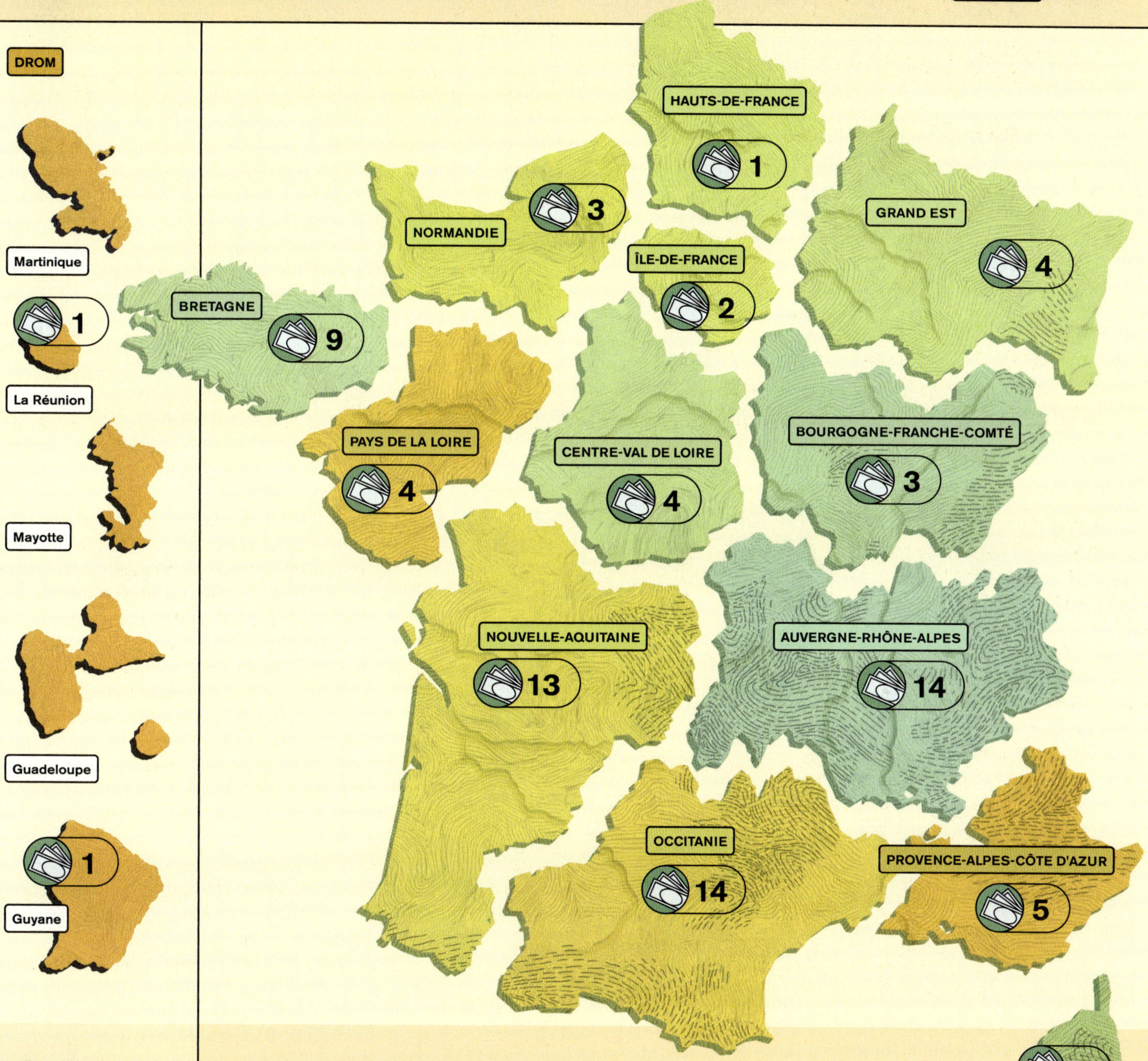

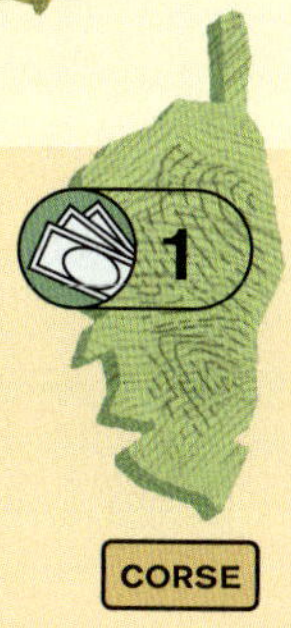

Nombre de rivières sauvages par région

Reconnues et encadrées par la loi relative à l'Économie sociale et solidaire de 2014, les monnaies locales sont complémentaires à l'euro et convertibles, éventuellement avec une retenue. Mises en place par des associations avec l'aide d'établissements financiers, elles permettent de développer les échanges et les activités responsables de proximité, ainsi que les liens sociaux sans spéculation financière. En France, deux réseaux épaulent les mouvements désirant mettre en place ces monnaies : le réseau des monnaies locales complémentaires et citoyennes et le réseau Sol. Sur 80 monnaies locales recensées dans le pays, les deux plus importantes sont l'eusko au Pays basque et la gonette dans la métropole lyonnaise. **sol-reseau.org et monnaie-locale-complementaire-citoyenne.net**

Randonnée à énigmes autour du village – Fête des Grands Pieds

Bulle (Doubs), juillet 2022. Photo Frédéric Stucin.

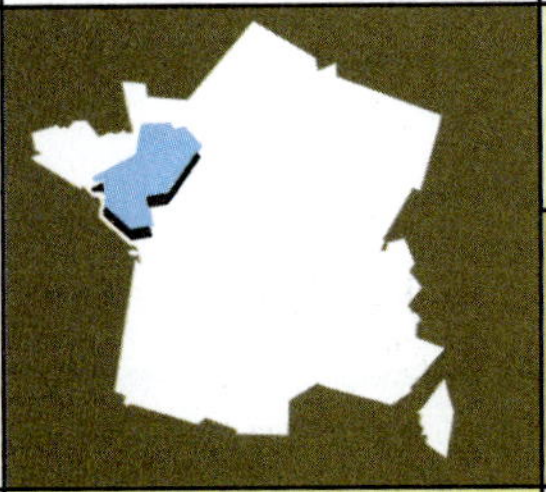

Pays de la Loire

SUPERFICIE :
32 082 km²

HABITANTS :
3 873 100 (Insee 2022)

CHEF-LIEU : Nantes

DÉPARTEMENTS : 5

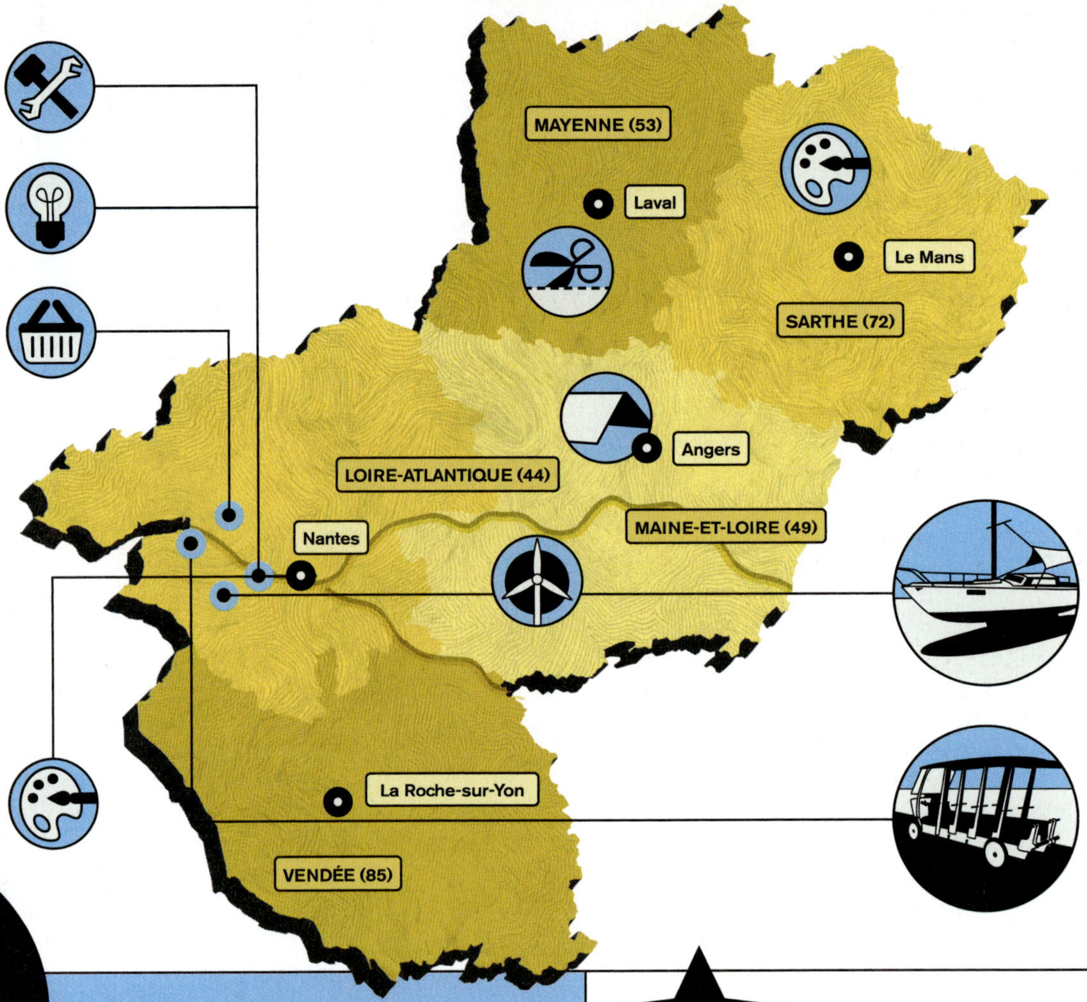

Sandrine Labbé
RÉSEAU DES AGRICULTRICES TERRE DE FEMMES

Mayenne, Laval (35) — Biologiste de formation, Sandrine Labbé a dirigé le Musée des sciences de Laval avant de fonder l'Agence ingénieuse. Après avoir milité pour l'accès des filles aux carrières scientifiques, elle a implanté à Laval « Bouge ta boîte », premier réseau régional de femmes dirigeantes. Enfin, elle a lancé en 2022, via l'association « Et pourquoi pas elles ? », le réseau Terre de femmes destiné aux agricultrices. *« En Mayenne, 30 % des exploitations agricoles sont dirigées par des femmes. Des cheffes d'entreprises dans un milieu agricole où il n'est pas toujours évident de se sentir légitimes. »* Une difficulté accrue pour celles qui ne viennent pas de la terre. Objectif du réseau : proposer un lieu non mixte d'écoute et de partage, mais aussi des formations. *« Nous les aidons à développer leur chiffre d'affaires : les femmes ont plus de mal à avoir accès aux emprunts. »* Mais ce qu'espère aussi Terre de femmes, c'est rendre visibles ces dernières. **reseauterredefemmes.org**

1re STATION-SERVICE MULTI-ÉNERGIE

Vendée, La Roche-sur-Yon (85) — Inaugurée en 2021, cette station-service réunit en un seul lieu les trois énergies vertes produites localement et en circuit court : l'hydrogène vert, le bioGNV (gaz naturel pour véhicule), et l'électricité renouvelable. La station-service ravitaille notamment les deux bus à hydrogène 100 % vert dont l'Agglomération a été la première à s'équiper en France. La Vendée finance la décarbonation et souligne que le département produit 10 % du gaz consommé (biogaz), 17 % de l'électricité avec le renouvelable, ainsi que 300 kg d'hydrogène vert par jour sur le site de Bouin, à 63 km de La Roche-sur-Yon. **larochesuryon.fr**

S. Labbé

Ramassage scolaire bas-carbone

Loire-Atlantique, Le Pellerin (44) – Rentrée ludique et sportive ! La Communauté de communes de Louviers a, en effet, commandé dix vélos en bois pour son ramassage scolaire. Conçu par la société Humbird, basée près de Nantes et homologué en décembre, cet innovant mode de transport collaboratif, conçu pour huit enfants et un conducteur, connaît un beau succès. Imaginé par Jean-François Robert et Jeremy Jeusset, le Woodybus, dont la production a commencé il y a quelques mois, a enregistré une quinzaine de livraisons cet été. Et une dizaine de demandes émanant du sud et de l'est de la France. *« Du bois, des sous-traitants locaux, une assistance électrique made in France alimentée par des panneaux solaires : notre vélo-bus a le plus faible impact carbone possible »*, explique Jean François Robert.

« Des prescripteurs écologiques »

Aller à l'école en pédalant avec les copains, c'est rigolo, bon pour la santé, et surtout *« les enfants deviennent des prescripteurs écologiques »*, poursuit cet ingénieur automobile de formation conscient de l'urgence climatique. Celui qui se déplace en vélomobile, drôle d'engin à mi-chemin entre vélo et auto, est bien décidé à *« faire* [sa] *part » : « Notre objectif est de commercialiser une centaine de Woodybus par an. Puis de développer des variantes pour adultes, avec de possibles usages professionnels comme un trois places avec benne pour les services municipaux »*. Son regret : *« Que les communes les plus modestes ne bénéficient pas d'aides, dont profitent certains particuliers, pour adopter ce vélo-bus (19 500 euros HT) 100 % vert. »* **humbird.fr**

Seine-Eure Agglo

1re RESSOURCERIE VÉGÉTALE

Vendée, Fontenay-le-Comte (85) – Dans cette ressourcerie végétale en accès gratuit, jardiniers, amateurs ou professionnels, peuvent déposer feuilles mortes branchages qui seront transformés en compost, petit bois, broyats ou pailletage, et mis à la disposition de ces mêmes jardiniers. La « végéterie » allège d'autant les déchetteries. Elle est aussi un lieu de pédagogie où l'on apprend à laisser l'herbe sur place quand on la tond, ou à faire du compost. **sycodem.fr**

RECYCLAGE TEXTILE

Mayenne, Changé (53) – Effilocher à échelle industrielle d'importants volumes de vêtements et textiles en fin de première vie, refaire du fil et créer de nouvelles confections, telle est l'ambition de Renaissance textile, une jeune entreprise lancée par trois industriels de l'Ouest. Leur objectif est de *« jeter les bases du recyclage des vêtements en France »*. Renaissance textile mise en 2023 sur l'absorption de 1 000 t de tissus usagés et 9 000 t à terme. Tout en favorisant l'insertion sociale. Un marché immense. Actuellement, la plupart du textile acheté en France est importé. **renaissance-textile.fr**

TERRES DE CHANTIERS

Loire-Atlantique, Vertou (44) – Les chantiers de terrassement génèrent des millions de tonnes de terre, dont la majorité est enfouie ou utilisée pour des projets de comblement. Quand elle n'est pas déposée illégalement dans la nature. Terra Innova analyse les terres excavées et les valorise gratuitement dans un rayon de 20 km au service de l'agriculture et de l'environnement : épaississement des sols, haies sur talus, remise en culture de parcelles incultes… Environ 500 000 m³ de terres excavées ont déjà été valorisées, 3 500 arbres plantés et 140 ha de surfaces agricoles aménagées. **terrainnova.fr**

INVESTISSEMENT CITOYEN DANS L'ÉOLIEN

Maine-et-Loire, Chemillé-en-Anjou (49) — Pour l'association « Atout vent en Chemillois », fondée en 2011 afin de développer l'éolien, l'énergie produite localement doit profiter aux acteurs locaux. Solution : créer des sociétés citoyennes qui investissent dans les installations. C'est la démarche adoptée, dès 2016, à Saint-Georges-des-Gardes, au parc de la Jacterie. Rebelote en 2020 avec les cinq éoliennes du parc de l'Hyrôme, à Chemillé-en-Anjou.

Cit'Éole Hyrôme regroupe 350 habitants qui ont investi plus de 2 millions d'euros. Collectivités locales et « énergie partagée », mouvement qui soutient ce type d'initiatives, ont suivi. D'autres projets en cours profitent de cette expérience. **atoutventenchemillois.fr**

L'ART EST DANS LE PRÉ

Sarthe, Piace (72) — Village de 350 habitants, Piace aurait pu devenir le premier « village coopératif » avec des fermes aussi « radieuses » que la cité conçue à Marseille par le célèbre architecte Le Corbusier. Originaire de Piace, le « militant de la ruralité », artiste autodidacte (deux qualificatifs ayant gommé au fil du temps sa proximité avec l'idéologie fasciste), Norbert Bézard milite dans les années 1930 pour un nouvel urbanisme rural sur fond de réforme agraire. Le Corbusier, qui deviendra son ami, travaille sur le projet d'un village *« idéal et ordonné »*. Ce dernier ne verra pas le jour mais Piace mérite aujourd'hui son qualificatif de radieux : hors l'exposition permanente sur le « village coopératif », un centre d'art accueille expositions d'art contemporain, performances, conférences et résidences d'artistes. **piaceleradieux.com**

UNE ÉPICERIE QUI DÉPANNE

Loire-Atlantique, Casson (44) — Plus de 2 000 habitants et pas d'épicerie, jusqu'à l'ouverture, il y a un an, de la Dépanneuse, montée sous l'impulsion de l'association « C'est l'carbu » et l'accompagnement du mouvement citoyen « bouge ton coq », qui *« aide ceux qui font vivre les territoires (…) Le projet rassemble 117 familles. Chaque participant donne deux heures de son temps par mois pour les frais de fonctionnement. Nous travaillons avec 35 producteurs locaux et proposons 380 produits à prix coûtant »*, explique Alina Holsenburger, membre du bureau de l'association. Des paniers sont proposés gratuitement aux plus modestes. Située dans le garage de la commune, La Dépanneuse se veut aussi vecteur de lien social avec un atelier des transmissions de savoir-faire. **monepi.fr**

COLOCATION SOLIDAIRE

Maine-et-Loire, Angers (49) — Implantée dans huit villes, l'association Lazare propose un habitat en maisons ou appartements partagés, où cohabitent des hommes et femmes en difficultés et de jeunes actifs qui s'engagent à vivre un an sous le même toit. Dans chacune de ces familles de cœur, un bénévole est responsable de la maisonnée. Le bilan est plus que positif : 98 % des colocataires disent *« se sentir enfin acceptés tels qu'ils sont »* et 85 % *« avoir aujourd'hui un projet professionnel »*. **lazare.eu**

COLLECTEURS D'HISTOIRES VRAIES

Loire-Atlantique, Nantes (44) — Et si nos petites histoires racontaient la grande histoire. L'association GlobeConteur en est convaincue, l'histoire des territoires passe par celles de ses habitants, tous ses habitants, jeunes, anciens, « de passage ». Communauté de collecteurs d'histoires, l'association en lien avec différentes structures sociales invite les citoyens à recueillir auprès de leurs voisins, leurs aînés, des histoires vraies pour sauvegarder ce patrimoine aussi sensible que fragile qu'est notre mémoire. Un moment de partage pour lutter contre l'isolement des plus âgés et des bribes de vie, drôles, émouvantes, inspirantes, mises en ligne sous forme d'une carte de France interactive permettant de transmettre la mémoire des anonymes en vidéo, audio ou texte. **globeconteur.org**

Pascal Guiraud, Fanny Thibaud, Lazare, D.R.

La seconde vie des vieilles coques

Près de Nantes, Bathô, chantier naval atypique, recycle les épaves de bateaux et les transforme en habitats durables.

« Même planté dans la vase, un bateau sent toujours l'aventure », affirme le navigateur Olivier de Kersauson. Et c'est si vrai que les « croisières immobiles » sur la terre ferme, à bord de vieux voiliers auxquels la société Bathô a redonné vie, connaissent un formidable engouement.

Créé en 2017 par Romain Grenon et Didier Toqué, Bathô est un chantier naval d'économie sociale et solidaire basé à Rezé en Loire-Atlantique, près de Nantes. Il ne met pas de nouveaux bateaux à l'eau, mais récupère ceux qui échouent sur les pontons des épaves avant de finir à la casse. Et les transforme en habitats insolites. Il faut dire qu'il y a de quoi faire. Sur le million de bateaux de plaisance en France, 80 % ont plus de 40 ans. Des bateaux construits à 90 % en polyester, donc difficilement recyclables. Grâce à cette entreprise rezéenne, une fois rénovés et recyclés, ces voiliers se transforment en gîtes, chambres d'amis, aires de jeux ou même salles de réunion !

Une table de pique-nique, une boîte à livres...

Repris, en 2021, par le Groupe SOS, acteur de l'économie sociale et solidaire, le Darwin Camp de Bordeaux, tiers-lieu de l'économie circulaire, et Profil Grand Large, l'agence d'événementiel du skipper Damien Grimont, Bathô poursuit l'aventure. Vent debout ! *« En quatre ans, 19 bateaux ont été recyclés »*, explique Thibault Saint-Olive à la barre du chantier naval. *« En un an, nous en avons déjà réalisé douze. Notre objectif : une trentaine par an à partir de 2025. »*

Officier de la marine marchande britannique, ce bourlingueur fourmille d'idées pour optimiser le recyclage des voiliers et vedettes trop vieux pour voguer sur la grande bleue.

Pour optimiser les plus petits et recycler davantage de plastique, celui qui un temps a conçu des *« bateaux utiles »* au Bangladesh a imaginé des demi-bateaux : l'arrière devient, par exemple, une table de pique-nique et l'avant, posé à la verticale, une cabine de plage, un module cuisine, une boîte à livres. *« Pour les plus grands, j'ai créé une entrée latérale, un dortoir pour enfants avec un passage secret : les petits adorent ! »*

Baptisé *Jules Vernes*, le premier modèle a été vendu à la ville de Picquigny, dans la Somme. Faisant appel à des personnes éloignées de l'emploi, Bathô espère obtenir l'appellation « chantier d'insertion » en fin d'année. Autre objectif de Thibault Saint-Olive : *« la formalisation d'une véritable filière nationale upcycling de bateaux. »* ◆ *Armelle Oger*

batho.fr

Chantier Bathô

Provence-Alpes-Côte d'Azur

SUPERFICIE:
31 813 km^2

HABITANTS:
5 131 200 (Insee 2022)

CHEF-LIEU: Marseille

DÉPARTEMENTS: 5

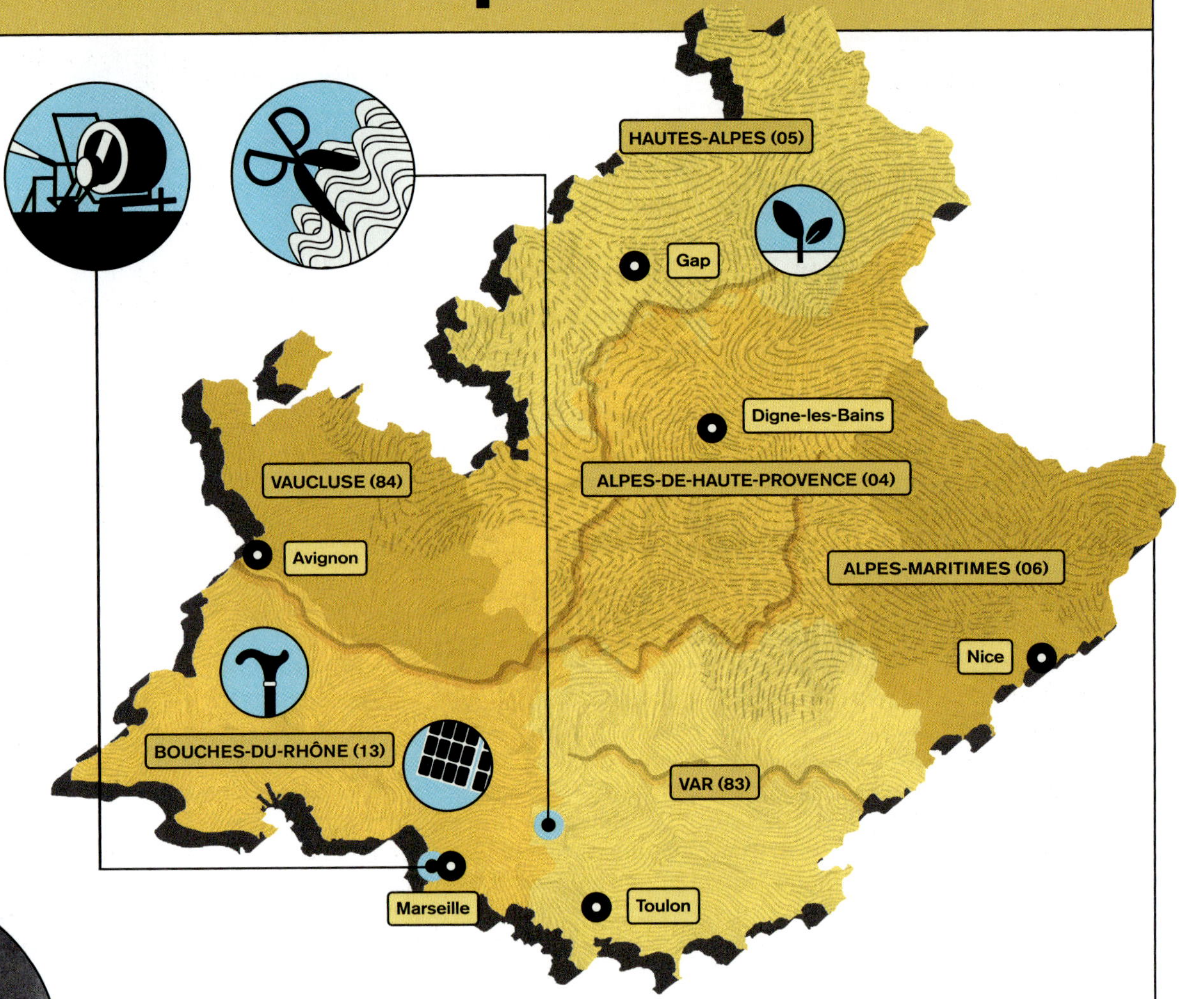

Maxime Schmitt
SEMEUR DE CULTURES

Alpes-Maritimes, Nice (06) — *«Une semence, c'est une graine, de la physique, de la génétique. Mais c'est aussi un savoir-faire, une histoire avec les êtres humains et le terroir.»* Maxime Schmitt, Azuréen trentenaire, ingénieur de formation, défend les semences locales, résilientes… Des semences oubliées en même temps qu'a chuté la biodiversité et que se sont uniformisés les goûts. En 2018, il entreprend de sillonner le département à la recherche de ces raretés. Des dizaines de variétés locales sont dénichées, dont l'oignon rose de Menton devenu l'objet d'une fête annuelle. Maxime Schmitt participe à la création de la Maison des semences paysannes maralpines pour les diffuser auprès de maraîchers, jardiniers. Un réseau qui s'étend jusqu'aux chefs, scientifiques, consommateurs… Et avec des formations pour qui le souhaite. **mspm.fr**

SEMENCES LIBRES

Hautes-Alpes, Guillestre (05) — À la maison des semences paysannes, baptisée Graine des montagnes, chaque paysan actif dispose de dizaines de variétés souvent anciennes de haricots, tomates, basilics, salades… qu'il met à la disposition du public. La volonté: connaître, rassembler et échanger entre cultivateurs et jardiniers des graines bio. Et éviter ainsi les semences industrielles. L'objectif: développer le jardinage et l'alimentation bio. *«Une vraie démarche d'autonomie alimentaire du territoire»*, résume Cyrille Pacteau, administrateur du Réseau semences paysannes (RSP). Des dizaines de ces maisons ont ainsi essaimé en France. **mspm.fr**

Maxime Schmitt

Ce coiffeur varois qui veut dépolluer la Seine

Var, Saint-Zacharie (83) Comme tous les samedis, le salon de coiffure de ce village varois affiche complet. Et comme tous les jours depuis trente ans, le patron Thierry Gras s'active avec jubilation. En créant l'association Les Coiffeurs justes, en 2015, il est devenu un acteur de l'économie circulaire qui va peut-être contribuer à… dépolluer la Seine ! Son association fait partie des candidats à l'appel d'offres lancé par le comité d'organisation des Jeux Olympiques Paris 2024. L'idée de Thierry Gras ? Recycler les cheveux coupés en boudins antipollution. *« Parmi leurs nombreuses propriétés, les cheveux ont celle d'absorber les corps gras,* explique-t-il. *Un kilo de cheveux peut digérer 8 litres de polluants, tels que les résidus d'hydrocarbures ou de produits solaires. »*

Des boudins antifuites

Récoltés, recyclés à Saint-Zacharie comme dans plus de 5 600 salons en France, mais aussi en Belgique, Italie, Espagne, Suisse, Allemagne, ces tonnes de cheveux sont reconditionnés en boudins. Ces derniers sont mis à contribution lors de marées noires, équipent des postes d'avitaillement, comme ceux du Vieux-Port de Marseille, peuvent être embarqués en fond de cale des bateaux de plaisance afin de prévenir les fuites et sont utilisés pour dépolluer les récupérateurs d'eau fluviale. Et peut-être bientôt la Seine ! *« À Paris, on a déjà équipé le bassin de rétention de la ligne 9 du métro »*, précise Thierry Gras. Une activité menée depuis ses débuts avec des ateliers et chantiers d'insertion.

Associé depuis 2021 avec la société à mission Ecofhair, chargée de commercialiser et récupérer les boudins pollués, ce coiffeur inventif a imaginé des applications comme ces rouleaux de feuilles absorbantes pour nettoyer les sols des garages, les piscines… *« Il faut agir et vite et pour cela, sensibiliser et convaincre : ça tombe bien, le salon de coiffure est l'un des derniers endroits où l'on se parle ! »* **coiffeurs-justes.com**

Coiffeurs justes, Yann Villaret/Solaris

1re VILLE DE FRANCE LABÉLISÉE ÉCOCERT

Alpes-Maritimes, Mouans-Sartoux (06) — Le label Ecocert récompense les engagements écoresponsables de cette ville de 10 000 habitants. La restauration de ses sept établissements scolaires est 100 % bio et 70 % locale. Un objectif atteint à coût constant grâce à une diminution de 80 % du gaspillage alimentaire. La moitié des repas servis sont désormais végétariens. Depuis plus de trente ans, la commune accumule les distinctions liées à l'écologie. En 2011 est créée la première régie municipale agricole, qui approvisionne les cantines scolaires. Trois agriculteurs salariés cultivent 25 t de légumes de saison par an. Une Maison d'éducation à l'alimentation durable fait la promotion du bio, avec notamment un marché de producteurs et des potagers collectifs de citoyens. **mouans-sartoux.net**

CENTRALE SOLAIRE CITOYENNE

Bouches-du-Rhône, Ventabren (13) — Militant depuis des années pour l'implantation d'une centrale solaire photovoltaïque sur une friche coincée entre autoroute et voie ferrée, l'association Ventabren demain a réussi à convaincre la municipalité de la soutenir. Le parc Solaris Civis, en fonction depuis mars, doit produire l'équivalent de la consommation électrique des 5 000 habitants de Ventabren (hors chauffage et eau chaude sanitaire). Sa gouvernance est assurée par les citoyens et les autorités communales. **solaris-civis.fr**

42 MAISONS DU BEL ÂGE

Bouches-du-Rhône (13) — Dans les maisons du Bel Âge créées par le département, les seniors ont le choix entre excursions, ateliers socioesthétiques, cours d'informatique, de dessin ou de capoeira. Ils sont aidés par 165 agents pour leurs déclarations d'impôt en ligne, le montage des dossiers retraites, les demandes de documents administratifs ou d'aides sociales. **departement13.fr**

Face à la sécheresse, la Région Sud expérimente la réutilisation des eaux usées

La sécheresse de l'an dernier a sonné l'alerte et précipité les projets de recyclage d'un trésor précieux jusqu'alors gaspillé : nos eaux usées. Et la Région Sud est à l'avant-garde…

Laurent Mignaux, Thierry Degen/Cerema

La Région Sud a connu, l'an dernier, une sécheresse historique, avec des déficits pluviométriques de 30 % en hiver, 45 % au printemps et 84 % en été. Du jamais vu dans une région qui a pourtant la culture de la préservation de la ressource en eau. Les conséquences sont inquiétantes pour l'agriculture, la biodiversité ou la production d'énergie. En novembre 2022, le Conseil régional a signé avec le Gouvernement une première expérimentation pour la réutilisation des eaux usées traitées. Une technologie maîtrisée et largement utilisée en Italie, en Espagne et surtout en Israël où 90 % de ses eaux usées sont retraitées, mais encore balbutiante en France avec moins de 1 % (voir *We Demain* n° 39). La Région Sud-Provence-Alpes-Côte d'Azur fait à peine mieux : moins de 3 % d'eaux traitées à la sortie des stations d'épuration sont réutilisées, notamment pour les vergers dans les Alpilles.

Des besoins multiples

La région se fixe l'objectif de 10 % d'eaux traitées réutilisées. En juin 2023, elle a voté une enveloppe de 250 000 euros pour que la Société du canal de Provence, l'Université d'Aix-Marseille et la Chambre régionale d'agriculture identifient les besoins et utilisations possibles, comme la station d'épuration de Maussane-les-Alpilles pour l'arrosage des plantations d'oliviers et d'amandiers. *« Nous allons privilégier les bassins déficitaires en eau, et les zones littorales où les stations rejettent les eaux traitées dans la mer »*, précise Bénédicte Martin, vice-présidente de la Région en charge de l'agriculture. À côté de l'irrigation agricole, la réutilisation des eaux usées traitées concernera les usages urbains, comme le nettoyage de rue, ou les espaces verts, le cycle de l'eau industrielle, la réalimentation des nappes phréatiques et les retenues d'eau pour la production de neige artificielle en montagne.

Les premières aides régionales en appui des projets, avec le concours de financements européens, sont attendues dès 2024. ◆ *Gérard Leclerc*

maregionsud.fr

Une énergie renouvelable et citoyenne

Retrouvez la carte intéractive de votre région ICI

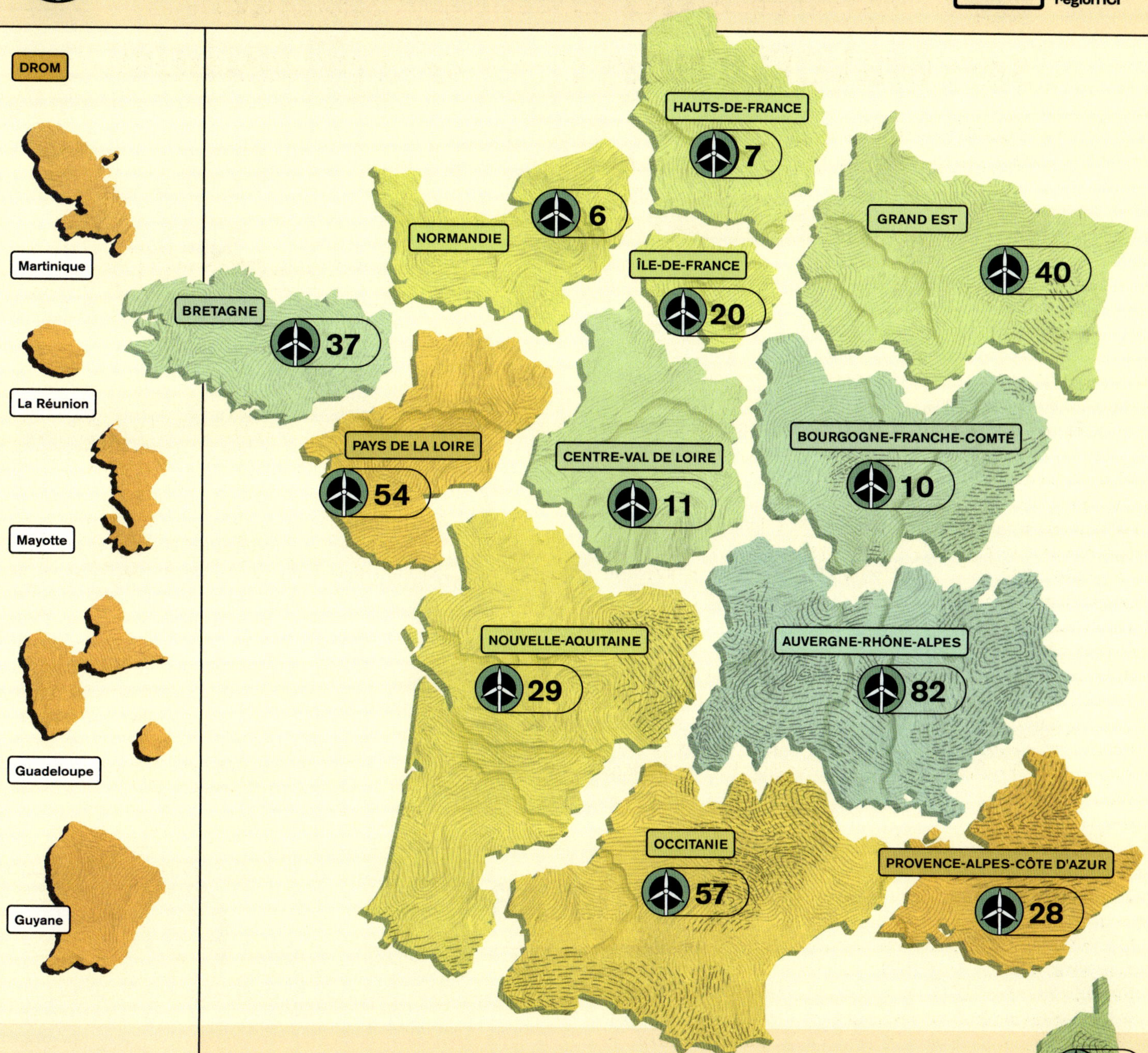

Nombre de projets citoyens de production d'énergie renouvelable par région

Lancé en 2010 par différents acteurs (Crédit coopératif, Enercoop, Nef, Pionniers locaux…), le mouvement « énergie partagée » a pour vocation (avec une association, une coopérative et un outil d'investissement) «d'essaimer, d'accompagner et de financer des projets citoyens de production d'énergie renouvelable». Un moyen «de se réapproprier collectivement et de gérer les modes de production et de consommation» de son énergie. Solaire, éolien, hydroélectricité, biomasse, méthanisation… Plus de 300 projets ont déjà reçu le label « énergie partagée », principalement pour la production électrique, via le photovoltaïque et les éoliennes. Puissance installée: plus de 600 MW. L'équivalent de la consommation électrique (hors chauffage et eau chaude sanitaire) d'un million de personnes. **energie-partagee.org**

Départements et régions d'outre-mer

Mayotte

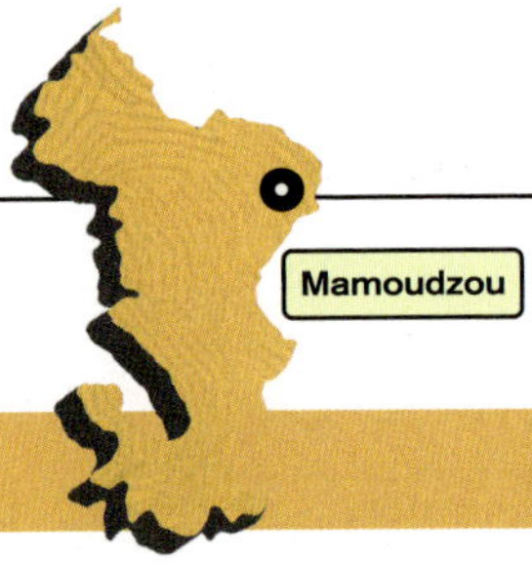

SAUVER LA MANGROVE

Mayotte — La mangrove, forêt qui pousse les pieds dans l'eau dans les zones tropicales, est un écosystème capital pour Mayotte : un rempart contre l'océan et l'érosion des terres, un lieu de nidification, de nourrissage et de reproduction de nombreuses espèces comme les crabes, les reptiles, les oiseaux ou les poissons, et une protection pour les récifs coralliens en limitant l'envasement et en épurant l'eau. Or, en quarante ans, sa superficie, 700 ha, le quart des côtes, a chuté de 20 %. La faute à l'urbanisation, la pollution et l'agriculture intensive. Des associations, tels Randoclean ou Amany, œuvrent pour sa réhabilitation : ramassage des déchets, limitation d'accès, replantation de palétuviers. Mangrove Environnement a replanté plus de 5 000 palétuviers en deux ans à Tsimkoura, au sud de l'île. **rando.clean976@gmail.com, contact.ame97625@gmail.com**

Martinique

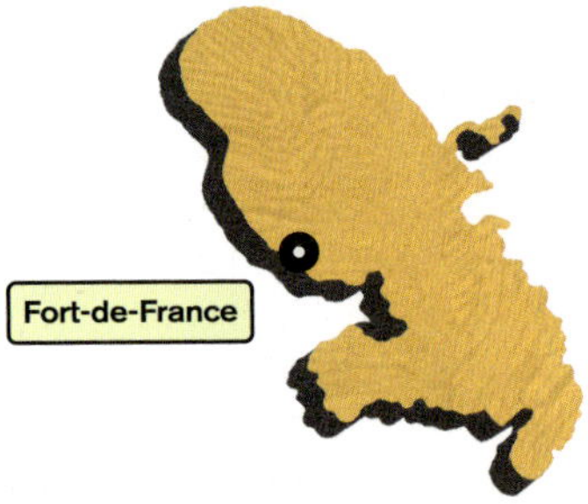

LES BRASSEURS D'AIR AU LIEU DES CLIMATISEURS

Martinique — Ici, il fait très chaud ! EDF Martinique, dans le cadre du Programme territorial de maîtrise de l'énergie, propose aux particuliers et entreprises de poser ou de remplacer gratuitement des brasseurs d'air à l'intérieur des bâtisses. Résultat : 3 °C de fraîcheur en plus, de substantielles économies et du bien pour la planète. Un brasseur d'air consomme cinquante fois moins d'énergie qu'un climatiseur. L'installation est peu coûteuse, et l'entretient se limite à un simple dépoussiérage. La facture énergétique, elle, chute de 30 %. **edf.mq**

Guyane

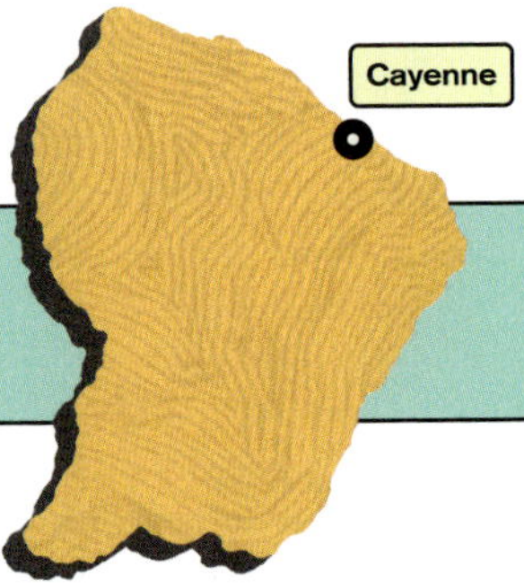

Benoît de Thoisy

CRÉATEUR D'UNE ÉCLOSERIE POUR TORTUES LUTH, ASSOCIATION KWATA

Guyane, Cayenne — Vétérinaire, Benoît de Thoisy se consacre depuis vingt-six ans, avec son association Kwata, au sauvetage des tortue olivâtre et de la luth, la plus grosse tortue marine (1,60 m, 450 kg). Deux espèces victimes de l'érosion des plages, des filets de pêche illégaux, du braconnage, de la destruction des œufs par les crabes, les oiseaux… *« Les populations de tortues luth ont reculé de 90 % dans la région des Guyane et de 97 % sur la plage d'Awala-Yalimapo, jadis le plus gros site de ponte au monde pour les luths »,* s'alarme le vétérinaire. Au programme, le suivi des deux espèces et un plan de sauvetage (comptage des femelles, sensibilisation…) en y intégrant les populations amérindiennes. Dernière initiative en mars, avec l'installation d'une écloserie à Awala-Yalimapo pour les tortues luth : durant la période de ponte, une équipe récupère chaque nuit les œufs et les met dans un enclos. *« Une trentaine de nids ont été déplacés. Huit ont émergé et une centaine de bébés ont pu être relâchés, ce qui participe à la recolonisation de l'espèce. »* **kwata.net**

Oceanimagebank, Nature image, B. Thosy

Guadeloupe

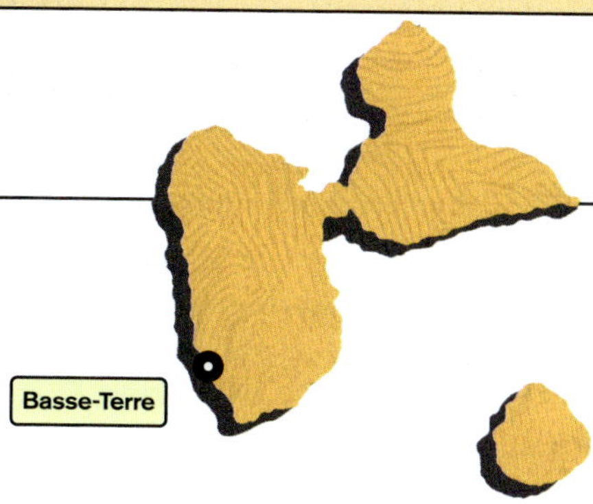

Bouillante, 1re centrale électrique géothermique

Guadeloupe – C'est en 2006 qu'est construite la première centrale géothermique des Caraïbes. D'une capacité de 4,5 MW, elle se situe à 15 km du volcan de la Grande Soufrière sur des marécages et des sources d'eau chaudes bouillonnantes qui ont donné son nom à la ville. En 2005, avec la hausse du coût des énergies fossiles et la nécessité de développer le renouvelable, décision est prise de construire Bouillante 2, d'une puissance de 11 MW.

Ni transport, ni stockage de polluants, ni chaudière

Ce type de centrale ne produit pas de CO_2 mais une énergie disponible en permanence et non tributaire des conditions climatiques, comme le vent ou le soleil. Elle ne nécessite ni transport, ni stockage de substances polluantes, ni chaudière comme c'est le cas d'une centrale thermique. Sa chaudière, c'est la terre, avec des puits de 500 à 1 000 m de profondeur qui font remonter à la surface un fluide diphasique, mélange d'eau et de vapeur sous pression, à 169 °C. Un séparateur envoie la vapeur vers une turbine dont elle active les hélices, entraînant ainsi l'alternateur, énorme dynamo qui produit de l'électricité, tandis que l'eau est réinjectée sous terre pour pérenniser la ressource. Un désagrément tout de même : une odeur d'œuf pourri que la centrale limite grâce à un système d'oxydation thermique. Actuellement, Bouillante 1 et Bouillante 2 couvrent 7 % du mix énergétique de la Guadeloupe, soit la consommation électrique annuelle de 20 000 foyers.

Une prochaine unité de production, Bouillante 3, devrait permettre d'accroître la production de 10 MW. D'autres projets sont en cours de développement tout le long de l'arc antillais, à la Dominique, Montserrat, Sainte-Lucie et la Martinique, avec l'espoir que la géothermie expérimentée à la Guadeloupe puisse représenter jusqu'au tiers du mix énergétique des Caraïbes. **guadeloupe-energie.gp**

LE JARDIN EXTRABIORDINAIRE

Guadeloupe – Mieux que le jardin extraordinaire de Charles Trenet, le Jardin créole extraBIOrdinaire. Pédagogique et à vocation conservatoire, il permet de découvrir sur 8 000 m² une multitude d'arbres, de plantes médicinales et aromatiques cultivées avec des plantes spontanées locales, des légumes et des espèces végétales menacées. Le travail du sol se fait manuellement sans retournement ni engrais chimique. Seuls apports, le paillage et le compost de broyat (bois framéal fragmenté avec de la bouse de vache). C'est l'association Nature Kulture 971 qui l'entretient et organise des ateliers autour de l'agriculture naturelle, des arbres et de la biodiversité, ou l'art du compost. **naturekulture971.org**

La Réunion

L'ÎLE SE CONVERTIT AUX ÉNERGIES VERTES

La Réunion – L'île dépend de l'extérieur pour 87 % de ses approvisionnements énergétiques et son mix électrique est très carboné : 81 % de l'énergie consommée est d'origine fossile. La Programmation pluriannuelle de l'énergie, élaborée par l'État et la région, prévoit de porter la part du renouvelable de 19 % à 47 % de la consommation totale en 2028. Cet objectif sera atteint par la conversion à la biomasse des centrales thermiques, la multiplication par 2,5 du photovoltaïque, la baisse de 8 % de la consommation d'électricité et l'augmentation à 14 % des transports en commun. En 2028, l'île devrait émettre 42 % de CO_2 en moins et son taux d'indépendance énergétique sera porté à 31 %. **regionreunion.com**

AFP, Jardin bio-extraordinaire

MERCI !

Evelyne D ✳ Anne G ✳ Thezie V ✳ Sylvie K ✳ Laurence G ✳ Véranne D ✳ Patricia P ✳ Brigitte M ✳ Véronique B ✳ Floriane M ✳ Sabine Z ✳ Fabien D ✳ Sébastien C ✳ Cécile D ✳ Aude B ✳ Myriam V ✳ Claude B ✳ Jean-Marc R ✳ Stéphane N ✳ Sandra B ✳ Sandrine L ✳ Ingrid M ✳ Hélène R ✳ Olivier N ✳ Isabelle D ✳ Axelle S ✳ François C ✳ Jeanpaul J ✳ Anne Marie C ✳ Thomas Z ✳ Lucie P ✳ Heidi R ✳ Roland V ✳ Nadège L ✳ Jean-Christophe U ✳ Raphael J ✳ Amandine H ✳ Florence M ✳ Pascale M ✳ Celine D ✳ Gabriel T ✳ Sophie P ✳ Anne F ✳ Aurélie R ✳ Matthieu B ✳ Laurène H ✳ Yza H ✳ Antoine H ✳ Vincent B ✳ Loic B ✳ Emmanuel P ✳ Frédéric H ✳ Isabelle G ✳ Georges-Henri A ✳ Cannelle A ✳ Béatrice G ✳ Frederic B ✳ Gabrielle B ✳ Anne P ✳ Nicolas G ✳ Solenne M ✳ Pierre B ✳ Tristan S ✳ Sarah M ✳ Carole B ✳ Pascal C ✳ Claude N ✳ Hélène B ✳ Fanny D ✳ Agnes A ✳ Fabrice M ✳ Thérèse B ✳ Corinne L ✳ Frédérique R ✳ Gaspard F ✳ Manuel P ✳ Sandrine H ✳ Remi V ✳ Pascal L ✳ Jean-François R ✳ Nada F ✳ Christine C ✳ Stephane L ✳ Marie-Christine M ✳ Béatrice K ✳ Sophie A ✳ Anne Sophie J ✳ Stephanie F ✳ Barbara M ✳ Marjorie B ✳ Emmanuelle B ✳ Florian L ✳ Antoine H ✳ Matthieu M ✳ Damien C ✳ Camille D ✳ Christophe B ✳ Emmanuel S ✳ Gregory V ✳ Daniele G ✳ Julien S ✳ Ghislaine D ✳ Karine J ✳ Christian S ✳ Julien T ✳ Cédric S ✳ Cécile P ✳ Corinne M ✳ Frédérique M ✳ Anne L ✳ Benoit D ✳ Philippe P ✳ Danielle D ✳ Marie T ✳ Florence S ✳ Yvon M ✳ Anthony F ✳ Stéphane C ✳ Marie-Josèphe N ✳ Didier L ✳ Annie G ✳ Séverine C ✳ Agnes D ✳ Valérie G ✳ Marc N ✳ Sophie D ✳ Florence B ✳ Barbara D ✳ Florence F ✳ Franck M ✳ Anne B ✳ Jean-Christophe O ✳ Michel J ✳ Alexane B ✳ Daniel M ✳ Véronique A ✳ Manon G ✳ Antonine J ✳ Yohann T ✳ Ute C ✳ Marion B ✳ Camille B ✳ Jean-Marc B ✳ Serge L ✳ Agnès R ✳ Jérôme H ✳ Martine M ✳ Thierry B ✳ Freddy H ✳ Jean

Un grand merci pour votre soutien et votre mobilisation.
Grâce à vous, nous avons réalisé notre premier tour de France des régions innovantes.

Bernard D ✳ Marcel D ✳ Anna M ✳ Julie A ✳ Hélène G ✳ Pascale C ✳ Frédéric B ✳ Régis L ✳ Céline B ✳ Delphine D ✳ Maxime P ✳ Christine B ✳ Julie D ✳ Margot W ✳ Loïc P ✳ Hélène B ✳ Lydia L ✳ Yvan M ✳ Raphaëlle D ✳ Franck V ✳ Sophie M ✳ Bruno J ✳ Yasmina F ✳ Christophe L ✳ Stephanie M ✳ Jonathan M ✳ Patricia C ✳ Roland M ✳ Philippe B ✳ Laurence L ✳ Jean-Eric V ✳ Gérard M ✳ Lydie T ✳ Antoine A ✳ Dominique D ✳ Michel F ✳ Sophie P ✳ Quentin V ✳ Alban F ✳ Emmanuelle M ✳ Caroline G ✳ Yvon H ✳ Laure D ✳ Arnaud S ✳ Olivier V ✳ Guillaume P ✳ Emmanuel J ✳ Christine G ✳ Germain L ✳ Florence F ✳ Patricia W ✳ Amélie P ✳ Pénélope K ✳ Antoine B ✳ Carole P ✳ Philippe G ✳ Brigitte B ✳ Vincent M ✳ Michel T ✳ Catherine M ✳ Isabelle G ✳ Carine G ✳ Caroline D ✳ Jocelyne R ✳ Philippe T ✳ Anne B ✳ Stéphanie L ✳ Jean-Christophe I ✳ Gaëlle B ✳ Sébastien M ✳ Eric E ✳ Sophie H ✳ Cathy Et Sébastien D ✳ Valerie D ✳ Fabien D ✳ Eric L ✳ Pascale F ✳ Pascal A ✳ Marie P ✳ Adeline L ✳ Philip P ✳ Alain P ✳ Jennie D ✳ Florence B ✳ Maryse B ✳ Hervé E ✳ Alexis A ✳ Hubert G ✳ Hervé A ✳ Pascal A ✳ Grégory M ✳ David D ✳ Marie-Marthe C ✳ Denis B ✳ Paule M ✳ Mathieu C ✳ Marie C ✳ Katell N ✳ Jacques F ✳ Philippe G ✳ Jean-Claude R ✳ Sandra V ✳ Guillaume B ✳ Delphine M ✳ Agnes P ✳ Dominique P ✳ Isabelle R ✳ Benjamin F ✳ Odile P ✳ Isabelle D ✳ Aurore C ✳ Antoine C ✳ Pierre-Denis L ✳ Sylvain O ✳ Louis S ✳ Marie L ✳ Serge T ✳ Sébastien G ✳ Ludovic P ✳ Jérémy H ✳ Katia L ✳ Muriel R ✳ Andre T ✳ François B ✳ Claude M ✳ Thibaut M ✳ Miroslav M ✳ Denis G ✳ Renaud R ✳ Stéphanie D ✳ Beatrice G ✳ Anne L ✳ Sandrine M ✳ Guillaume H ✳ Bernard M ✳ Sébastien H ✳ Mireille P ✳ Sebastien V ✳ Elodie R ✳ Cyril H ✳ Fanny B ✳ Stéphanie H ✳ Nicolas L ✳ Marie I ✳ Aline F ✳ Michèle F ✳ Anne K ✳ Stendy M ✳ Emilie T ✳ Etienne C ✳ Genevieve L ✳ Agnés P ✳ Clément E ✳ Aurélie M ✳ Frédéric V ✳ Sylvaine T ✳ Valérie J ✳ Damien M ✳ Amélie R ✳ Paul L ✳ Laurent M ✳ Delphine R ✳ Julie C ✳ Isabelle L ✳ Emmanuel J ✳ Nathalie M ✳ Claire W ✳ Nathalie G ✳ Jean J ✳ Patrick S ✳ Elise P ✳ Simon C ✳ Jean-Lin C ✳ Shahrzad H ✳ Gaëtane B ✳ Jason C ✳ Christophe R ✳ Pascale B ✳ Nicolas B ✳ Cecile D ✳ Gérard D ✳ Bruno B ✳ Stephane H ✳ Céline C ✳ Isabelle D ✳ Marion T ✳ Stéphane T ✳ François G ✳ Alice D

Course de caisses à savon

Gourgé (Deux-Sèvres), septembre 2022.
Photo Frédéric Stucin.

« L'écologie n'est pas une conviction, c'est une science »

Extraits du podcast Générations Vertes animé par Alice Vachet

Lorsque la présidente du WWF Isabelle Autissier, première femme à avoir fait un tour du monde en solitaire, rencontre Chloé et Élise, deux « juniors » impliquées dans la cause environnementale, c'est une discussion et pas une confrontation qui s'engage entre les générations.

Isabelle Autissier

Élise Carrez-Eldin

Chloé Leger

Jeuniors et juniors, comment agir en commun. À écouter sur la série de podcasts initiée par l'ADEME et WE DEMAIN. À lire tout de suite :

Isabelle Autissier
Je suis née en 1956. À cette époque, on ne parlait pas de l'empreinte écologique de l'homme. Lorsqu'un des premiers lanceurs d'alerte en la matière, René Dumont, montrait à la télévision son verre d'eau en disant qu'on allait en manquer, ça paraissait délirant. Plus tard, nous, les scientifiques [Isabelle Autissier a une formation d'ingénieur agronome, NDLR], avons commencé à comprendre les enjeux climatiques. Le déclic, c'est la science qui l'a donné en décrivant le problème. Avec les études, les rapports, l'écologie est passée d'une opinion, d'une profession de foi, à une réalité incontestable.

Élise Carrez-Eldin
La différence, c'est que ma génération a toujours su ! Quand j'étais enfant, on parlait environnement dans les déjeuners en famille. De tri à l'école. Mes parents savent que la situation est soucieuse, qu'il faut faire des choses, au moins des petits gestes.

Chloé Leger
Mon engagement est né du sport. J'étais partie en Afrique du Sud pour une compétition de natation. Je me suis rendu compte qu'un tel événement sportif n'était pas en accord avec mes valeurs. C'est à ce moment que j'ai décidé de créer mes propres aventures sportives.

Élise C.-E. : Ce sont les sciences qui m'ont sensibilisée. À l'atelier des sciences du lycée professionnel Vilgénis, auquel je participe, cette dernière prend sens. En équipe, on porte un projet, par exemple des vidéos de vulgarisation scientifique sur YouTube. La science est un formidable vecteur de sensibilisation.

Isabelle A. : J'aurais adoré, jeune, pouvoir participer à ces ateliers ! Oui, il faut le répéter, l'écologie est une science. D'où devrait découler une autre façon de vivre, de consommer, de s'organiser, pour garder un monde durable. Et une politique au sens noble de l'organisation de la vie de la cité, pour donner une feuille de route collective.

Patrick Gaillardin/WWF, D.R.

Photo prise en 1998 de la navigatrice Isabelle Autissier, à la manœuvre sur son monocoque de 60 pieds (18,28 m) *PRB* durant une sortie en mer au large de La Trinité-sur-Mer.

Chloé L. : Créer pour chacun de nous un mode de vie durable, c'est primordial. Comment faire mon métier d'ingénieur de façon durable ? C'est la question que je me pose.

Isabelle A. : Chaque geste compte mais ce qui est surtout important, c'est de faire ensemble. On est nombreux : si tous, nous changions, tout cela aurait un sacré impact ! Cela donnerait un signal politique. Mais cela ne suffirait pas.

Chloé L. : Ma grand-mère m'appelle la police du recyclage quand je vérifie le tri de ses poubelles ! Je le fais gentiment pas en la culpabilisant ! Si on attaque de front un fumeur sur les mégots qu'il jette à terre, ce qui constitue une énorme pollution des océans, on les perd tout de suite. Pour faire comprendre l'enjeu, avec mon association Swim for Change, on a retracé l'itinéraire d'un mégot en descendant en 2021 la Seine à la nage de Paris à Deauville. Le 3 juin, nous étions cinq nageurs pour relier Marseille à Barcelone pendant une douzaine de jours *[voir WE DEMAIN n° 42, p. 44, NDLR]*.

Isabelle A. : L'exemple reste en effet le meilleur argument pour convaincre. Quand je fais les courses avec la famille, les copains, tous voient que j'ai laissé tomber les produits ménagers, que je prépare des repas quasiment sans viande, avec des aliments bio. Mes sœurs font comme moi. Sur mes sept neveux et nièces, un seul pense que la situation va s'arranger toute seule ! Il faut donner envie : faire du vélo, ce n'est pas une punition, c'est bon pour la santé, rigolo et ça va plus vite dans les embouteillages. J'ai horreur du terme écologie punitive. On peut convaincre avec l'humour, l'art mais surtout pas des litanies.

Élise C.-E. : Pour sensibiliser à la cause climatique, il faut adapter son discours, le personnaliser : au lycée, on touche plus facilement les élèves avec des jeux vidéo. Avec les profs, c'est davantage avec des données chiffrées.

Isabelle A. : On ne peut pas être partout. Il faut identifier un problème et s'y attaquer pour trouver des solutions. Lorsque plus de gens ont mangé bio, les producteurs s'y sont mis, puis les supermarchés : l'effet boule de neige, ça peut finir par faire la révolution ! Au WWF, nous menons des actions de conservation sur le terrain pour sauver les tigres, les rhinocéros. Mais il faut aussi aider les entreprises à diminuer leur empreinte carbone. Pousser les pouvoirs publics à intervenir sur les lois. Et accompagner les citoyens à consommer autrement.

Élise C.-E. : Ce qui me parle, ce sont les projets. En apportant ma pierre à la lutte pour le climat, j'agis et ainsi je ne suis pas victime d'éco-anxiété.

Isabelle A. : Face à de tels défis, on a toujours le sens de l'urgence, l'impression qu'on n'en fait pas assez. Il faut se serrer les coudes dans la bonne humeur mais aussi souffler. Pas se mettre la pression. Il faut vivre et surtout prendre du plaisir ! ◆

Marcel Mochet/AFP

WE BOOK

LU, AIMÉ, RECOMMANDÉ

Par la rédaction

TOUT EST ENCORE POSSIBLE

En 1972, l'ouvrage *Les Limites à la croissance* (ou rapport Meadows) nous mettait en garde contre un risque d'effondrement du système planétaire, si l'humanité poursuivait sa croissance économique et maintenait sa consommation exponentielle, sans tenir compte de la finitude des ressources naturelles.

En 2023, à l'heure où des millions de personnes souffrent des conséquences du changement climatique et des effets pervers des inégalités qui ont explosé ces quarante dernières années, un nouveau rapport propose des solutions pour affronter ces crises. *Earth for All /Terre pour tous*, le nouveau rapport au club de Rome, dresse un chemin des possibles pour éviter que les destructions environnementales et les tensions sociales ne s'amplifient.

Il est l'œuvre d'une équipe internationale de scientifiques, d'économistes et d'experts pluridisciplinaires, qui a exploré pendant deux ans les possibilités de créer des mondes alternatifs. Cette équipe nous montre que nous avons encore le choix, en 2023, entre deux scénarios possibles à l'échelle mondiale au cours du XXIe siècle. Le premier *« Trop peu, trop tard »* consiste en une poursuite (mortifère) de la trajectoire des quarante dernières années. Le second – *« le pas de géant »* – propose une trajectoire où les sociétés prendraient, dès maintenant, des décisions de rupture et investiraient massivement pour renforcer la cohésion sociale, instaurer la confiance et définir, pour l'essentiel, un nouveau contrat social entre les populations et les États. Ce second scénario suppose cinq changements de caps qu'il va nous falloir réaliser d'ici à 2050:

1. Mettre fin à la pauvreté.
2. S'attaquer aux inégalités flagrantes.
3. Renforcer l'émancipation et l'autonomisation des femmes.
4. Refaçonner un système alimentaire sain pour les individus et les écosystèmes.
5. Opérer une transition vers l'énergie propre.

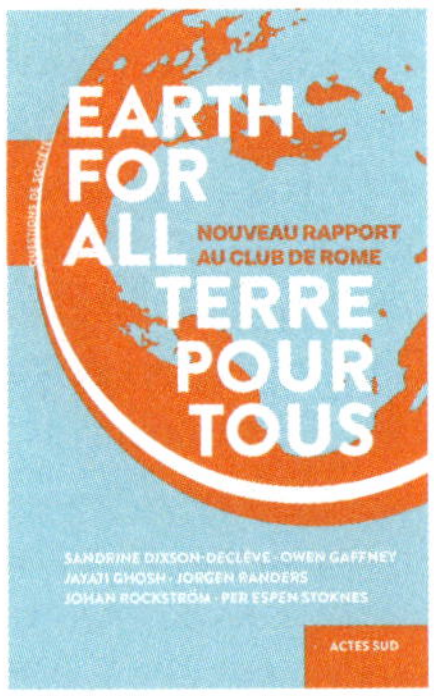

Bonne nouvelle: ce changement de cap, cette révolution écologique, pour passer d'une société de croissance industrielle autodestructrice à une société qui soutient la vie, est encore possible. À condition de nous retrousser les manches. ◆ *Éric Tariant*

Earth for All, Terre pour tous. **Nouveau Rapport au club de Rome,** éd. Actes Sud, 272 pages, 20 €.

Shutterstock

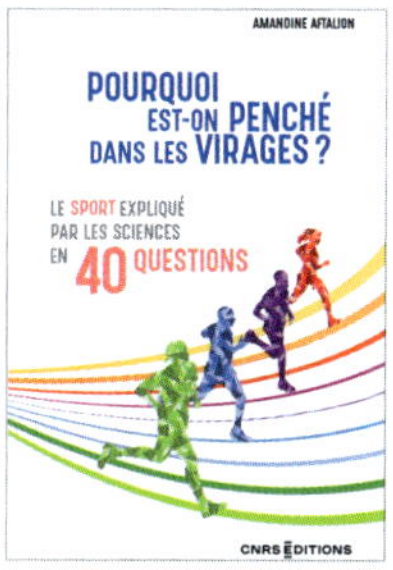

LE SPORT EN ÉQUATIONS

Un athlète saute plus haut en fosbury qu'en ciseaux; un ballon de foot est formé d'hexagones et de pentagones; Platini réussissait souvent ses coups francs; il faut régulièrement changer de balle de golf quand il fait froid; il vaut mieux inspirer que souffler quand on fait la planche; l'intelligence artificielle aide le sélectionneur de football… Que vous sachiez tout ça ou en partie, savez-vous au moins pourquoi ou comment? Non? Alors lisez ce livre. En tenant compte, dit l'auteur, qu'*« il présente nombre d'utilisations des mathématiques et de la physique pour comprendre et appréhender le sport de manière nouvelle »*. Costaud.

***Pourquoi est-on penché dans les virages?* Le sport expliqué par les sciences en 40 questions,** par Amandine Aftalion, CNRS Éditions, 240 pages, 20 €.

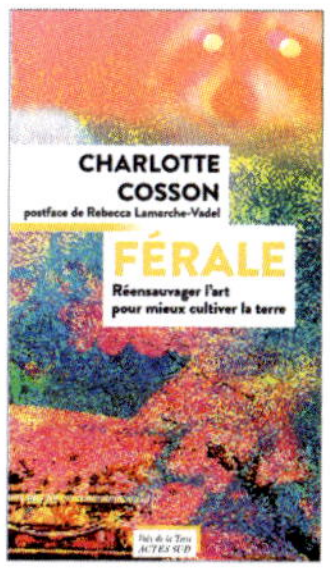

ART-VIE

Férale: se dit d'une espèce domestique retournée à l'état sauvage. C'est le nom qu'a donné l'autrice, historienne de l'art et commissaire d'exposition, aux 2,6 ha de terres acquis en Provence et qu'elle a consacrés au réensauvagement et à la permaculture. Sans pour autant renoncer à l'art. *« Je ne voulais pas soutenir un art de survie, mais bien découvrir un art qui favorise la vie… La réponse était là, sous mes yeux… Il n'a plus fallu choisir entre avoir la tête dans l'art ou les pieds dans la terre puisque les deux s'étaient enfin rencontrés. »* Dans son désir de remettre l'acte de création au service de la vie, elle est partie à la recherche d'œuvres tournées vers la terre et le monde sauvage. Comme cette *Arbre aux 40 fruits* de Sam Van Aken, *Les Graines volantes* de Sarah Laaroussi, *L'Horloge à légumes* de Victor Remère ou encore le *Mycotemple* de Côme Di Meglio, un dôme poussé en champignon de 3 m de haut et 6 m de diamètre, première œuvre invitée à Férale. Une autre façon d'être au monde.

***Férale.* Réensauvager l'art pour mieux cultiver la terre,** par Charlotte Cosson, 336 pages, éd. Actes Sud, 23 €.

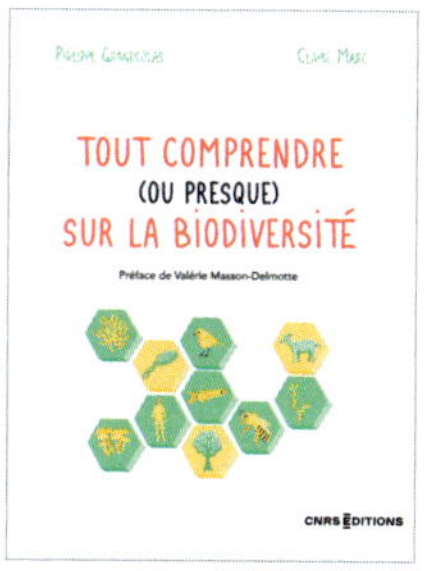

RÉPONSES À TOUT

L'apparente légèreté de l'ensemble ne doit pas vous entraîner sur une fausse piste: cet ouvrage a un contenu encyclopédique. À chaque question sur cet enjeu majeur qu'est la biodiversité, la réponse éclate à la façon d'une bombe à fragmentations, chaque éclat est porteur de connaissance. Vous saurez ainsi pourquoi l'on se soucie plus d'une espèce menacée (le tigre, par exemple) que d'une autre (le moineau), ou pourquoi dit-on que l'on est dans la sixième extinction. Vous saurez (presque) tout.

Tout comprendre (ou presque) sur la biodiversité, par Philippe Grandcolas et Claire Marc, CNRS Éditions, 136 pages, 18 €.

EAU FIL DU TEMPS

Hemis.fr

À l'heure où les ressources en eau douce de notre planète se raréfient et où son accès devient de plus en plus incertain, l'anthropologue et femme de lettres Claudine Brelet nous invite à travers le temps à revisiter cette ressource vitale via la perception de sociétés non industrialisées. Des Aborigènes qui, pendant la saison des pluies, célèbrent les noces des eaux douces et salines en Australie, aux populations d'Afrique de l'Ouest, qui louent Fâro, la divinité de l'eau… Toutes ces cérémonies, croyances, mythes montrent qu'une meilleure connaissance de nos relations affectives et pratiques avec cet élément est possible, souhaitable, nécessaire. Notre santé, notre bien-être physique, mental et social, en dépend. Un riche plaidoyer anthropologique auquel il convient de prêter attention.

Réenchanter l'eau, par Claudine Brelet, éd. Actes Sud, 220 pages, 25 €. Sortie en septembre.

COMPRENDRE CHATGPT

Critique littéraire, Alexandre Gefen n'est pas de ceux – nombreux dans sa sphère – qui n'ont vu que le diable dans ChatGPT. Ni technophobe ni technophile, c'est en pragmatiste qu'il se penche sur le dernier prodige de l'intelligence artificielle. Ses origines, son fonctionnement, ses potentialités, mais également ses biais et ses pièges. Preuve de sa « coolitude » à l'égard de cette technologie, il a demandé au chatbot de SamAltman, le président d'OpenAI, de conclure son livre ! Pas de surprise dans cette consensuelle *« collaboration homme/machine, aventure pleine de promesses »*. Elle n'en est qu'à ses débuts et c'est à nous, les humains, d'apprendre à nous servir judicieusement de la machine. En la comprenant.

Vivre avec ChatGPT,
par Alexandre Gefen, Éditions de l'Observatoire, 190 pages, 18 €.

À RECADRER

« L'exemple du glyphosate commercialisé par Monsanto n'est pas qu'une affaire de cupidité d'actionnaires sans scrupule. Le développement industriel est aussi l'affaire de la collaboration consciente de chercheurs et de chimistes qui perfectionnent des produits pour détruire les espèces et les sols. » Cet exemple résume le dilemme des cadres d'aujourd'hui, du moins ceux conscients des enjeux du dérèglement climatique. Ils sont coincés entre leurs compétences mises au service de la performance financière et l'évidence de la contribution directe ou indirecte de leur travail à des systèmes destructeurs pour l'environnement. Leur pouvoir d'achat pourrait être une arme de construction massive. Acheter bio ne suffira pas.

Le pouvoir, le bonheur, le climat. Le désarroi des cadres,
par Laurent Polet, Éditions du Détour, 224 pages. 19,50 €.

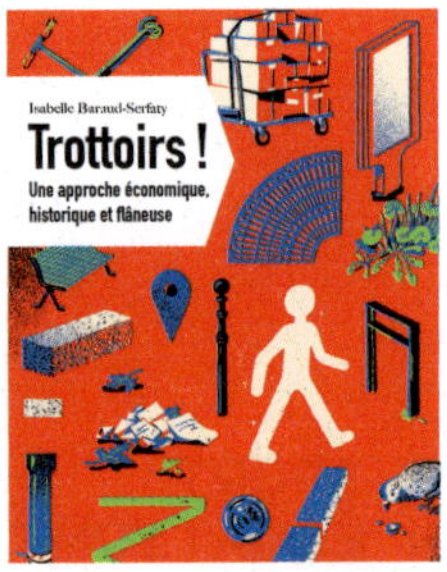

CHERS TROTTOIRS

Quand vous aurez lu ce livre, vous ne porterez plus le même regard sur les trottoirs, ou plutôt, vous les regarderez enfin ! D'autant plus qu'il s'agit du premier ouvrage sur le sujet depuis… 1805. Généralisés chez nous au XIXe siècle, les trottoirs sont le réceptacle des modes de vie urbains, donc de la société puisque 80 % de la population vit en ville. Et ils sont devenus les espaces les plus convoités provoquant des *« batailles de trottoirs »* mêlant riverains, cafetiers, opérateurs de trottinettes, livreurs de colis (dont des robots), publicistes, opérateurs de réseaux… Un commun à préserver en le gouvernant.

Trottoirs ! Une approche économique, historique et flâneuse,
par Isabelle Baraud-Serfaty, éd. Apogée, 320 pages, 20 €.

LOIN DU CARNAVAL…

C'est au cœur des montagnes du Minas Gerais, État brésilien plus grand que la France, région autrefois riche de café, de canne à sucre et d'une multitude de fruits, que le reporter-photographe Éric Garault a posé son trépied sept années durant. Au plus près des paysans vivant au rythme du soleil, il dévoile au travers d'une centaine de clichés (regroupés ici, entre aube, jour et soir) la *caipira*, la culture paysanne, un mode de vie ancestral qui, aux dires de l'auteur, pourrait redéfinir un avenir durable. « Le réveil de la basse-cour », « Les routes boueuses », « Barbara, poupée de maïs », « La bagasse brûlée », « Tirer le lait », « L'ombre des oies »… sont autant de tableaux qui entendent, sans fioriture, restituer un pays, une campagne, le dur labeur de ceux qui vivent là, en un mot la *roça*. Ponctué de citations du patrimoine littéraire brésilien, le récit photographique donne à voir une autre face du cinquième plus grand pays de la planète, loin des plages du littoral, du foot et du carnaval. Efficace !

Éric Garault

Roça. Un conte paysan au Brésil, par Éric Garault, Éditions courtes et longues, 144 pages, 39 €.